決定版

面白いほどよくわかる!

心理学

目白大学教授
渋谷昌三
SHOZO SHIBUYA

PSYCHOLOGY SERIES vol.1

オールカラー

西東社

はじめに

　多くの場合、心理学という学問に初めて触れるのは大学生になってからです。しかし、心理学を専門とする学部や大学に通わない限りは、何となく教養課程などで心理学を学び、それもいつしか忘れ去ってしまいます。

　一方で、大学から学ぶ学問だからこそ、心理学への興味が刺激され、心理学部への進学を望む若者たちが増えています。また、テレビや雑誌などでも心理学ブームが取り上げられ、心理カウンセラーなどの認定資格を取得するためのセミナーや各種学校などの人気も高まっています。

　この心理学ブームはなぜ起きているのでしょうか。それは今日の社会状況の不安定さ、先行き不透明な生活への焦燥感、生きにくく感じている人々の心の裏返しではないでしょうか。家族や友人、職場での人間関係に悩み、その悩みを打ち明ける相手もいない孤独感も一つの要因かもしれません。あるいは、ゲーム感覚から他者や自分自身の心を解明しようとする人もいるでしょう。

いずれにしても、心理学は、「心を科学的に解明する」学問ですから、心理学を学ぶことによって、他者や自分の気持ちを論理的、客観的に理解していくことができます。他者や自分の心を論理的、客観的に紐解ける快感を得ることもできるでしょう。そして、その過程において、自分を取り戻し、大きな自信を得て、明日への活力を生み出すことにもつながるかもしれません。

本書は、心理学の探求・解明に生涯をかけた先人たちの知恵、科学的に解明しようとしている20世紀、21世紀の心理学者たちの学問を、身近に経験する事柄に引き寄せて、楽しみながら紐解いていただけるように構成しています。本書で読者の皆様の知的好奇心を少しでもくすぐることができれば幸いです。

渋谷昌三

CONTENTS

PART 1

心理学って何？ …… 11～54

心理学でわかること

01 人間の心を科学の目で研究する …… 12
02 しぐさや行動から、気になる人の本心を推測する …… 14
03 好かれる、嫌われる理由が具体的にわかる …… 16
04 自分らしく生きることの大切さがわかる …… 18
05 個性や個人差の不思議を解明できる …… 20
06 仕事や勉強などを効果的に片づけるコツがわかる …… 22
07 色彩が心に与える影響がわかる …… 24

心理学の現在・未来

01 人間の可能性とともに広がりを見せる心理学 …… 26
02 心のトラブルの治療に取り組む臨床心理学 …… 28
03 凶悪犯罪と社会の病理を解明する犯罪心理学 …… 30
04 マインドコントロールや洗脳を解明する社会心理学 …… 32
05 赤ちゃんから高齢者まで幅広く研究する発達心理学 …… 34
06 コンピュータとともに生まれた認知心理学 …… 36
07 アスリートの悩みを解決するスポーツ心理学 …… 38
08 社員のやる気を高める産業・組織心理学 …… 40
09 感情に訴えかける音楽を研究する音楽心理学 …… 42
10 災害で傷ついた心を癒す災害心理学 …… 44
11 自分に適した職業探しに役立つ職業心理学 …… 46

心理学を生かせる現場

01 次々に広がってゆく心理学を生かした仕事 …… 48
02 心理カウンセラーは患者の支援者 …… 50
03 商品開発や環境づくりにも心理学が役立つ …… 52

気になる役立つ 深層心理 1
手は口ほどにものを言う？……54

PART 2
人づき合いの心理学……55～80

人間関係
01 親しく人とつき合うために必要な距離感……56
02 なぜ都会の人間は冷たいと言われるのか……58
03 相手の心に響く同調行動が出世のカギ……60
04 いじめは弱者をスケープゴートにしてしまう……62
05 匿名性が生むネット炎上とネット社会……64
06 恋愛・結婚のパートナーとなる決め手は何？……66

他人の気持ち
01 電車でよく見かける人を赤の他人と思えない理由……68
02 非言語コミュニケーションが本心を伝えている……70
03 人と上手につき合うためのソーシャル・スキル……72
04 好き嫌いに大きく影響するラベリング……74

イメージの心理学
01 嫌われる人は言葉の距離感を間違えている……76
02 肩書きと七光りの心理的メカニズム……78

気になる役立つ 深層心理 2
恋愛相手が浮気。あなたはどうする？……80

PART 3
心理学者で読む心理学……81～112

哲学から科学へ
01 心に科学のメスを入れたヴントの心理学……82
02 人間の知覚のしくみを発見したゲシュタルト心理学……84
03 行動から心を読み解く行動主義……86

無意識の発見

01 心の奥の自分を研究する フロイトの精神分析学 …… 88
02 ヒステリー患者の診療から得た自由連想法 …… 90
03 無意識の中で燃え狂う力、リビドー …… 92
04 フロイトは心を病む理由を「性」に求めた …… 94
05 男はみな父親殺しの願望を持つ？ …… 96
06 フロイトを継ぐ心理学者たち …… 98

魂の発見者

01 無意識と神話をつないだユングの心理学 …… 100
02 意味不明の行動から心の病の原因を突き止めたユング …… 102
03 対話から無意識を引き出す言語連想検査 …… 104
04 妄想の中に人類共通のイメージ「元型」がある …… 106
05 意味のある偶然、シンクロニシティ …… 108
06 ユングから受け継がれ、広がっていく心理学 …… 110

気になる役立つ 深層心理 ③
上手なお願いのしかたはどれ？ …… 112

PART 4 人間の成長で見る心理学 …… 113～148

赤ちゃん

01 生理的早産で生まれ、頭から下部へと発達する …… 114
02 親子の絆はアタッチメント（愛着）で築かれる …… 116
03 愛着理論から発展した3歳児神話は本当か …… 118

子ども

01 遊びから子どもの想像力が育まれていく …… 120
02 子どもが嘘をつくのは健全な証拠 …… 122
03 自尊感情を大切にし、アメとムチでやる気を生む …… 124
04 ギャング・エイジの遊びから社会性を学んでいく …… 126
05 反抗期こそ子どもの成長期 …… 128
06 思春期の第二次性徴は、子どもの「性」への目覚め …… 130
07 アイデンティティの目覚めとモラトリアム …… 132

青年期
01 心理学が明かすライクとラブの違い……134
02 挫折のコンプレックスが若者を成長させる……136
中高年期
01 人生の変化に訪れる中年期の危機……138
02 誰にでも訪れる更年期をどう乗り越える？……140
03 サクセスフル・エイジングとプロダクティブ・エイジング……142
04 永遠の戦い？ 嫁姑問題で悩まないために……144
老年期
01 死ぬことを受け入れて穏やかに過ごす……146
気になる役立つ 深層心理 4
味方にするためにはどこで話す？……148

PART 5 組織の中の人間行動

149～174
集団心理学
01 反対意見が言えなくなる集団思考と不敗幻想……150
02 時には一人の意見が多数派を変えることもある……152
03 人間同士の力関係にはパターンがある……154
04 集団パニック、暴動を起こす集団心理……156
リーダーの心理学
01 理想のリーダー像をPM理論で検証する……158
02 やる気のない部下に行動させる「宣言」の力……160
03 報酬の平等分配と公平分配、どちらが公平？……162
組織の心理学
01 よい経営手法を考えるX理論とY理論……164
02 「自分はできる!」という自己効力感が出世を早める……166

交渉・説得の心理学

01 人を説得するにはテクニックが必要 …… 168
02 勝者となるか敗者となるか、ゲーム理論で分析する …… 170
03 座る場所には意味がある、会議の心理学 …… 172

気になる役立つ 深層心理 5
八方美人では得るものなし? …… 174

PART 6 元気をなくしたときの心理学 …… 175〜222

ストレス

01 ストレスがたまりすぎると病気になってしまう …… 176
02 ストレスを軽くするための対処法を知っておこう …… 178
03 ストレスを受けやすいタイプ、受けにくいタイプ …… 180

心の病気

01 適応障害は、環境の変化によるストレスが原因 …… 182
02 誰がなってもおかしくない病気、うつ病 …… 184
03 自分勝手と見られがちな非定型うつ病が増えている …… 186
04 心の調和が取れなくなったとき、神経症が現れる …… 188
05 子どものころの体験が影響する対人恐怖症 …… 190
06 強い恐怖に突然襲われるパニック障害 …… 192
07 肥満を恐怖し、極端な食事制限に走る摂食障害 …… 194
08 社会や家族を拒否する社会的引きこもり …… 196
09 突然やる気を失ってしまう燃え尽き症候群 …… 198
10 美容整形でも満足できない美醜へのこだわり …… 200
11 忌まわしきトラウマが発症させるPTSD …… 202
12 アディクションは心が現実逃避している状態 …… 204
13 暴力を受けてもNOと言えない共依存症 …… 206
14 相手の気持ちが理解できないストーカー …… 208
15 偏った考え方や行動をするパーソナリティ障害 …… 210

心理療法

01 壊れた心を治療する四つの心理療法……212
02 あるがままを受け入れるクライエント中心療法……214
03 思い込みから人を解放する認知行動療法……216
04 心の奥深い部分を映し出す芸術療法……218
05 日本独自の療法、「あるがままに」の森田療法……220

気になる役立つ 深層心理 6
やっぱり見た目って大事？……222

PART 7 心を生み出す脳のシステム……223～248

脳と心

01 心は脳の働きによってつくり出される……224
02 神経と脳の働きから「心」を研究する神経心理学……226
03 脳が行う情報処理の過程を観察する認知心理学……228
04 見た目の錯覚は視覚が感知して起こる……230
05 残像効果を狙ったサブリミナル効果……232
06 これからの「頭のよさ」はEQで計られる……234
07 喜怒哀楽は、身体、脳と密接に関係している……236

記憶

01 感動を伴った体験が記憶力を高める……238
02 すぐ忘れる記憶もあれば思い出として残る記憶もある……240
03 人は記憶するとともに、忘れてしまうことも多い……242
04 運動が得意になるためには運動記憶を鍛えよう……244
05 記憶力はどこまで高められるか、関心の的……246

気になる役立つ 深層心理 7
逆境を乗り越えられる度胸はある？……248

PART 8 性格と深層心理の分析

PART 8 性格と深層心理の分析 …… 249〜279

性格

01 性格は生まれる前とあとの両方で決まる …… 250
02 性格と知能は遺伝と環境、どちらの影響？ …… 252
03 失敗を他人のせいにする人、自分のせいにする人 …… 254
04 性格をある基準で分類すると、とらえやすい …… 256
05 性格を要素に分けてとらえるユングの類型論 …… 258
06 性格テストで人の性格、行動を分析する …… 260
07 前向きになるためには自尊感情が大事 …… 262
08 自分では気づかない自分に気づく「ジョハリの窓」 …… 264
09 性役割から生まれた「男らしさ」と「女らしさ」 …… 266

深層心理

01 人間を成長させてくれるマズローの欲求五段階説 …… 268
02 欲求が満たされないときに起きるフラストレーション …… 270
03 催眠療法で無意識に働きかけ、コンプレックスを克服 …… 272

夢分析

01 夢は人の願望を満たすもの——フロイトの夢分析 …… 274
02 二種類の無意識が現れる夢——ユングの夢分析 …… 276
03 レム睡眠とノンレム睡眠、どちらで夢を見る？ …… 278

人名さくいん …… 281
用語さくいん …… 286
参考文献 …… 287

PART

1

心理学って何？

人間の心を科学の目で研究する

心理学（Psychology）という言葉は、1590年にドイツの哲学者ルドルフ・**ゴクレニウス**（1572～1621）の論文の題名として使われたのが最初といわれています。psyche（心）とlogos（論理）という言葉が表すように、心理学は心を学問として論理的に研究し、科学的に「心のしくみ」を解き明かすことを目的としています。

「どうしてあんなことをしてしまったのだろう」と、人は自分でもよくわからない行動を取ってしまうことがあります。これは、**心の奥底にある自分では意識されない心**（**無意識**）の働きによるものです。心理学は実験や観察、面談、病理学などさまざまな観点から実証を重ねることでそうした心の謎を解き明かしてくれます。

私たちは心を直接見ることはできません。しかし、心理学の知恵を借りて心を感じることはできます。そして、物事に人間が関わる以上、「心理」はすべての物事に働いています。だからこそ、その研究範囲は限りなく広がっているのです。そして数学や物理のように測定できない分、冒険できる学問ともいえます。

これも知っておこう

アリストテレスの心理学

心の探究は、古くから哲学者や医学者によって行われてきました。古代ギリシャの哲学者アリストテレス（前384～前322）は、心を生命が活動するための原理としてとらえ、心の活動は身体を通して現れるとし、人間だけでなく動物や植物にも心は存在していると考えました。彼は「精神こそ研究意義の最も高いものである」という有名な言葉を遺しています。その著作『心とは何か』においても、現在の心理学と共通するテーマを論じています。

また、古代ギリシャの哲学者プラトン（前427～前347）が「心の働きは、もともと人間に備わっている」（生得説）と考えたのに対し、アリストテレスは心を「生物の原理である」「何も文字の書かれていない書板」のようなものだと考えました。

CHECK

心理はどんなところにも働いている

人がいて、行動する限り、どんな場面でも心理は働いている。
その心理の働き方、関連のしかたなどを解明するのが心理学といえる。

心理の働きの例

「今日のお昼は〇〇の親子丼を食べたい」
＝欲求

↓

「レストラン〇〇に行こう」
＝「食べたい」が行動の動機に

「ああ、おいしかった」
＝満足を得る

「えっ、終わっちゃったの!?」
＝欲求が満たされずに生じる葛藤

↓

「明日はもっと早く来よう」
＝経験によって学習

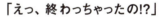

心理学でわかること 02

しぐさや行動から、気になる人の本心を推測する

心の動きは、多かれ少なかれ身体や行動に表れます。ということは、身体の状態や行動を見て、人の**隠された心**をある程度知ることができるといえます。たとえば、目は口ほどにものを言うというように、その人の目を見るだけで、今どのような心境かを推し量ることができます。

アメリカの心理学者**ヘス**は、こんな実験をしています。男性と女性に赤ちゃん、赤ちゃんを抱いた女性、男性のヌード、女性のヌード、風景などの写真を見せ、それを見たときの被験者の瞳孔の大きさを測定しました。そうすると、男性には女性のヌード写真を見せたとき、女性には赤ちゃんを抱いた母親の写真を見せたとき、瞳孔が拡大することが確認されたといいます。このことから、ヘスは興味や好意、興奮を感じたとき、瞳孔が拡大するという結論を出しました。

また、その人のしぐさや口癖、言い間違いをした言葉などからも相手の心理を読み取ることができます。

もちろん人間には**個人差**があり、数学の公式のように決まった答えを導くことはできません。

これも知っておこう

錯誤行為

言い間違いや、聞き違い、書き違い、思い違い、ど忘れなどを**錯誤行為（失錯）**といいます。錯誤行為は日常的に頻繁に起きますが、その背景には、隠された本心があるとされています。

たとえば「会議を開会します」と言うべきところを「閉会します」と言い間違えたとします。

これは「開会する」と言おうとする気持ちと、「会議なんてしたくない」という本心がぶつかり合い、最終的に本心が勝ってしまってそういう言葉が出たと考えられます。

つまり、心の中にある無意識が意識に干渉を重ねることで「聞く」「見る」といった認知が妨げられ、錯誤行為は起こります。錯誤行為に対するこうした考え方は**心的決定論**と呼ばれ、精神分析学の基本的な考え方となっています。

CHECK

無意識をのぞき込む

心そのものを目で見ることはできないが、
身体に表れるさまざまな動きに本心が垣間《かいま》見える。

視線

興味のあるほうに目が動いてしまう。

表情

眉間にしわが寄ると、不快感があると感じる。

口癖

「やっぱり…」を多用する人は、負けず嫌い。

しぐさ

頭をかく行為は不安や緊張、心の葛藤などを表す。

言い間違い

本心が口をついて出てしまう。

好きな色など

赤は情熱のシンボルであり、破壊のシンボルでもある。

↓

心理学はさまざまな手がかりから心の謎を推理する

心理学でわかること 03

好かれる、嫌われる理由が具体的にわかる

なぜ人は人間関係で苦しんでしまうのでしょうか。多くの場合、その原因は**相手と自分は違う人間**だという前提をどこかに置き忘れたままコミュニケーションを取ろうとすることにあります。つまり相手を知ることが人間関係のトラブルを解決する第一歩といえます。

親子であれ、上司や部下であれ、恋人同士であれ、あらゆる対人関係解決の糸口はそこにあります。

「関係を取り結ぶ」という言葉がありますが、心理学はもつれてしまった糸の解き方や、新しい糸の結び方を教えてくれる学問です。たとえば嫁姑《よめしゅうとめ》をはじめ家族の問題なら**家族心理学**が、恋人同士の問題なら**恋愛心理学**が、仕事の問題であれば**産業・組織心理学**や**職業心理学**がそのヒントを与えてくれるでしょう。

人間関係の基本は相手を理解し、自分を理解してもらうというコミュニケーションの繰り返しです。それをわかっている人間は好かれることが多いでしょうし、わかっていなければ嫌われることもあるでしょう。心理学はこれまでの行動の何がダメだったのかを教えてくれるのです。

これも知っておこう

対人魅力

人に対して持つ好意や嫌悪感情のことをいいます。対人魅力を決定づけるものには、近接の要因、他者の身体的魅力、類似性の法則（➡P66）、相補性、好意の返報性などがあります。

人は「家が近い」などといったきっかけで親しくなります。これが近接の要因です。

出会って間もないころには情報が少ないため容姿など身体的魅力に惹かれる傾向にありますが、その後は内面の魅力により惹かれるようになります。これが他者の身体的魅力です。

類似性とは価値観が似ていて同じような経験をしていることです。逆に自分にないものを持っていることを相補性といいます。

好意の返報性とは、自分に好意を持ってくれる人のことは好きになりやすいというものです。

CHECK

「好き」「嫌い」の秘密を解く

人から嫌われがちな人は、心理学的に見て、自分から人を拒絶したり、遠ざける行動を取っていることが多い。

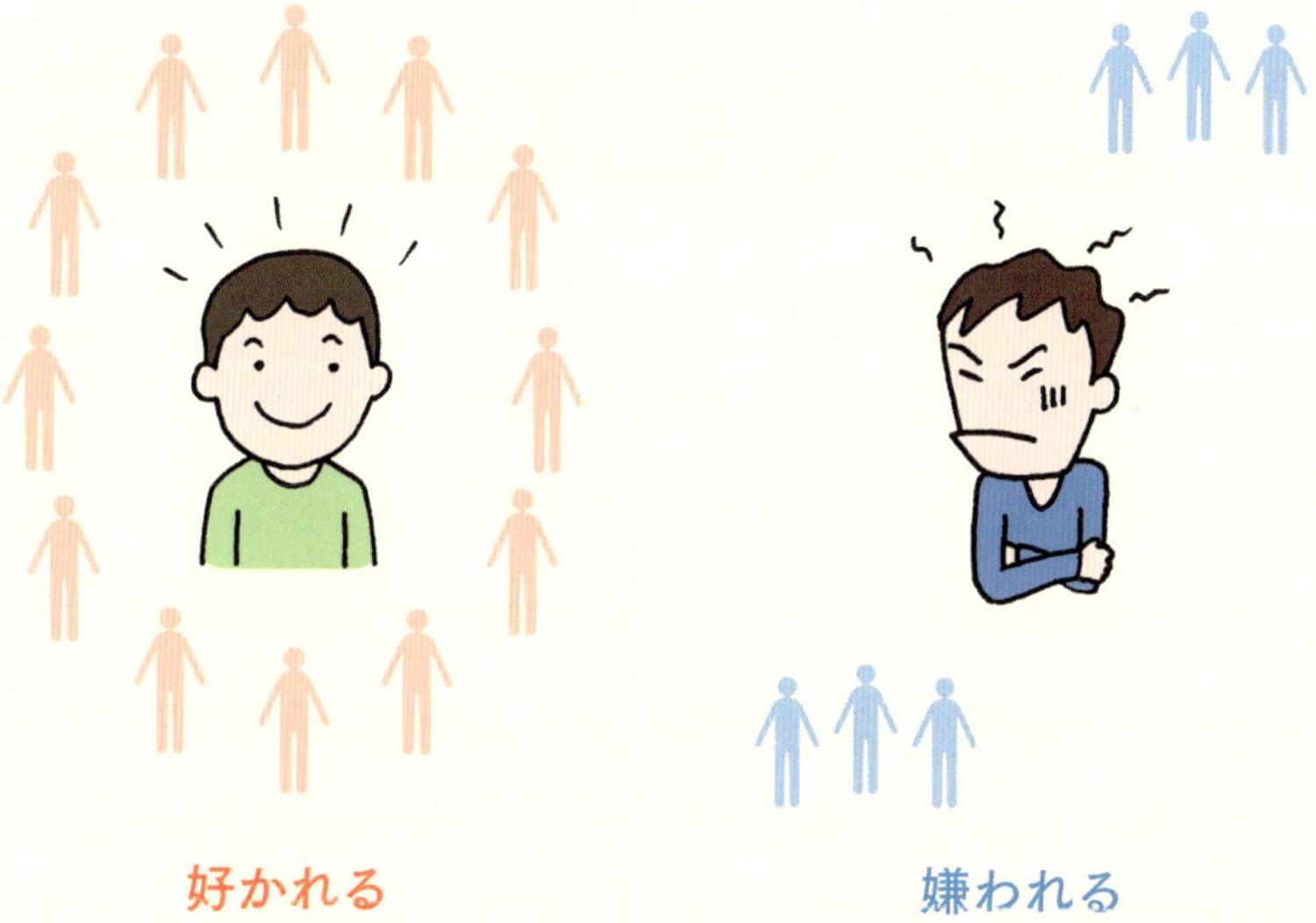

好感度を上げる心理学の法則

熟知性の原則	目にする回数が多いものに好感を持つ	➔P68
好意の返報性	人は自分に好感を持つ人間に対して好感を持つ	➔P16
ランチョン・テクニック	一緒にご飯を食べるとコミュニケーションが深まる	➔P172
近接の要因	場所の近い者同士が親しくなる傾向がある	➔P16、84
類似性の法則	趣味や考え方の似通った者同士が親しくなる傾向がある	➔P16、66

自分らしく生きることの大切さがわかる

万人が納得できる生き方はありません。会社勤めがいいという人もいれば、自由業がいいという人もいます。他人にとってみれば幸せな生き方も、あなたにとってはそうではないかもしれません。自分らしく生きるとは、あなたにとっての幸せを見つけることともいえるでしょう。

しかし自分らしく生きるというのは意外と難しいものです。心は、私たちが「自分の気持ち」と思っている**意識**と、自分自身ではうかがい知ることのできない**無意識**の二つで構成されているからです。

また、私たちは幼いときからさまざまな価値観にさらされます。そうした中で自分に適した価値観を見つけることができればいいのですが、自分に向いていない価値観を「常識」や「教育」と称して押しつけられることもあります。その結果、**「本当の自分」「裸の自分」を心の奥底に隠してしまう**のです。

もちろん、状況によっては、本当の自分を見せないほうがいいこともあります。自分自身の価値観を貫こうと思えば、相手と対立することもあるでしょう。そんなときには、スイスの心理学者**カール・グスタフ・ユング**

これも知っておこう

マージナル・マン

境界人、限界人、周辺人などと訳されます。大人になりかけている若者、移民など、複数の文化や集団に所属していながら中心的役割を持たず、周辺にいる人のことをいいます。

不安定な状態に置かれるため心理的葛藤を引き起こしやすいのですが、境界にいるがゆえに独自のものの見方、想像力の高さを持っているといわれます。大人社会という完成された文化に所属している大人よりも、若者のほうが頭がやわらかく豊かな感受性を持つということです。

サイコロジー Q&A

Q 老人ホームを探しています。ある施設のパンフレットに「当院では入居者のQOLを第一に考えます」とありました。これはどのような意味ですか。

CHECK

本当の自分を見つけるには

人は「常識」や「教育」などを押しつけられた結果、本当の自分を心の奥底に隠してしまい、自分で自分がわからなくなることがある。心理学を使えば自分の心を確かなものとしてつかめる。

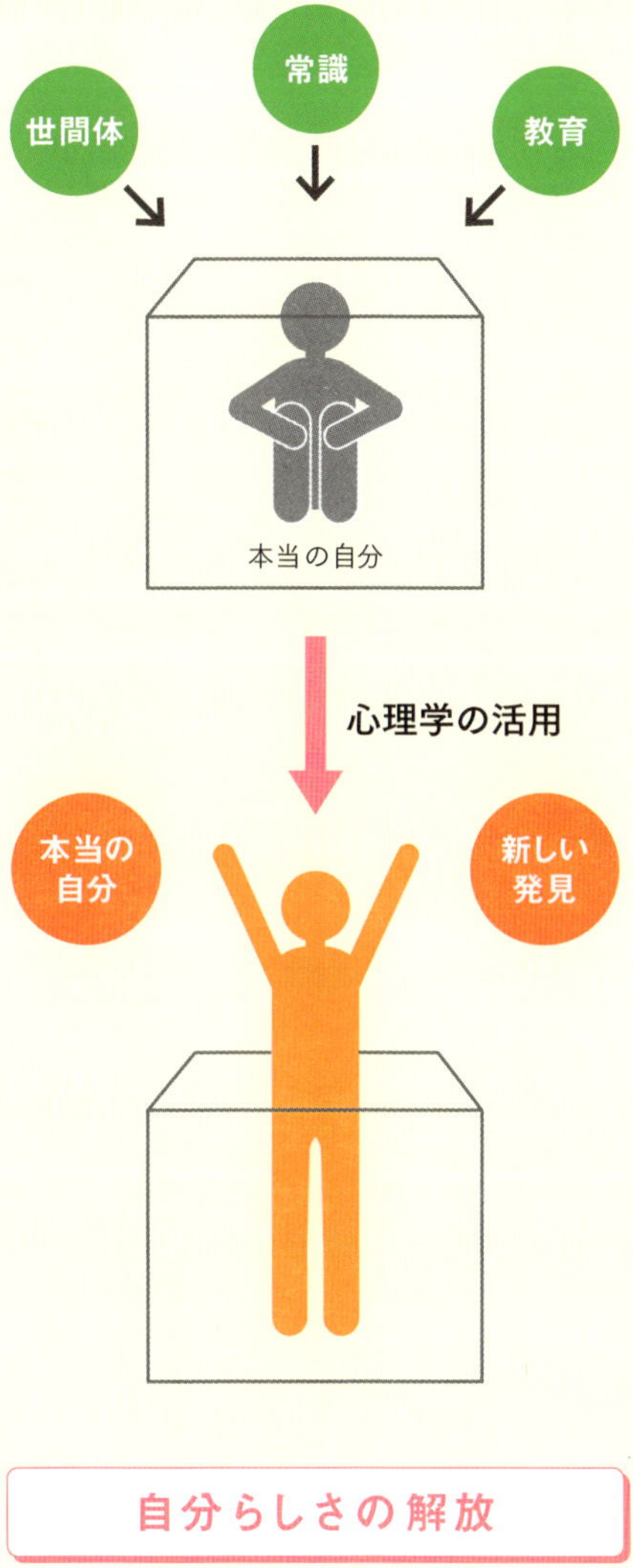

（1875〜1961）（➡P100）の言う**ペルソナ**（自己の外的側面➡P106）を身につけて、うまく世間を立ち回ることも必要です。

心理学は人間の表に表れている部分はもちろんのこと、心の奥に潜んでいる深層心理まで引き出してくれます。自分自身の価値観を発見する力にもなりますし、本来の性格を見抜くテストも用意されています。

本来の自分を見つけ、進むべき生き方を示してくれるのが心理学の特徴といえるでしょう。

A QOL（クオリティ・オブ・ライフ）とは物質的な豊かさだけでなく、精神的な豊かさも含めた総合的な生活の質のことです。物理的に施設が素晴らしいということだけではなく、お金に換算できない居住者の心理的満足度も高いということを意味しています。

個性や個人差の不思議を解明できる

同じ目標に向かって行動を起こすとき、人がみな同じような行動を取るとは限りません。

ある人は慎重に立ち回るかもしれませんし、またある人は一気に突っ走ろうとします。このように**人の考え方や行動には、明確な違いが存在**します。人はそれを**個性**と呼びます。私たちは同じ人間ですが、同時に一人ひとりがさまざまな個性を持った違う存在でもあります。

人と人が違う個性を持っている以上、お互いを理解するためにはそれを知ることが必要です。互いの個性や性格を理解し、相手とつき合うことが人間関係を好転に向かわせます。そして、よりよい人生へと私たちをいざなってくれます。

ところで、個性のこうした違いはどこから生まれてくるのでしょう。その一つとして、その人自身の性格や育った環境が影響していることが挙げられます。

心理学はそうした人間の潜在的な部分に光を当て、個性を形づくるさまざまな要素を研究しています。

サイコロジー Q&A

Q 女性の多い職場にいますが、彼女たちのおしゃべりについていけません。男性と女性とではコミュニケーションの取り方が違うのでしょうか。

A 男性と女性には性差があるため、当然その話し方にも違いがあります。女性がコミュニケーションを取るときには、自分の気持ちを表現することを目的としており、これを自己完結的コミュニケーションといいます。

一方、まだまだ男性中心のビジネス社会では、ある目標を達成するための手段・道具としてコミュニケーションを行います。これを道具的コミュニケーションといいます。職場で男性と女性がお互いに理解しがたいのは、このコミュニケーションのしかたの違いによるものです。この違いを理解しておけば、男女間のコミュニケーションも取りやすくなるでしょう。

CHECK

なぜ明るい人がいれば、暗い人もいるのか

もともと「明るい人」「暗い人」などいない。
その人の心の問題が「明るい人」や「暗い人」などに見せている。

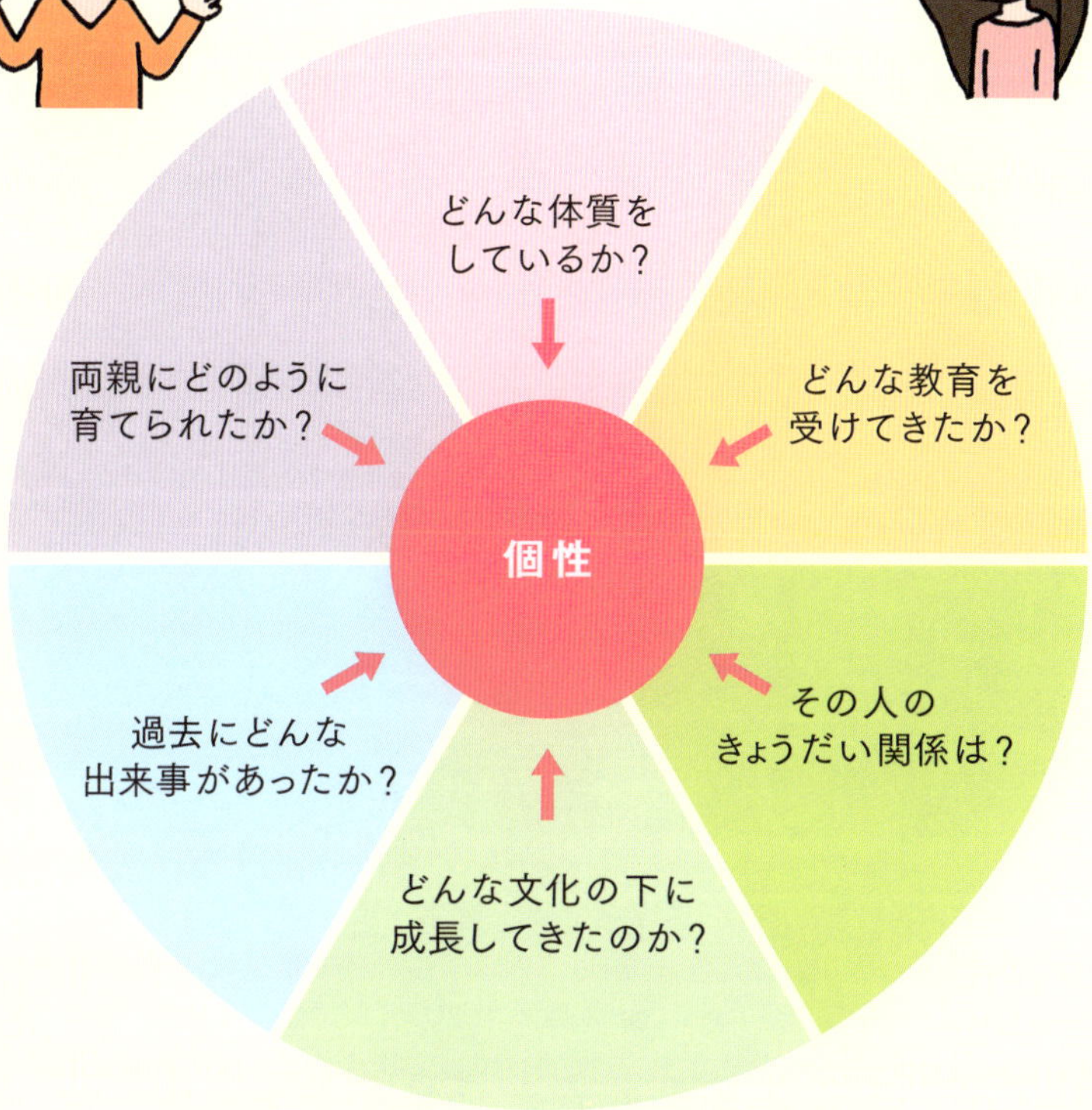
どんな体質をしているか？
どんな教育を受けてきたか？
その人のきょうだい関係は？
どんな文化の下に成長してきたのか？
過去にどんな出来事があったか？
両親にどのように育てられたか？
個性

心理学により相手の性格や個性をつかみ、人間関係に生かすことで、幸せな人生を築くことができる

仕事や勉強などを効果的に片づけるコツがわかる

ビジネスの現場は日々の向上なくして乗り切ることはできません。しかし、忙しくてなかなか勉強する時間がないという方は多いのではないでしょうか。心理学を使えば、効率的な勉強方法がわかります。学校の勉強にもそれは当然応用できます。

もともと**学習**というのは、心理学の大きなテーマです。心理学における学習の研究は、18世紀にドイツの心理学者**エビングハウス**（↓下段）が始めて以来、130年ほどにわたって続けられています。

記憶にしても、思考や発想にしても、心のメカニズムを知ることで、その効果を何倍にも上げることができます。逆に心の働きを知ることなく行動を起こしても、無駄に力を使ってしまうだけです。

アメリカの経営学者**ピーター・ドラッカー**（1909〜2005）は、今の時代を**知識労働**の時代と言っています。つまり仕事の対価は、費やした時間について支払われるのではなく、使われた知恵や知識に対して支払われるということです。言い換えるなら、時間をかけずにどれだけの成果を上げるかで仕事の出来は決まってきます。

これも知っておこう

レディネス

あることを学習するには一定の身体・精神機能が発達していることが大切です。この学習ができる状態にあることをレディネス（学習準備性）といいます。たとえば小学生が足し算、引き算の次に掛け算、割り算を学ぶように設定されているのは、レディネスの考え方に基づいています。

学習を始める時期はレディネスが成熟してから行うべきであるとする考え方は、成熟優位説と呼ばれます。逆に、早期学習を支持する人たちはよい環境や経験を与えればレディネスが形成される時期は早まるとし、学習優位説を採っています。

心理学の巨人たち

ヘルマン・エビングハウス

ドイツの心理学者（1850〜1909）で、自らを実験対象にそして、人と人との間に信頼関係を築くことのできる**人間関係力**も仕事や勉強には必要です。実力主義の世の中とはいえ、人脈の力は無視できません。説得力・交渉力の源には心理学が発見した心の法則が生かされています。

このように、心理学で自分の能力を開発すれば、よりよい人生をつかむことも可能です。人間が出会うありとあらゆる状況を解決するための知識が心理学では研究されているのです。

して、記憶に関する研究を行いました。

意味を連想することで個人差による実験結果の変動がないよう考案した学習素材である**無意味綴り**や、人間が記憶した内容は時間を経るに従って忘却されるという**エビングハウスの保持曲線（忘却曲線）**の発見でも有名です。

CHECK

心理学は成功の要

よりよい人生をつかむために、心理学で自分の能力を開発しよう。

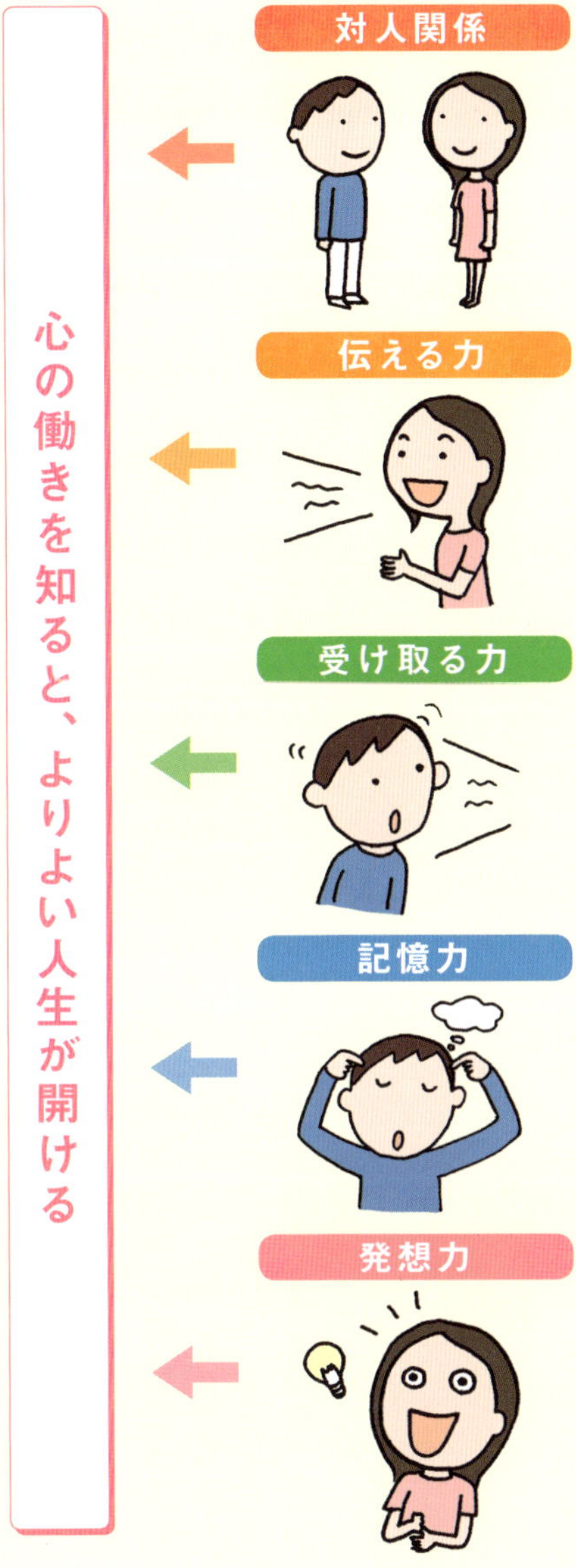
対人関係
伝える力
受け取る力
記憶力
発想力
心の働きを知ると、よりよい人生が開ける

心理学でわかること 07

色彩が心に与える影響がわかる

森林浴に出かけると、心が解放されます。マイナスイオンたっぷりの空気を呼吸して、自然のゆるやかな音に囲まれているせいもあるでしょうが、緑の木々に包まれていることが癒しになっているのは間違いないでしょう。

色は人間の心にさまざまな影響を与えています。何もそれは、森林浴だけに限りません。色の効果は、医療や教育、ファッションなどさまざまな分野で活用されています。色彩が心にもたらす影響を分析し、利用するための法則を見つけるのも心理学の役目です。

また色というのは**非言語コミュニケーション**（➡P70）の一つです。何らかの色を身につけるという行為は、無意識にある、形にならないメッセージを伝えようとしていると考えることもできます。

スイスの心理学者**マックス・ルッシャー**は、人がどんな色を好むかという嗜好には、心理学的な意味があると考えました。また、好きな色にはその人の**性格が投影される**という研究報告もあります。心理学を知ることで、色彩の力を知り、効果的に生かすことができるようにもなります。

これも知っておこう

色彩調節

人間は色に対して多様な心理的反応を示します。**色彩調節**とは、そうした心理的反応を踏まえつつ、住環境や労働環境など、さまざまな環境の色彩計画において、人間がより快適に、効率的に、安全に活動できるように色彩を調節することで、**カラーコンディショニング**ともいいます。

たとえば、青や緑などの寒色は落ち着きや涼しさを感じさせ、赤やオレンジなどの暖色は温かさを感じさせます。このように、塾や学校での学習効果や、仕事の現場での業務能力向上のために、室内の壁を中間色にして、心を落ち着かせようとするなど、多くの場所で活用されています。

色彩調節という名称は、色彩計画を通じて勤労意欲の高揚や生産性、品質の向上に努めたアメリカのある塗料会社が命名しました。

CHECK

性格は好きな色に表れる？

心理学者ルッシャーは、色の好みにその人の心理が投影されていると主張した。

- **赤**　情熱的、積極的、自己主張が強い。
- **ピンク**　愛情深い、世話好き、傷つきやすい。
- **オレンジ**　陽気だが嫉妬深い。社交的で人気者。
- **黄**　元気で好奇心旺盛、野心家でもある。
- **緑**　理想・平和主義者、現実主義者でもある。
- **青**　知的でクール、感性豊かで自立している。
- **紫**　高貴、神秘的、エロチック性を秘めている。
- **茶**　協調性・責任感があり、心が安定している。
- **黒**　頑固でプライドが高い。孤独を好む。
- **白**　潔癖主義、真面目、理想主義者。

人間の可能性とともに広がりを見せる心理学

有史以来、人間の心は言語、歴史、文化、技術など、あらゆるものを創り出してきました。心理学はそうして生み出された**すべてのものと心の関係を考える学問**です。現代の心理学は、さまざまな学問と連携し、新たな心理法則を次々と世に送り出しています。

心理学は大きく、**基礎心理学**と**応用心理学**に分けられます。心理学の根幹となる現象を研究するのが基礎心理学です。そして、そこで得た法則をさまざまな学問に活用するのが応用心理学です。

最近では、特に応用心理学の**専門化・細分化**が進み、**文系・理系を問わず心理学との連携**が始まっています。そうして生まれた新たな心理学研究を基礎に、学校カウンセリングや身障者福祉、老人問題、青少年問題、マーケティング、商品開発、災害時の心のケアに至るまでさまざまな領域で、心理学の知識が活用されています。

科学技術の進化や社会情勢が変化するたびに、私たちの心はそれらの変化といかにつき合うべきかという問題にさらされます。そして、そのたびに、心理学の研究領域も広がっているのです。

サイコロジーQ&A

Q 人の心の動きをとらえるために昔は脳内に電極などを埋め込んでいたそうですが、今はどのように実験をしていますか。

A 心理学が心のメカニズムを科学的かつ実証的に研究する学問である以上、実験を欠かすことはできません。しかし、心の中にメスを入れるためには、科学技術の発達を待たねばならず、過去においてはそのような実験もなされてきました。

しかし現在ではコンピュータ技術の進歩によってX線CT（コンピュータ断層撮影法）やMRI（磁気共鳴画像法）を使って、脳内に電極を埋め込んだり麻酔などを用いたりせずに、脳波を測定できます。つまり心の動きを外から客観的に観察できるのです。これらを脳機能イメージングといい、現在の心理学研究にとってなくてはならないものです。

CHECK

専門化・細分化する心理学

文系から理系までさまざまな学問と融合することにより、
心理学には次々と新しい分野が生まれている。

基礎心理学

- 心理学の一般法則を研究
- 人間集団に焦点を当てる
- 研究方法は実験が中心

- 社会心理学
- 知覚心理学
- 発達心理学
  （乳幼児心理学
  ➡児童心理学
  ➡青年心理学
  ➡老年心理学）
- 認知心理学
  （思考心理学）
- 学習心理学
  （行動分析）
- 人格心理学
- 異常心理学
- 言語心理学
- 計量心理学
- 数理心理学
- 生態心理学

など

応用心理学

- 基礎心理学で得た法則や知識を実際の問題に役立てる
- 人間個人に焦点を当てる

- 臨床心理学
  （カウンセリングなど）
- 教育心理学
- 学校心理学
- 産業心理学
  （組織心理学）
- 犯罪心理学
- 法廷心理学
- コミュニティ心理学
- 家族心理学
- 災害心理学
- 環境心理学
- 交通心理学
- スポーツ心理学
- 健康心理学
- 性心理学
- 芸術心理学
- 宗教心理学
- 歴史心理学
- 政治心理学
- 経済心理学
- 軍事心理学
- 民族心理学
- 空間心理学

など

心のトラブルの治療に取り組む臨床心理学

心はいつも元気なわけではありません。時にバランスを崩したり、大きな傷を負ってしまうこともあります。そんなとき、症状の改善に向けて治療に取り組むのが**臨床心理学**の目的です。

臨床心理学は、アメリカの心理学者**ライトナー・ウィトマー**（1867～1956）がペンシルバニア大学において、心理クリニックを開設したときに誕生したといわれています（臨床心理学という言葉も彼が初めて使ったとされています）。

臨床心理学は、**適応障害やうつ病**、**神経症**、**対人恐怖症**、**パニック障害**、**摂食障害**、**引きこもり**、**依存症**、**パーソナリティ障害**など（➡P182～211）、心にまつわるトラブル全般の解決に取り組みます。患者がそれらの問題を解決するのを手助けするのが心の専門家、**臨床心理士**です。この資格を取るには大学院で臨床心理学を習得することが必要で、最近の心理学人気により、受験者は増えています。

ところで、心のトラブルの治療といっても、臨床心理学者は**薬物を投与することはできません**。そのため**クライエント**（患者）をしっかり観

サイコロジーQ&A

Q 精神科医と臨床心理学者の違いは何ですか。

A ひと言で言うと、治療に当たって薬を使うことができるのが精神科医で、カウンセリング（面談）などの心理療法を使って、心の回復を目指すのが臨床心理士です。日本の医師法では、医師以外の人間が薬の処方をすることはできません。

また、精神科医は悪いところを見つけて治すのが仕事で、臨床心理士は、問題を抱えた人がそれを乗り越えていくのをサポートするのが仕事です。臨床心理士は心理テストとカウンセリングを行いますが、これは精神科医も行うことができます。

ただし精神科医は患者も多く、一人の患者に多くの時間を割けないのが現状です。そのため、精神科医と臨床心理士が連携して治療に当たる必要があります。

察し、症状や疾患を分析し、その人に合った心理療法を施します。
そこで大事なのがクライエントを詳しく知ること。心理検査や面談では家庭の状況や生まれ育った環境など、調べられる限りの情報を集め、クライエントの人格像がありありと浮かぶようにする**事例研究法**を採用し、その結果に基づいて治療に当たります。わが国では従来、**個人療法**が採用されていましたが、近年はクライエントの周囲とも話し合って、その悩みを取り去る努力をするなど、さまざまな方法が採られています。

CHECK

臨床心理学でよく使われる箱庭療法

心理学者の河合隼雄が1965年に日本に導入した芸術療法の一種。病院や学校などの心理相談室、心理療法一般、少年鑑別所などで使用されることが多い。

箱庭療法

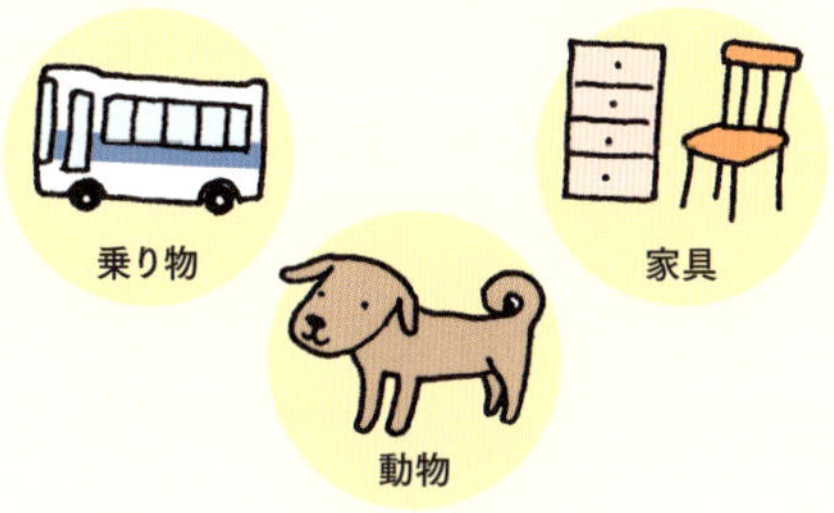

臨床心理士（治療に当たる専門家）が見守る中、クライエントが砂箱の中に人形や建物、インテリアなどのミニチュア玩具を自由に入れていく。

↓

心の調和を図る

悩みを抱えている人や、何かモヤモヤしたものを感じる、何となく行き詰まった感じがある、自分自身がよくわからなくなった、などとぼんやりとした思いを抱く人に最適な技法。

凶悪犯罪と社会の病理を解明する犯罪心理学

犯罪と人間の心理を研究する学問が**犯罪心理学**です。その目的を大きく分けるなら、①なぜ人は**違法行為**をしてしまうのかを解き明かす、②犯罪を犯す人と犯さない人との間にある心理学的特性を考える、③罪を償い終えた人の社会復帰をスムーズにするにはどうすればよいのかを研究する、という三点が挙げられます。

犯罪心理学では、おもに犯罪者への**面接調査**によって研究を行います。なぜその人が罪を犯すに至ったのか、その生い立ちはどのようなものであったのか、犯罪者にとってその行動にはどのような意味があったのかなどをじっくり聞き取り、心理学の知識を駆使してその意味を考えるのです。

たとえば凶悪な犯罪や意味不明の無差別殺人が起こったとき、私たちは「犯人は異常な心理の持ち主ではないか」と考えます。しかし犯罪心理学では、**犯罪者とそうではない人の間には明確な違いはない**と考えます。だからこそ「なぜ人は罪を犯してしまうのか」という犯罪心理学の研究は大切なのです。

これも知っておこう

プロファイリング

犯罪現場に残されたさまざまなデータから、犯人の特徴を推測して捜査を進めていく手法です。プロファイリングには、犯罪心理学の知識だけではなく、人類学なども含めた行動科学が活用されます。

もともとはFBI（アメリカの連邦捜査局）で開発されたプロファイリングですが、現在ではリバプール方式と呼ばれるプロファイリングが主流になっています。犯人の行動を分類し、そのデータを基にして犯人像をつくり上げていくFBI方式に対して、リバプール方式では統計が駆使されます。これらは総称して犯罪者プロファイリングと呼ばれます。

また、犯人の隠れ家を確定したり、次に犯人が凶行に及びそうな場所を確定するのは地理プロファイリングの仕事です。

実際の犯罪捜査にも、心理学は活用されています。たとえば人質救出作戦において犯人との交渉を担当する**交渉人（ネゴシエーター）**という専門職があります。犯人の精神状態や現場の状況などの情報を収集し、心理学、**行動科学**、**犯罪学**の知識と話術を用いて、事件を平和的に解決しようとします。また、**プロファイリング**（**犯罪者プロファイリング**➡下段）は犯罪捜査において行動科学的に分析し、犯人の特徴を推論することをいいます。

裁判心理学

目撃者や自白証言の信憑性、判決を出す裁判官の心理、被害者や被告の特徴が判決に及ぼす影響、陪審員の選択など、**裁判心理学**は裁判に関するあらゆる心理的問題を扱います。２００９年より始まった**裁判員制度**においても注目が集まっている分野です。

CHECK

犯罪心理学とは

犯罪者の特性や環境要因を解明するとともに、犯罪予防や犯罪捜査、犯罪者の更正に役立てることを目的とする応用心理学の一つ。

犯罪学
（犯罪生物学）
刑事政策
犯罪社会学
犯罪精神医学
犯罪心理学

犯罪心理学の対象

① 人はなぜ罪を犯すようになるのか。

② 犯罪を犯す人と犯さない人との間には、心理学的特性の違いがあるのか。

③ 罪の裁きを受けたあと、私たちはどのようにして彼らを迎えたらよいのか。

マインドコントロールや洗脳を解明する社会心理学

社会心理学は、人間の行動を**他者からの刺激や反応の結果**と考えます。**マインドコントロール**や洗脳に関する研究は、まさに社会心理学が得意とするテーマといえるでしょう。そのほか、**流行**はどのようにして生まれるのか、集団はどのようにしてできていくか、困っている人を助ける人とそうでない人がいるのはなぜかなど、社会レベルから個人レベルまでの人間の行動を研究するのが社会心理学です。

マインドコントロールは、人を動かす方法の中で、最も悪質かつ巧妙な方法の一つといえるでしょう。たとえば、オウム真理教のような**破壊的カルト**（信者の人格や人生観、価値観、社会性を破壊する宗教）は、巧みにマインドコントロールを行い、本人の自覚がないままに自己の**アイデンティティ**（➡P132）を破壊し、彼らが必要とする人格に変えてしまいます。つまり、**人間の欲求を操り、情報をコントロール**することなどで個人を支配します。そのため、破壊的カルトにマインドコントロールを受けた人は、時に常識では考えられないような犯罪行為に走ります。ほかにも悪質商法に引っかかって、知らないうちに大金を奪われたとい

もっと詳しく

洗脳への三つのステップ

アメリカの心理学者エドガー・シャイン（1928〜）は、洗脳が行われる過程を三段階に分類しました。

①**解凍**……長時間の尋問や独房での監禁、睡眠不足の状態をつくり、これまでその人が持っていた価値観やアイデンティティを崩壊させる。

②**変革**……攻撃によりアイデンティティを破壊され、よるべのなくなった心は落ち着き先を求めて新たな価値観を受け入れようとする。解凍された段階になったときに、新たな価値観を脳に刻み込ませる。

③**再凍結**……②の変革で新しい価値観を受け入れた人は、その価値観を昔の価値観と連結させようとする。そこで周りの人間から新しい価値観を支持するよう**威圧的説得**をされることで、その価値観が強く刻み込まれ、洗脳が完成する。

うのもマインドコントロールの一つといえます。

よく誤解されるのが洗脳との違いです。**洗脳**（➡下段）は朝鮮戦争の時代にアメリカ人捕虜が受けた尋問と教化を、アメリカのジャーナリスト**エドワード・ハンター**（1902〜1978）が使ったのが言葉の始まりとされています。

その方法は、物理的強制力をもって、**人間の身体を拘束状態**に置き、行動を変えようとします。社会心理学は、こうした心理のメカニズムをも研究のテーマとしています。

CHECK

マインドコントロールの四つの方法

悪質なマインドコントロールは、以下のようなテクニックで批判する力や判断力を失わせ、行動に関する自由意思をなくしていく。

行動のコントロール

細かい行動の指示をする。つき合う相手、睡眠時間などまで指示することも。しかし、本人は良心に従って自発的に行動していると感じている。

思想のコントロール

その教えに疑問を挟み込む余地もないほどに、徹底して教え込む。

感情のコントロール

良心的な組織は人に平安を与えるが、破壊的カルトなどは恐怖と不安の感情を中心にコントロールする。

情報のコントロール

組織に対する批判的情報を禁止する。マスコミの第三者的な文書を禁じることもある。

脅迫や詐欺などの犯罪に使われることは許されない

赤ちゃんから高齢者まで幅広く研究する発達心理学

人の心と身体は、ゆっくりと時間をかけて発達していきます。この**発達過程**のメカニズムを研究するのが**発達心理学**です。

発達を促すのは遺伝か、経験か。赤ちゃんはなぜ人見知りをするのか。子どもにはなぜ反抗期があるのか。中年期を迎えて第二の人生に飛び出そうとする人が多いのはなぜなのか。その研究テーマが全年代にわたるため、発達心理学は、心理学の中でも大きな位置を占めています。

発達心理学は、ついひと昔前まで**児童期と青年期をおもな研究対象**としてきました。そもそもアメリカの心理学者**スタンレー・ホール**（1844〜1924）の手によって児童心理学を中心に打ち立てられたためです。しかし、高齢社会の深まりとともにそれは見直され、今では生まれてから死ぬまでを一つの枠組み（生涯発達）として研究することが一般的になっています。「成長の謎」を解き明かす学問。それが発達心理学といえるでしょう。

代表的な理論としては、スイスの心理学者**ジャン・ピアジェ**（1896〜1980）による**認知発達理論**や、アメリカの心理学者**エリク・エリクソン**（1902〜1994）による**心理社会的発達理論**（➡下段）があります。

これも知っておこう

エリクソンの心理社会的発達理論

人生を八つの発達段階に分け、それぞれの段階に発達課題と心理的危機があるとしました。

①**乳児期：基本的信頼感の獲得**……母親と信頼関係を形成する。

②**幼児期前期：自律性の獲得**……排泄を学び、自律性を身につける。

③**幼児期後期：自主性の獲得**……欲求と周りの規律に折り合いをつける。

④**学童期：勤勉性の獲得**……勉強することで能力を実感できるようになる。

⑤**青年期：アイデンティティ確立**……自分らしさを打ち立てる。

⑥**成人期初期：親密性の獲得**……異性を愛する。

⑦**成人期：生殖性の獲得**……生殖活動に関心を持つ。

⑧**老年期：統合性の獲得（自我統合）**……老いや死を受け入れ、余生を送る。

CHECK

発達心理学の広がり

心理学者ホールが児童心理学を打ち立てたことから始まった発達心理学は、さまざまな年代の発達メカニズムについての研究も重ねられている。

幼児心理学

幼児期が研究対象。児童心理学にまとめられることも多い。

児童心理学

乳幼児期から学童期まで。自意識の発達との関連で語られることが多い。

青年心理学

12歳から22歳くらいまで。人格形成のための重大な発達変化が起こる時期。

老年心理学

高齢者人口の増加が、老年期の心理学の必要性を促すことになった。

発達心理学の代表的理論

認知発達理論	ピアジェ	話す、聞くといった認知の発達は段階を踏んで進んでいく。人は生まれながらにして認知するシステムを持ち合わせており、それが発達によって質的に変化していくとした。
心理社会的発達理論	エリクソン	ライフサイクル的な観点から、人は課題を達成しようとしまいと、人生に八つの発達段階を設定し、それぞれの段階には気をつけるべき心理社会的危機があると仮定した。

コンピュータとともに生まれた認知心理学

人はどのように物事を受け入れるのか、記憶した情報をどのように思い出すのか、問題が目の前で起こったとき、どのように解決するのか。それらのしくみを明らかにするのが**認知心理学**（➡P228）です。

「見る、聞く、話す、記憶する」といった認知のしくみは、外部から客観的に観察できるものではありません。そこで認知心理学では、心を**情報処理システム**ととらえることで、そのしくみを明らかにしようとしました。

コンピュータは、①情報を入力、②ハードディスクに記録、③必要なときに検索してファイルやプログラムを開く、という三つの過程によって情報を処理しています。ここから、情報を処理し、活用するためには**入力、保存、検索**、という三段階が必要だと結論づけました。

認知心理学の誕生はコンピュータの誕生と同時期に当たります。心理学はその時々の学問に大きな影響を受けて発展を遂げますが、認知心理学はコンピュータと**情報理論**が生み出した**20世紀生まれの新しい学問**といえます。

これも知っておこう

スキーマ

スキーマとは、目の前の情報が不完全なものであっても、関連する枠組み的な知識を使うことで、推測をして認知を行ったり、さまざまな予測を立てたりできる知識のまとまり（モジュール）です。

たとえば、行ったことのないレストランだからといって、とんでもない大失敗をすることもなく食事ができるのは、レストランではどんな手順で注文をして、ご飯を食べればよいかという、段取りについてのスキーマがあるからです。

つまりスキーマとは、現実の生活において、私たちがどのように認知を行っているか、目や耳から入ってくる知識を使ってどのように世の中の状況を把握しているのかを、理論的に説明するために生み出された概念と言い換えることができます。

また、**脳科学**や**情報科学**、**言語学**、**人類学**、**神経科学**などさまざまな学問と連係し合うことで、**認知科学**という新しい学問まで生み出しており、現在、学問の中においても重要な位置を占めている心理学です。

ちなみに認知科学は、情報処理の観点から人の知的活動を理解しようとする研究分野で、**人工知能**などの概念が議論されています。心理学、人工知能学、言語学、神経科学、文化人類学などの学問との連携も必要とされています。

CHECK

「知ること」のしくみ

認知心理学では、物事を認知する心のしくみを情報処理システムととらえ、以下のように考えた。

	コンピュータ	認知心理学
入力	情報を入力。	見た、聞いた、触った、嗅いだ、味わったなどの感覚情報を心に入力する。
保存	ハードディスクに記録する。	人はコンピュータより広範囲な情報に対し、複雑な情報処理を行い、認知する。
検索(出力)	必要時に検索し、ファイルやプログラムを開く。	心は受け取った感覚・情報を判断し、外界に向けて意思決定したり、反応したりする。

コンピュータの誕生に影響を受けた認知心理学は、その情報処理のしくみをモデルとして人間の心にも当てはめ、理解しようとした。

アスリートの悩みを解決するスポーツ心理学

どうすれば運動能力は向上するのか、スポーツは性格にどのような影響を与えるのか、なぜ人はスポーツ観戦に興じるのかなどをテーマとするのが**スポーツ心理学**です。あらゆる角度から、スポーツをする人、スポーツを見る人、スポーツを仕事にする人の心理を研究しています。わが国では、１９６４（昭和39）年の東京オリンピック開催に当たってスポーツ心理学が選手強化対策の一環として取り入れられ、後の発展に貢献することになりました。

スポーツ心理学の中心的なテーマともいえるのが、**メンタルトレーニング**です。練習ではよい記録が出せるのに、本番になると本来の実力が発揮できない。そんな状況を改善するために、競技力を高める心理的スキルを強化することで、**競技者の潜在能力を最大限に発揮**させることを目指します。

そのために、ストレスや緊張のコントロール、集中力の強化、イメージトレーニング、やる気や目標達成力の向上、チームプレーなどに伴うコミュニケーションスキルの強化などを実践的に行います。

これも知っておこう

ピークパフォーマンス

スポーツのみならず、その人にとって今までにない好成績を収めることをいいます。アメリカの心理学者**チャールズ・ガーフィールド**は、**ピークパフォーマンス**を構成するものとして、①精神的リラックス、②身体的リラックス、③繭《まゆ》の中にいる感覚、④自信がある楽観的感覚、⑤高度に力を放出する感覚、⑥コントロールしている感覚、⑦異常なほど「わかっている」という感覚、⑧現在に集中している感覚、があるといいます。

ピークパフォーマンスを求め続ければ、運動することが苦でなくなり、その結果、心身が健やかになるため、競技以外の効用も重要視されています。

失敗回避要求と成功達成要求

アメリカの心理学者**J・W・アトキンソン**は、人間には**失敗回避**

また、**スポーツカウンセリング**という方法が採られることもあります。選手が抱えている問題を直接指導して解決するのではなく、面談によって選手が抱えている問題の背景を探り出し、その背景も含めて選手自身に気づかせて問題を解決させる方法です。

このように、**認知行動療法**（➡P216）的なアプローチと、**臨床**（➡P28）的なアプローチからスポーツ選手をサポートするのがスポーツ心理学といえるでしょう。

要求と成功達成要求があり、両者の強弱差によって行動に変化があるとしました。

前者は失敗したくないという気持ちで、失敗した際の残念な感情などを思い浮かべて、適切な目標を避ける傾向にあります。

後者は成功したいという気持ちで、適切な目標を選びます。

CHECK

メンタルトレーニングで運動能力を最大限に発揮

試合場面で最高の能力を発揮できるように、心理的トレーニングを行う。それによってやる気を高め、自分自身をコントロールする力を養う。

メンタルトレーニング

1. **目標設定**
   目標を細分化して立てる。
2. **セルフコントロールするためのトレーニング**
   リラクセーション。
3. **心理的ウォーミングアップ**
   気持ちを最高の状態に持っていく。
4. **イメージトレーニング**
   思いどおりのイメージを最初から終わりまで描く。
5. **コンセントレーション**
   集中力の強化。
6. **ポジティブ・シンキング**
   プラス思考に変えるテクニック。

メンタルトレーニングの歴史

1950年代	旧ソ連で、宇宙飛行士の不安やプレッシャーなどを解消するためにトレーニングが始まった。
1957年	旧ソ連のオリンピック強化チームが導入。
1984年	ロサンゼルスオリンピック前に、カナダとアメリカが本格的に導入。両国がオリンピックで大きな成果を上げたことで世界的に注目されるようになる。
1985年	日本でも本格的に導入を開始する。
2000年	シドニーオリンピックで日本も12競技団体で導入。

社員のやる気を高める産業・組織心理学

事業を運営するうえでの諸問題について、心理学的手法を用いて解決を図り、業務の効率アップを研究するのが**産業・組織心理学**です。その研究テーマはリーダーシップ、的確な意思決定、人材採用、人事評価、働く人の健康、宣伝・広告効果など多岐にわたります。

景気低迷の中、企業が業績を上げるためには、会社を支える**従業員のモチベーションアップ**が欠かせません。このモチベーションアップをどのように行うのかということも、産業・組織心理学の大きな研究テーマです。

モチベーションとは**動機づけ**です。動機が行動を起こすための動因であるのに対し、動機づけは行動を継続的に続けさせることをいいます。動機づけとしては、**外発的動機づけ**（ボーナスを奮発するなど）、**内発的動機づけ**（新規事業を任せて刺激を与えるなど）が考えられます。また、実現可能な目標を設定し、**成功体験**を積み重ねることも効果的動機づけとなるでしょう。こうした動機づけから、仕事に張りを与え、社員に**明日も頑張ろうという気持ちにさせる**ことになるのです。

これも知っておこう

サラリーマン・アパシー

新入社員が、ゴールデンウィーク明けごろから仕事に対して意欲をなくし、無気力になることをいいます。似たような症状に、大学新入生がかかる**スチューデント・アパシー**があります。

アパシーとは、精神疾患などで起こる無気力な状態のことです。理想の会社生活や学生生活を思い描いていたのに、現実には期待どおりの成果を上げられない場合に、つらい現実から逃げたいと思う心が起こす**自己防衛反応**の一種といわれています。

組織のキャリア概念

キャリアとは、エリートの意味で使われることが多いようですが、心理学では、**過去や現在のみでなく未来も含めて一生涯にわたり形成されるもの**としてとらえます。**ライフ・キャリア**は生涯を通じた業績を上げるという意味でいうなら、働く人だけでなく消費者の行動を知ることも大切です。そのため産業・組織心理学では、**購買意思決定の心理**や**購買行動**もテーマとしています。

どんなに効率よく綿密な計画を立てても、それを行動に移すのは結局のところ人間です。また、企業や組織の人々の働き方や働く意識は、時代のうねりの中で変化しています。だからこそ、産業・組織心理学は人間に焦点を当て、研究されるのです。

人生役割の連鎖であり、**ワーク・キャリア**は、生涯を通じた職業経験の連鎖です。経営組織においては、このワーク・キャリアに焦点を当てて考えます。

ワーク・キャリアは個人の視点から見たものと組織の視点から見たものでは、とらえ方が異なってきます。

CHECK

産業・組織心理学の位置づけ

企業などさまざまな組織活動全般に生じる諸問題を、心理学と経営学の知識を用いて解明していく。

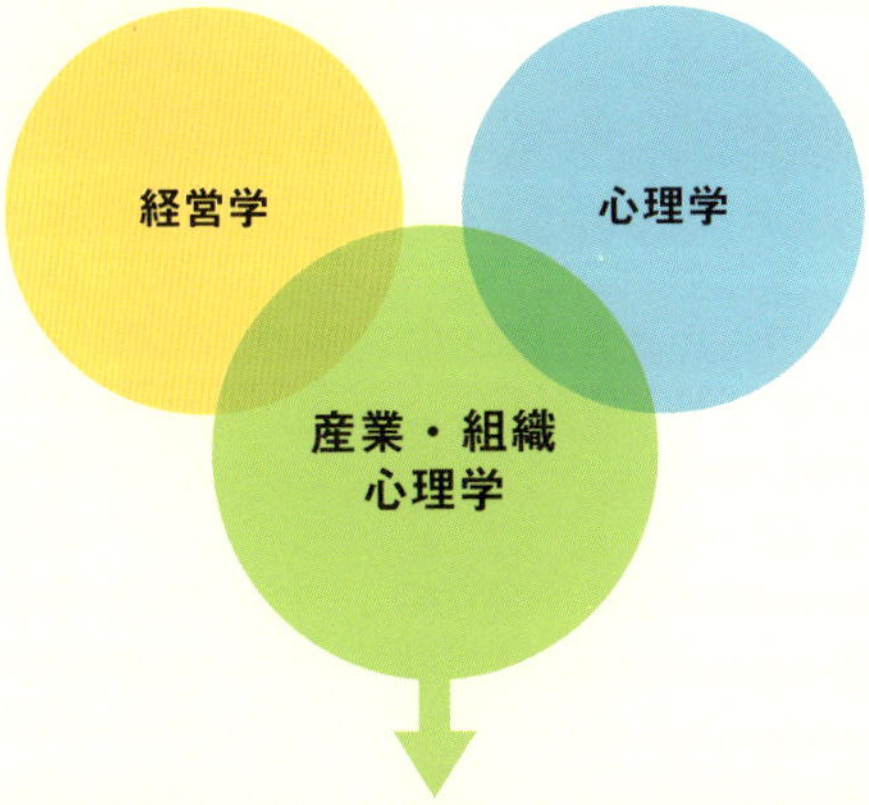
経営学
心理学
産業・組織
心理学

社員のやる気を高める動機づけ

外発的動機づけ

行動の要因が評価や賞罰、義務や強制などの外部からの刺激によるものであるという考え方。

ボーナスを奮発
やる気が湧く

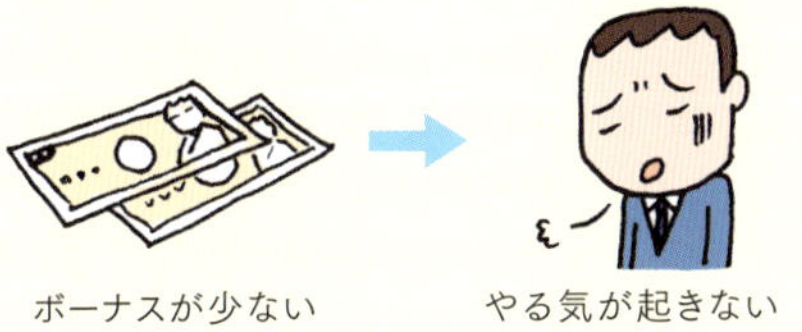
ボーナスが少ない
やる気が起きない

内発的動機づけ

行動要因が内面に湧き起こった好奇心や意欲によるものであるという考え方。

心理学の現在・未来 09

感情に訴えかける音楽を研究する音楽心理学

私たちはさまざまな音楽に囲まれて毎日を過ごし、音楽からいろいろな恩恵を受けています。つまり、音楽は人の感情に強く訴えかける力を持っているのです。音楽と心をめぐる考察の歴史は古く、紀元前350年ごろ、**アリストテレス**（↓P12）は著書『政治』の中で音楽が社会生活に与える影響について述べています。また**旧約聖書**には、**ダビデ**（古代イスラエルの二代目の王で、イスラム教では予言者の一人に位置づけられている）が持つ楽器のハープで心を癒された**サウル**（イスラエル王国の最初の王）の話が紹介されています。こうした音楽と心の関わり方について科学的に検証したのが音楽心理学です。

音楽心理学が得た法則を臨床に生かしたのが**音楽療法**（↓P218）です。**芸術療法**（↓P218）といわれる心理療法の一つで、音楽を聴いたり演奏したりすることで、心が本来持っていた力を音楽によって取り戻そうとするものです。

音楽は心のリラックス度を深め、音楽を楽しむことで**カタルシス効果**（↓下段）をもたらし、人との交流を促してくれます。また、リハビリテー

もっと詳しく

カタルシス

浄化を意味する言葉です。もともとは古代ギリシャの哲学者である**アリストテレス**（↓P12）が提唱した概念で、ギリシャ悲劇を観賞することにより、観客の心が浄化され、精神的安定を得ることができる効果があるというものでした。

今日でも私たちは多くの**カタルシス**を得ています。たとえば、嫌な仕事や勉強を頑張れるのは、旅やスポーツ、テレビなどの娯楽があることで心が浄化され、課題に対するストレスが軽減されるからです。

これも知っておこう

音響心理学

音が人間の聴覚を通じて与える心理的影響について研究するもので、音楽心理学の一分野です。別名、**聴覚心理学**と呼ばれることも

ションの際に、身体機能の回復を助けるために音楽が使われることもあります。

音楽療法の対象となるのは、子どもでは自閉症や学習障害、精神発達遅滞など、大人では**心身症**や**神経症**（不安障害➡P188）、**アルコール依存症**（➡P204）などです。ただし病状の重い場合は、効果を期待できないこともあります。最近では**認知症**やビジネスマンの**ストレス緩和**などにも音楽療法が効果的とされ、注目度が高くなっています。

あります。

たとえば、オーディオ機器の周波数などのデータを取り、聴覚がそれをどのように感じるのかを計測したり、騒音が人間にどのくらいの心理的負荷を与えているかの実験を行ったりします。

CHECK

音楽の力で心を回復させる

音楽は人に喜びを与え、ストレス過多な現代人のストレスを取り除く。音楽心理学はその心理的効果について研究する。

音楽療法の方法は2通り

受動的療法

音楽鑑賞を行う。

能動的療法

歌唱、コーラス、器楽演奏、作曲などに関わる。

音楽療法の効果

心の回復
ストレスの緩和
リラクセーションの促進
心をすっきりさせるカタルシス効果
心にトラブルを抱える人への心理療法
高齢者施設などでの交流を促進

災害で傷ついた心を癒す災害心理学

大災害は命や財産を無慈悲なまでに奪っていきます。人はそうした状況に遭遇したとき、大きなショックを受け、パニックを起こすことがあります。時には逃げ惑うだけではなく、破壊的な行動に走ることさえあります。

災害心理学は、こうした非常事態下のパニックの研究や、**デマ**の広がるメカニズムなどをテーマにしています。

パニックから逃れるには、心の中に少しでも余裕を持っておくことが大切です。たとえば、初めて入ったビルなら非常口を確認しておく。それだけで、非常事態に陥ったときには頭の中で脱出路を思い描くことができるようになるからです。このように、空から眺めたような地図を頭の中に描くことを、**コグニティブ・マップ**（**認知地図**）といいます。

災害は、身体だけでなく、心にも大きな傷を残します。たとえば、けいれんや悪夢がそうです。物忘れがひどくなることもあります。突然の騒音に対して異常なまでに驚いたり、自分が生き残っていることへの罪悪感を覚えたりすることもあります。これが**トラウマ**（**心的外傷**➡P202）

サイコロジーQ&A

Q　パニックが起きたときに進んで人助けができる人に特徴はあるのですか。

A　他人のために無償かつ自発的な行動を取ることを**援助行動**といいます。一般的に男性よりも女性のほうが援助行動を行うことが多いようです。これは女性のほうが男性よりも**共感性**が高いからでしょう。

なお援助活動は、一度行った経験があれば、二度目はより行いやすくなるようです。

これも知っておこう

心理的デブリーフィング

災害や犯罪などに遭遇した人々の精神的ショックを取り除くこと。日本では1995年に起こった阪神・淡路大震災を機に知られるようになりました。

被害の直後に被害者、カウンセラー、**ピア・サポート要員**（心理や**PTSD（心的外傷後ストレス障害**➡P202）と呼ばれる症状です。つまり、災害時だけでなく、その後の心のケアも大切なのです。

さらに、災害が起こると、人間は動揺し、正確な判断ができなくなって、確認不足、連絡不足などから**二次災害**を招くこともあります。災害心理学は、こうした二次災害を防ぐための法則を研究するとともに、心に傷を残さない工夫を常に考えています。地震など自然災害が多い日本においては、ますますの発展が期待される分野です。

について専門家の指導を受け、デブリーフィングの進行役を務める人のこと）などのグループが時間をかけて話し合うことで、被害者のストレスを発散させ、心理的後遺症を予防する効果があるとされています。

CHECK

パニック発生を促す三つの条件

パニックはどんなときでも起きるとは限らない。パニックが起きるときの条件は次の三つが考えられる。

1 情報の氾濫

あいまいな情報が氾濫していると、はっきりしない情報が人々の不安感を高める。

2 デマの拡大

煽動者《せんどうしゃ》によるデマは、情報のあいまいさと重要性で大きく広がる。

3 他者への追従

他者に追従する傾向が高まると、自分で判断する力が弱まり、不安がさらに高まる。

何らかのきっかけで短絡的なふるまいがなされるとき、パニックが生まれる

自分に適した職業探しに役立つ職業心理学

敗戦後から続いてきた終身雇用制は、高年齢層の早期退職の促進や、若年層の流動化（フリーター現象）などで、時代の変遷とともに変わりつつあります。**年功序列制度の崩壊**や**成果主義**の動きもある中、自分らしい仕事、キャリアアップできる仕事を探して自分磨きに励む人も多いようです。**職業心理学**は、そうした人にヒントを提供してくれます。職業の適性と選択を通し、人間と職業の関わりを考える学問として、さまざまな研究が重ねられています。

適性とは、何かをする際の、その人の能力やパーソナリティ、関心、態度などを表していて、教育や訓練などで得られる知識や経験、技能ではありません。しかし、仕事をして初めて発見した能力や適性、関心度合なども含めて適性を考える必要があるかもしれません。

ただ忘れてはならないのは、**適職探しは自分探しではない**ことです。若者の中には自分に適した仕事を求めて次々に転職を重ねる人がいます。夢を描いて理想を追い求め（幸福の青い鳥を求めて）職を転々とするため、**青い鳥症候群**（↓下段）と呼ばれます。

これも知っておこう

キャリア・アンカー

自分のキャリアを考えるうえで譲れない価値観や内容のこと。提唱したアメリカの心理学者エドガー・シャイン（1928〜）によれば、

①起業家的創造性
②自律・独立
③保障・安定
④生活様式
⑤奉仕・社会的貢献
⑥純粋な挑戦（不可能への挑戦）
⑦専門・機能別コンピタンス（専門家としての満足感）
⑧全般管理コンピタンス（組織を動かして成果を出すこと）

の八つがあるとされています。

もっと詳しく

青い鳥症候群

精神科医の清水将之《まさゆき》（1934〜）が提唱した言葉で、メーテルリンクの童話『青い鳥』にちなん

アメリカの心理学者ドナルド・スーパー（1910〜1994）によると、**キャリア**（人間が成長を遂げていく過程）の視点からの職業的発達段階は、**成長、探索、確立、維持、下降**の五段階をたどっています。適職を見つけるために探索を続けるのは大切なことですが、確立に至らないままに年齢を重ねてしまえば、残されるのは下降だけです。

だからこそ幸せなキャリアを築き上げるためには、実践に裏打ちされた職業心理学の知識が役に立つといえるでしょう。

でつけられました。チルチルとミチルが、幸福をもたらすといわれる青い鳥を求めて旅する物語です。青い鳥症候群は日本独自の現象といわれ、社会性を身につける経験や忍耐力が乏しい若者に多く見られます。本人がその状態に気づくことは難しいのも特徴です。

CHECK

人生の職業的発達段階

アメリカの心理学者スーパーは、人の一生を職業的発達段階として五つのライフステージに分けた。

成長段階

0〜14歳

自分がどういう人間であるかを知り、働くことの意味を考えるようになる。

探索段階

15〜24歳

職業についての希望が生まれ、実践が始まり、それが将来につながるか考える。

確立段階

25〜44歳

職業への方向づけが確定し、職業での地位が確立される。

維持段階

45〜64歳

確立した地位や優位性を維持する。新しい地盤が開拓されることはほとんどない。

下降段階

65歳〜

退職後の人生に向け、仕事量は減り、そのうち休止。セカンドライフへ。

次々に広がってゆく心理学を生かした仕事

現在、社会に対する不安や職場でのストレス、あるいは人間関係への不適応など、あらゆる場面で心理的なサポートが欠かせなくなっています。心と心が触れ合うところでは、必ず**葛藤**も生まれます。そうした意味では、あらゆる場所に心理学を必要とする仕事があるといえます。

この要望に応える職業が心理カウンセラーです。**心理カウンセラー**は求められる場や役割に応じて呼び方が変わります。

よく耳にするのが**臨床心理士**で、**臨床心理学**（➡P28）の知識や技術を用いて心理的な問題を取り扱う、いわゆる「心の専門家」です。病院や診療所などでは、臨床心理士が**心理療法**や**心理テスト**を行い、医師と協力して治療に当たることも多くなっています。

産業カウンセラーは、一般企業のメンタルヘルスを担当し、心理学的手法で働く人たちが抱える問題を、自らの力で解決できるよう援助します。そのほか、**教育カウンセラー**や**スクールカウンセラー**（➡下段）、**精神保健福祉士**、**音楽療法士**、**家族相談士**、**行動療法士**、**キャリアカウンセラー**などがあります。

これも知っておこう

スクールカウンセラー

不登校などを含む子どもの問題行動の改善のために、文部科学省が公立中学校を中心に、その教育体制をフォローするべく配置を進めている心の専門家のこと。

学校においてストレスや不満を抱え込む子どもたちへのカウンセリングや、教職員への**コンサルテーション**（➡P50）、家族に対してのアドバイスなどを行います。

スクールカウンセラーになるためには、高度な臨床心理学の知識が求められるため、**臨床心理士**などの資格が必要です。同等レベルの専門知識を持つとされている精神科医、心理学系の大学の常勤教員などが行うことも多いようです。

なお、文部科学省では小学生向けに子どもと親の相談員を全国に配置する施策も進めています。

CHECK

臨床心理士になるには

ひと口にカウンセラーといってもさまざまな種類がある。
ここでは代表的な資格である臨床心理士の資格取得についてまとめる。

指定大学院を修了し、知識を習得

日本臨床心理士資格認定協会が指定する1種・2種または専門職大学院を修了すること。

1種指定大学院　**2種指定大学院**　**専門職大学院**

1種指定大学院：修了後に実務経験不要。

2種指定大学院・専門職大学院 → **1年以上の実務経験**

↓

1次試験（筆記・論述）

専門職大学院は一部（論文のみ）免除。

↓

2次試験（面接）

1次試験免除制度はないため、不合格の場合は1次試験からやり直しになる。

↓

臨床心理士に

5年ごとに資格が更新される。

その他の心理・カウンセリング関係の資格

心理カウンセラーは国家資格ではなく、認定資格になる。心理カウンセラーの求人の応募条件に資格取得が挙げられていることも多い。さまざまな団体が認定している資格を取得することが早道。実務経験を求められる場合もある。

心理カウンセラーは患者の支援者

アメリカの心理学者カール・**ロジャーズ**（➡下段）は、カウンセラーの条件として、**自己一致（純粋性）**、**無条件の肯定的配慮**、**共感的理解**（➡P214）を挙げています。自己一致とは常にありのままの自分でいること。無条件の肯定的配慮とは相手が罪などを犯しても否定せず、肯定的に認めること。共感的理解とは相手の気持ちになって理解することです。

つまりカウンセラーの仕事とは、カウンセラーが一方的に指示をするのではなく、**クライエント（患者）の支援者**というスタンスが大切です。心にトラブルを抱え苦しんでいるクライエントは、時にわがままであったり、かたくなであったり、うまくコミュニケーションが取れないこともあります。そのようなときにも温かい心で接することができる包容力や忍耐力が必要ですし、相手を理解する力や、聞く耳を持たない相手に対しては自分を自制する力も必要です。

答えを教えるのではなく、答えを見つけさせる。これがカウンセラーという仕事の面白いところであり、また難しいところといえるかもしれません。

心理学の巨人たち

カール・ロジャーズ

アメリカの心理学者ロジャーズ（1902〜1987）は、自ら心理カウンセラーとしてクライエント（患者）に接する中でクライエント中心療法（➡P214）を打ち立てました。クライエントの体験に寄り添い、その気持ちを尊重しながら自律性を取り戻させる療法です。

これも知っておこう

コンサルテーション

カウンセリングがクライエント（患者）に対して行う支援であるのに対し、コンサルテーションは専門職を持つ人が別の専門職の問題を解決するために相談にのることです。たとえば医療現場では、手術前に麻酔科医が外科医のコンサルテーションを行い、教育現場では教員同士が子どもの問題についてそれを行います。

CHECK

カウンセラーに必要な三つの条件

カウンセラーにはクライエント(患者)の支援者というスタンスが必要であり、具体的には以下の3点が求められる。

1 自己一致（純粋性）

自分の気持ちに嘘をつかず、あるがままにいること。また、自分が今どんな心の状態にあるか、常に把握していること。

2 無条件の肯定的配慮

よいことも悪いこともクライエント（患者）から伝わってくることは肯定的に受け止める。

3 共感的理解

クライエントが感じることを、まるで自分のことのように感じて話を聞く。その気持ちが相手に伝わるようにする。

答えを教えるのではなく、答えを見つけさせることでカウンセラーはクライエントの心を回復させる

心理学を生かせる現場 03

商品開発や環境づくりにも心理学が役立つ

企業の**商品開発**には時間とコストという制約があるばかりでなく、**消費者の心と商品をつなぐ工夫**が必要です。そこで役立つのが心理学です。多くの心理学者の研究によって判明した人間の消費行動のパターンや生活のパターンは、商品開発を進めるための参考になるでしょう。

また、もっと使っていたいと感じるような、人がモノとの距離を感じない、情報コンテンツをはじめとした**親和型商品の開発**に必要な**エンジニアリングに関する心理学**も役立ちます。

役に立つのは商品開発だけではありません。たとえば、新しい商業ビルが建ったのに、思いのほか人が集まらないということがあります。これなどは、**周りの環境や生活者の行動パターン**を考慮に入れず設計・建築した可能性が考えられます。こうした場合は、**環境心理学**に基づく環境づくりが有効に作用するはずです。

環境や街づくりにおいても、さまざまな心理学が役立ちます。たとえば、高齢社会が進むにつれ、60歳以上による交通事故が増えています。そこで、高齢者が運転中に引き起こす事故の特徴や、高齢者がカーブを

これも知っておこう

SD法

セマンティック(意味)・ディファレンシャル(微分)法の略称で、アメリカの心理学者チャールズ・オスグッド(1916〜1991)が提唱した心理学的測定法。「よい」「悪い」、「速い」「遅い」といった対となる形容詞を両極に取り、その間を「非常に(プラス評価)」「やや(プラス評価)」「どちらでもない」「やや(マイナス評価)」「非常に(マイナス評価)」のような尺度に分けて評価してもらいます。イメージ調査や商品開発などに利用されています。

建築の分野では、景観などの意味評価を行ううえで非常に有効な手法として、よく採り入れられています。

クラウディング

人口が密集することによってもたらされる不快感のこと。血圧を

走行するときの行動特性などを調査し、どのような安全教育システムが開発できるか、そして今の環境を改善するための施策を採れるかを**交通心理学**では考えます。

人を主体にしたモノづくりや環境づくりには、必ず心理学が介在してきます。安全性、生産性、疲労を考慮した環境整備、快適性や利便性を支援する街づくりなど、多様な現実社会の変化に適合する生活環境の設計は、心理学の活用から生まれるといってもいいでしょう。

上昇させたり、対人関係において否定的な行動を取らせたりします。ビル設計や鉄道車両などの商品開発の現場では、この**クラウディング**を軽減することが目標の一つとなります。

なお、一般にいわれる**人口密度**は物理的な密集度を示すものとして使われています。

CHECK

心理学で商品開発

企業の商品開発の場面で心理学の知識が活用されている。

企画

アイデアを形にする方法を心理学の考え方から活用する。

開発

気持ちのいいデザインや機能について心理学を活用して追求し、企画をブラッシュアップする。

検証

モニター消費者による検証とその意見が心からのものかどうかを心理学で検証し、開発に生かす。

発売

商品の宣伝・広告などに心理学を活用する。

手は口ほどにものを言う？

あなたの話を4人が聞いています。彼らの手のしぐさから、
一番話に興味を示しているのは誰でしょう。

①

指で机を叩いている。

②

腕組みをする。

③

机の上に手を広げて置く。

④

額に手を当てる。

➡ 解答

答えは③です。リラックスした態度で、興味を示しています。ただし、この姿勢でこぶしを握ると、拒否、威嚇《いかく》、攻撃の気持ちを表すことになります。
①のしぐさは、イライラや緊張、拒否を表します。
②は、他人を自分の領域に入れないようにと拒否する姿勢です。ただし、笑顔で腕組みをしたり、相づちを打つと、逆に興味を示していることになります。
④は、迷いがあり、相手を信用していない感じがあります。

PART 2

人づき合いの心理学

人間関係 01

親しく人とつき合うために必要な距離感

エレベーターや電車の中がたくさんの人で混み合っていて、「もっと自分から離れてほしい」と感じたことはないでしょうか。これが**パーソナル・スペース**です。

人間は無意識のうちに相手との親密度に応じて、自分との接近を許す**心理的距離**を使い分けています。言い換えれば人は誰もが一種の「なわばり空間」を持っているということです。動物が自分の暮らしているスペースを必死で守ろうとするように、人間もあまり親しくない人には自分のなわばりには入ってほしくないと感じているのです。

その距離を専門的に調べて発表したのがアメリカの文化人類学者**エドワード・ホール**（1914〜2009）です。彼はこのような人間の空間に対する行動を**プロクセミックス**と呼び、人間の心理的距離を**密接距離**（家族・恋人・親友）、**個人距離**（友人・知人）、**社会距離**（仕事相手）、**公衆距離**（見ず知らずの人）の四つに分け、さらにそれぞれを**近接相**と**遠方相**の二つに分けました。好かれる人は、このパーソナル・スペースをわきまえていて、距離感を絶妙に使い分けているのです。

これも知っておこう

非言語コミュニケーション

ノンバーバル・コミュニケーション。言葉以外の情報を手がかりに他者の心理を読み解くコミュニケーションのこと。非言語の情報として、身ぶり、表情、スタイル、容貌、匂い、接触行動、**パーソナル・スペース**などがあります。

この**非言語コミュニケーション**を通じて、受け手が送り手のことを判断することを**ディコーディング（解読化）**といいます。逆に送り手が受け手に対する態度を示すことを**エンコーディング（記号化）**といいます。

一般に、男性よりも女性のほうがディコーディング力があり、またエンコーディングも男性よりはっきり行う傾向があるとされています。女性が恋人のしぐさから浮気を見破ったり、上司に露骨に嫌な態度を取ったりするのはその性質からでしょう。

CHECK

距離感でわかる人間関係

心地よい距離感は、人の親しさの度合によって変化する。

密接距離　0

近接相
0〜15cm
息づかいまで伝わる。特別な2人だけの距離。身体と身体でのコミュニケーションが主体になる。

15

遠方相
15〜45cm
他人が電車などでこの距離まで近づくと、違和感とストレスを感じる。家族や恋人のための距離。

個人距離　45

近接相
45〜75cm
夫婦や恋人以外がこの距離まで踏み込むと、気持ちを勘違いされやすい。手を伸ばせば相手をつかまえたり抱き締めたりできる。

75

遠方相
75〜120cm
互いに手を伸ばせば、指先が触れ合うぎりぎりの距離。個人的な要望や用件を伝えるのに使われる。

社会距離　120

近接相
120〜210cm
微妙な表情の変化を読み取ったり、身体に触れることはできない。上司や同僚など、仕事仲間と過ごすのに最適な距離。

210

遠方相
210〜360cm
身体を触れ合わせることはできないが、全体的な姿を見ることはできる。オフィシャルな場で用いられる。

公衆距離　360

近接相
360〜750cm
簡単な受け答えなら可能だが、個人的な関係を築くのは難しい。

750

近接相
750cm〜
身ぶりでのコミュニケーションが主体になる。言葉の細かなニュアンスは伝わらない。講演などで使われる。

なぜ都会の人間は冷たいと言われるのか

都会の人間は、地方の人間に比べて冷たいという話を聞きます。実際そんなことはなくて、都会の人間でも地方の人間でも冷たい人は冷たいのですが、なぜそのように思われるのでしょうか。

一つには一人の人間が受ける情報量の差があります。インターネットやテレビの影響で、地方にもある程度の情報は入ってきます。しかし、新しいことは都会で生まれることも多く、総体的な情報量でいうと圧倒的に都会に軍配が上がります。

情報の時代といわれますが、中でも都会には情報が氾濫しています。アメリカの心理学者**スタンレー・ミルグラム**（1933〜1984）は、このような状況を**過剰負荷環境**と呼びました。

人間は過剰負荷環境下では、あふれんばかりの情報の中から必要なものだけを取り入れ、ほかは無視するという行動を取ります。そのため自分と関係がない人とのコミュニケーションは最低限に抑えられ、結果として冷たい印象を与えてしまうのです。

カナダの社会学者**ゴフマン**（↓下段）はそのような行動概念を**儀礼的無**

これも知っておこう
バイスタンダー・エフェクト

バイスタンダーとは傍観者のこと。つまりバイスタンダー・エフェクトは、非常事態に出くわしても見て見ぬふりをすること。女性が暴漢に襲われたのに近所の住民が誰も助けなかったアメリカの事件（キティ・ジェノバーズ事件）をきっかけに、都会人の冷淡な心理を表すものとして知られるようになりました。

後に、傍観者の人数によって救助する率が変化するかどうかを調べた実験では、傍観者が少ないときほど、人は救助活動をするという結果が出ました。つまり、大人数であるときには「自分が助けなくても誰かが助けるだろう」という責任の分散が起こることがわかりました。

心理学の巨人たち
アーヴィング・ゴフマン

関心と名づけました。また、この概念は都市部の人々に多く見られるため、**市民的無関心**とも訳されています。親しくない関係の人たちとの不要な関わりを排除するために、あえて儀礼的にふるまい、無関心を装うというものです。そしてそれは暗黙のルールとして認知されています。たとえば、エレベーターなどで側《そば》にいる人から視線をそらしたり、天井を見たりして、あえて見て見ぬふりをするのです。そのおかげで公共性は保たれているともいえるでしょう。

カナダ生まれでアメリカで活躍した社会学者（1922〜1982）。ペンシルバニア大学などで人類学や社会学を教えました。人間の日常は演劇的要素に満ちていて、しかも人はそれを隠そうとしているととらえ、『行為と演技——日常生活における自己呈示』を著しました。

CHECK

過剰負荷環境の四つの順応方法

都市は異常といえるほどの過剰負荷環境にある。こうした環境に人々が順応する方法として次の四つの特徴があるとミルグラムは考えた。

1 短時間処理

最少限の情報だけを伝えて、短時間で処理し、相手との接触をできるだけ避ける。

2 情報の排除

重要でない情報は無視し、自分に都合のよい情報は取り入れる。

3 責任回避

問題が起きても人のせいにしたり、他力本願で、自分から動こうとしない。

4 他者の利用

他人との個人的な接触はできるだけ少なくする。自分から誰かに連絡を取るようなことはしない。

相手の心に響く同調行動が出世のカギ

会社やグループの中では、そこに属する人がみな、同じような考え方や行動パターンを持つことを求める傾向があります。そして、そこから逸脱する者を矯正し、それでも無理なら排除しようとします。

逆に、会社の方針などになじんでくれる人は評価が高くなります。実力主義の社会になったといわれますが、言うことを聞かない天才よりも、会社のことをわかってくれる秀才・凡才のほうが出世の確率は高いといえるでしょう。社会状況が変化しても、その傾向は不変といえます。

そのため、人は会社をはじめとした集団の中では、無意識か意識的かを問わず、周りの雰囲気に合わせることで逸脱しないように気を配ります。これが**同調**と呼ばれる現象です。

アメリカの心理学者**アッシュ**（⬇下段）は、実験でそれを説明しました。8人の参加者に、ある簡単な問題を出します。実は被験者は1人で、7人はすべてサクラ。7人のサクラから答えていき、最後に被験者が答えます。サクラがすべて正解を答えたとき、被験者は正しく答えました。ところが、わざとサクラが間違った答えをした場合は、被験者の35％が

心理学の巨人たち

ソロモン・アッシュ

ポーランド生まれですが、後にアメリカに亡命、活躍した心理学者（1907〜1996）。プリンストン大学等の教授を務め、初頭効果（⬇P74）など、他者の印象がどのように形成されるかを研究しました（印象形成）。また、同調を実験で実証し、社会心理学を発展させました。

これも知っておこう

姿勢反響

アッシュが研究した同調行動は、多数決に流されやすい人の特性を示すものとしてあまり歓迎されるものとはいえませんが、同じ「同調」でもポジティブな同調があります。

人は他人と打ち解けることによってラポール（信頼関係）ができると、しぐさや表情などが互いに似通ってくることが知られており、

サクラと同じように間違った答えをしたのです。

これは自分の答えに自信を失い、周りの意見に迎合してしまった結果起こった現象といえます。こうした同調行動を**斉一性**《せいいつせい》**の圧力**と呼びます。

また、自分と集団の答えが合致すると、人は自分の答えに**主観的妥当性**を認めることができます。本当に正しいかどうかはわかりませんが、**社会的リアリティ**（社会的事実）を得ることもできます。そのため人は同調行動に走ってしまうのです。

これを**姿勢反響**といいます。鏡のように似ていることから別名**ミラーリング**とも、また、「シンクロナイズ（一致させる）」の意味から**シンクロニー**、**同調傾向**ともいいます。

姿勢反響は、仲のよい夫婦や恋人間などにしばしば見られることがあります。

CHECK

同調行動の例

多数意見や集団のルールで個人の意見や態度が変わるのが同調行動。

行列のできる人気店に並ぶ

自分はグルメではないが、友人がおいしいと言っているから並ぶ。また、並ぶことで、グルメと価値観が似ていると思う。

会社に染まる

見た目や行動が、会社の中で自分だけ違うと、会社から排除される危険性も。また、自分も居心地が悪くなるため、同調してしまう。

入社後数か月…

いじめは弱者をスケープゴートにしてしまう

残念なことに、**いじめ**が引き金になった自殺や暴力事件があとを絶ちません。最近ではSNSや携帯電話を通した**ネットいじめ**が急増しています。いじめは子どもの間にだけ起こるものではありません。職場やさまざまな団体・グループ内でも起こっていて、社会問題化しています。人間関係いじめは、不満やストレスのはけ口として起こりがちです。人間関係を培うのが苦手で、感情のコントロールも苦手な人が増え、過剰に高まった**攻撃性**を持てあまして、ぎりぎりまで追い詰められ、その不満の矛先として弱者が**スケープゴート**（↓下段）になってしまうことが多いようです。また、**いじめの娯楽化**、**犯罪化**も問題になっています。

ところでいじめ論議になると、「いじめられる側にも問題があるのではないか」という意見が必ず出てきます。からかわれやすい人を専門的には「**ヴァルネラビリティ（被虐性＝攻撃を招きやすい性格）**が高い」といいます。確かにヴァルネラビリティがいじめの要素の一つとなっていることは否めませんが、いじめる側に問題があるのは言うまでもありません。

もっと詳しく

スケープゴート

古代ユダヤ教で贖罪《しょくざい》のために人々が山羊《やぎ》を生贄《いけにえ》にしていたことから、集団が持つ欲求不満を解消するために、その中の一人を攻撃しようとする集団心理のことをいいます。

いじめのあるクラスでは生徒一人ひとりが不満を抱えており、そのストレス解消のためにいじめられっ子が「選ばれて」いるといえます。

これも知っておこう

LINEいじめ

LINEは、スマートフォンやタブレットなどで利用できる無料のSNS（ソーシャル・ネットワーキング・サービス）です。日本では2012年から導入され、またたく間に利用が広まりました。特に10代のLINE利用においては、LINE依存やLINEいじいじめに至る原因は多様で、いじめる側から見れば故意の場合もあれば、本人に悪意のない場合もあります。いずれにせよ心理的なストレスが大きく作用していると考えられます。いじめられる側は、必要以上に他人に頼らず、自分で問題解決できる方法を身につけることも必要でしょう。また、いじめは周囲にはなかなかわからないものですが、もし気がついたら、傍観者とならず、被害者を孤立させないよう、解決方法を探ることが求められています。

めが問題となっています。LINEではグループトークが盛んに行われていますが、このグループから誰かを退会させたり、誰かだけを除いたグループを作ったりするなど、仲間はずれのいじめが頻発するようになりました。このLINEいじめが原因で自殺したといった事件も起きています。

CHECK

過剰な攻撃性がいじめを生み出す

いじめは、以下のようなステップを踏んで生まれるとされる。

動物が本来持っている残酷さ、攻撃性

＋

ストレスからくるフラストレーションが高まる

＋

過激なゲームなど攻撃的なモデルの模倣

↓

攻撃性がMAXに

↓

スケープゴートの発見

↓

いじめに発展

匿名性が生むネット炎上とネット社会

人間関係を結ぶために必要なのは**自己開示**です。自分がどんな人間であるか、何が好きで何が嫌いか、どんな仕事をしているかなどを伝えることで、相手や周囲は自分のことを理解します。同じような流れで相手のことを理解し、互いの**心理的距離**（➡P76）を縮めていくことが大切です。

ところが、インターネットの登場は、そうした人間関係のあり方を変えてしまいました。何より変わったのは、現実の自分の姿を知らせることなく、相手とコミュニケーションや情報発信ができるようになったことです。気に入ったブログにコメントしたり、掲示板で意見を言うときも、**ハンドルネーム**（ネットワーク上で用いる別名）や**匿名**で書き込むことができます。現実社会ではさまざまな立場のある人も、匿名性の強いインターネットなら一個人としての意見を自由に述べることができます。また、いくらでも自分を演出できるので、現実の自分とはまったく違う自分をつくり上げることも可能です。名前や性別、仕事や年齢まで、違う自分として生きることもできます。

反面、匿名であることは自分を大胆にします。自分ではたいしたこと

これも知っておこう

ネット炎上

インターネットで一般的に使われるようになった言葉で、ブログやツイッターなどに書かれた内容について匿名による中傷の書き込みが殺到する現象のこと。悪意のある内容に心を傷つけられ、ネット恐怖症を引き起こします。

サイコロジーQ&A

Q **部下に仕事の注意をすると、反省の弁をメールで返してきます。デスクが隣なのになぜ直《じか》に言えないのだろうと腹立たしくなります。**

A 過剰負荷環境（➡P58）に関連しますが、情報時代では大なり小なり人はデジタルツール漬けです。若い世代ほど生まれたときから最新デジタル機器に囲まれているため、それでコミュニケーションすることに抵抗がありません。

のない意見だと思っても、相手を大きく傷つけていることもあります。しかも顔を突き合わせているわけではないので、相手は文面からしかその人を判断することができません。いつでもどこでも連絡できるインターネットは、ともすれば自分勝手なコミュニケーションツールになりかねません。**ネット炎上**（⬇下段）などの無用なトラブルを避けるためにも、現実社会以上に相手を気づかうことが大切といえるでしょう。

このような人々を**クローズ人間**といいます。生身の人間関係を避け、デジタルツールに没頭するという特徴があります。彼らにとって携帯電話やパソコンは生きるうえで欠かせないものなのです。

CHECK

ネット社会の人間関係

誰とでもいつでも気軽にコミュニケーションを取ることができるインターネットは、人間関係のあり方を変えた。

1 匿名性

匿名だからこそ意見を発信できることもあれば、無責任な発言や有害情報を流してしまうことも。

2 違った自分を演出

相手と顔を合わせることがないため、自分を自由に脚色、演出して伝えることができる。

3 テクノ依存症

パソコンやインターネットに依存していると、現実の人間関係が煩わしくなる。

恋愛・結婚のパートナーとなる決め手は何？

人はどのようにして恋愛や結婚の相手を決めるのでしょうか。

アメリカの心理学者**バーシャイド**らは、自分に似た人をパートナーに選ぶ傾向があるとしました（**マッチング仮説**）。つまり、人は自分よりも魅力的な人に拒否されることを恐れるとともに、自分より魅力的でない相手を拒否する結果、**似た者同士**のカップルが誕生するというわけです。また、出会った瞬間はお互いのことがよくわからないために、類似点を見つけて強い親近感を得ることで（**類似性の法則**➡P16）、恋愛は進行するともいえます。

しかし、結婚を考えた場合、**相補性**（➡P16）も重要になってきます。たとえば大ざっぱな性格の女性の場合、それを補う几帳面な男性を夫としたほうが、家庭生活はうまくいきそうです。

結婚は、男女が新たな絆をつくり出す創造的な行為です。この人と結婚していいのかと迷ったとき、あるいは誰と結婚するのがいいか迷ったときに活用したいのが、イギリスの心理学者**グラハム・ワラス**（1858〜1932）が提唱した**創造過程の四段階**（➡左図）です。

これも知っておこう

ロミオとジュリエット効果

ロミオとジュリエットの悲恋からつけられた恋愛心理のことで、恋愛感情は、親や周囲の人に反対された場合に強くなる傾向があるというものです。つまり、特定の目的に対して、障害があればあるほど、それを乗り越えて目的を達成しようとする気持ちが高まるといえます。

結婚相手を選ぶときには、この**ロミオとジュリエット効果**に惑わされずに、一歩引いた目線で冷静に相手のことを観察する態度も必要です。

この効果は、恋愛問題に限らず、マーケティングや組織においても当てはまることがあります。たとえば、希少価値のあるものほど購買意欲をそそられたり、難問山積みの仕事ほど意欲を燃やして執着してしまうなどです。

CHECK

創造過程の四段階を踏んで最高の人を見つける

ワラスは、何か新しいものが生み出されるときには、次の四段階があると考えた。例として結婚相手を選ぶ場合で考えてみよう。

1 準備段階

出会いのきっかけを増やすため、積極的に飲み会や交流会に参加。

2 孵《ふ》化《か》段階

デートの機会を重ね、相手のことをより深く知るようになる。

3 啓示段階

ふとした瞬間に「この人と結婚するんだ!」という確信が心の中に生まれる。

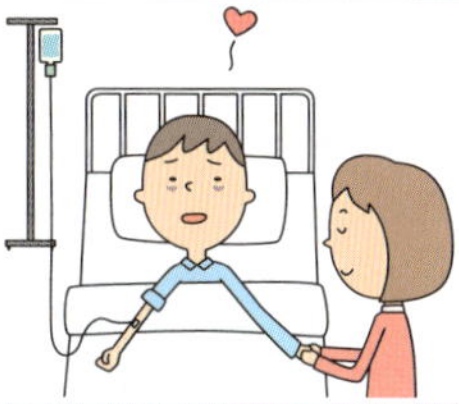

4 検証段階

家族や友人に紹介し、周りの反応もうかがいながら結婚相手としてふさわしいかどうかを検証する。

結婚!

他人の気持ち 01

電車でよく見かける人を赤の他人と思えない理由

いつも電車で会っているけど名前も知らない顔見知りがいるのではないでしょうか。アメリカの心理学者ミルグラム（➡P58）は、彼らをファミリア・ストレンジャーと呼んでいます。ミルグラムは満員電車で通勤している人たちがいるプラットホームの写真を撮り、それを次の週の同時刻に乗り込む人たちに見せたところ、平均4人程度のファミリア・ストレンジャーがいることがわかりました。

ファミリア・ストレンジャーはお互いに興味を持っていることも多く、まったくの他人よりははるかに身近な他人といえます。実際、人はファミリア・ストレンジャーについて、どのような生活をしているのだろうと考えることが多いとされています。その点で、ちょっとしたきっかけで、友人に変わる間柄でもあります。

たとえば、もしあなたがその人たちと一緒に災害や事故に遭ったら、すぐに大事な仲間へと変身するでしょう。実際、災害時にパニックを起こしそうになったとき、近くのファミリア・ストレンジャー同士が励まし合って困難を乗り切ったという例も報告されています。

これも知っておこう

スモールワールド現象

ミルグラムが提唱した概念。ミルグラムはカンザス州ウィチタから無作為に選んだ60名に手紙を送付し、マサチューセッツ州のある特定の女性に転送するよう依頼。転送は個人的な知り合いに手渡しで行うこと。最終的に女性の元に届いたのは3通。このようなつながりに入る知り合いの人数は平均すると6人でした。つまり6人の知り合いを介して世界ですべての人がつながっていると結論づけたのです。

現代ではSNS（ソーシャル・ネットワーキング・サービス＝社会的ネットワークをインターネット上で構築。ミクシィやLINEなど）がそれに当たります。

熟知性の原則

アメリカの心理学者ロバート・ザイアンス（1923～2008）

また、同じファミリア・ストレンジャーでもあいさつを交わしたり、簡単な言葉を交わす間柄になっている場合は、より親近感が増し、相手への思いやりが深くなります。近所同士の騒音問題での調査では、ただ顔を知っている人よりは片言でもあいさつを交わしている相手のほうが相手の騒音を許せる度合が大きくなっています。つまり、ファミリア・ストレンジャーでいるより、あいさつをする関係になったほうがよりよい近隣関係が結べるでしょう。

は、卒業アルバムから選んだ顔写真を大学生に見せ、その顔に対する好感度を質問しました。その際、写真ごとに見せる回数を変えると、回数の多かった写真ほど好感度が高くなりました。つまり見聞きする回数が多ければ対象に好感を持ちやすいということ。これが熟知性の原則です。

CHECK

ファミリア・ストレンジャーから劇的な出会いへ

まったく知らない人なのに、なぜか親近感を覚える。そんなファミリア・ストレンジャーが劇的な出会いとなって運命の人となることもある。

電車通勤の場合

心理学者の調査によると、1人平均4人のファミリア・ストレンジャーがいるという。

運命の人となる?

非言語コミュニケーションが本心を伝えている

人間同士のコミュニケーションの基本は言葉ですが、意外に言葉だけで伝わるメッセージは少ないものです。人間は、表情やしぐさ、動作などの**非言語コミュニケーション（ノンバーバル・コミュニケーション**➡P56）で周りにメッセージを送っているのです。

アメリカの人類学者**レイ・バードウィステル**は、個人対個人におけるメッセージの伝達力について、言葉で伝わる確率が35%、その他の非言語手段が65%としています。もっと大勢のグループなどでは、さらに言葉で伝わる割合は減っていくそうです。つまり、人間は圧倒的に相手の表情やしぐさ、動作などからその人の伝えたい情報や感情を汲み取っていることになります。

感情というものは隠そうと思ってもなかなか隠せません。驚き、怒り、嫌悪、悲しみ、怖れ、軽蔑、喜びなどといった表情は、刺激に対する反応によって生まれた**不随意運動**であり、意識ではなかなかコントロールできないからです。

言葉にならない言葉という意味でいえば、**パラ・ランゲージ**と呼ばれ

これも知っておこう

二重拘束説

言語によるコミュニケーションと**非言語コミュニケーション**が一致しないとき、人は困惑してしまいます。これが**二重拘束（ダブルバインド）**で、アメリカの人類学者**グレゴリー・ベイトソン**（1906〜1980）が唱えました。つまり、相手が話す言葉と表情が一致しないと、受け手は混乱してしまうというもの。

たとえば、自分の子どもに「かわいいね」と語りかけたときに無表情だったり、イライラした表情をしていたりすると、子どもは自分が本当に愛されているのか真意をはかることができず、心理的葛藤を引き起こしてしまいます。

家族内のコミュニケーションが、この二重拘束のパターンにあると、その状況に置かれた人は統合失調症のような症状を示すこともあるといわれています。

るものがあります。会話の中に表れる笑い、あくび、ちょっとした澱《よど》みなど、声の質や話し方で感情や考えを表現する方法です。会話の相手は、こうしたパラ・ランゲージからその人の人柄や心の状態を読み取ることができます。

このように言葉にならないメッセージや、言葉に伴って表れるメッセージを読み取ることで、人間のコミュニケーション能力は格段に上がっていきます。

チャールズ・ダーウィン
イギリスの自然科学者ダーウィン（1809〜1882）は、著書『人及び動物の表情について』で非言語コミュニケーションを最初に研究したとされます。

CHECK

非言語コミュニケーション

アメリカの心理学者ナップは非言語コミュニケーションを次のように分類している。

分類	非言語のツール
身体動作	身ぶり、姿勢、表情、目の動きなど
身体特徴	容貌、頭髪、スタイル、皮膚、体臭など
接触行動	スキンシップをするかどうか、そのしかた
近言語	泣き、笑いなどの言葉に近い動作、声の高低やリズムなど
空間の用い方	人との距離の取り方や着席行動（どの位置に座るかなど）
人工物の利用	化粧、服装、アクセサリーなど
環境建築様式	インテリア、照明、温度など

人と上手につき合うためのソーシャル・スキル

ソーシャル・スキル（**社会技能**）とは、社会の中で人間関係をうまく進めていき、共に生活していくために必要な能力のことです。

WHO（**世界保健機関**）はソーシャル・スキルを「日常生活の中で出会うさまざまな問題や課題に、自分で、創造的でしかも効果ある対処のできる能力」と定義しています。その能力として、意思決定、問題解決能力、創造力豊かな思考、クリティカル（批判的）に考えていく力、効果的なコミュニケーション、対人関係スキル（自己開示、質問する能力、聴くこと）、自己意識、共感性、情動への対処、ストレスへの対処を挙げています。

たとえば相手の気持ちを読み取ることができたり、必要に応じて自分の感情を抑制することができたりするもので、こうしたスキル、つまり技術は、性格というよりは経験を積み、学習によって身につくものであり、結果として自動的にできるようになるととらえられます。

一般にソーシャル・スキルの高い人は大抵は周囲からも好かれます。しかし、近年はちょっとしたことで**キレる**人をよく目にします。彼らは、

これも知っておこう

アサーション訓練

アサーションとは自己主張のこと。**アサーション訓練**は、別名を**自己主張訓練**といい、引っ込み思案な人や、他人に対して攻撃的な人など、何らかの対人問題を抱える人に有効です。もともとは**行動療法**（➡P212）として**神経症**（不安障害➡P188）の患者に行われていましたが、現在では会社組織でも幅広く行われています。

はっきりと自分の意見が伝わるような表現法や、相手からの反論をきちんと受け止める態度をグループレッスンを通じて学びます。

ゲイン・ロス効果

相手から否定されたあとで好意的な言動を受ける場合、ずっと肯定され続けるより相手に対して好意を持つようになります。否定のあとで肯定されることがその人にとって衝撃となるので、より印象

たとえば「電車の中ではヘッドホンの音量は控えめにする」といった誰にでもわかるはずのマナーを注意されても激怒し、襲いかかってくることさえあります。このような人は、ソーシャル・スキルが未熟だと考えれば、スキルを学び、克服する道もあるのではないかと思えてきます。

人間関係というのは本来ややこしいものです。しかし、ソーシャル・スキルを熟達させることで、人づき合いの問題解決の糸口が見えてくるでしょう。

CHECK

WHOが定義するソーシャル・スキルの中身

社会の中で普通に他人と交流し、共生していくために必要な能力として、WHO（世界保健機関）は以下の項目を挙げている。

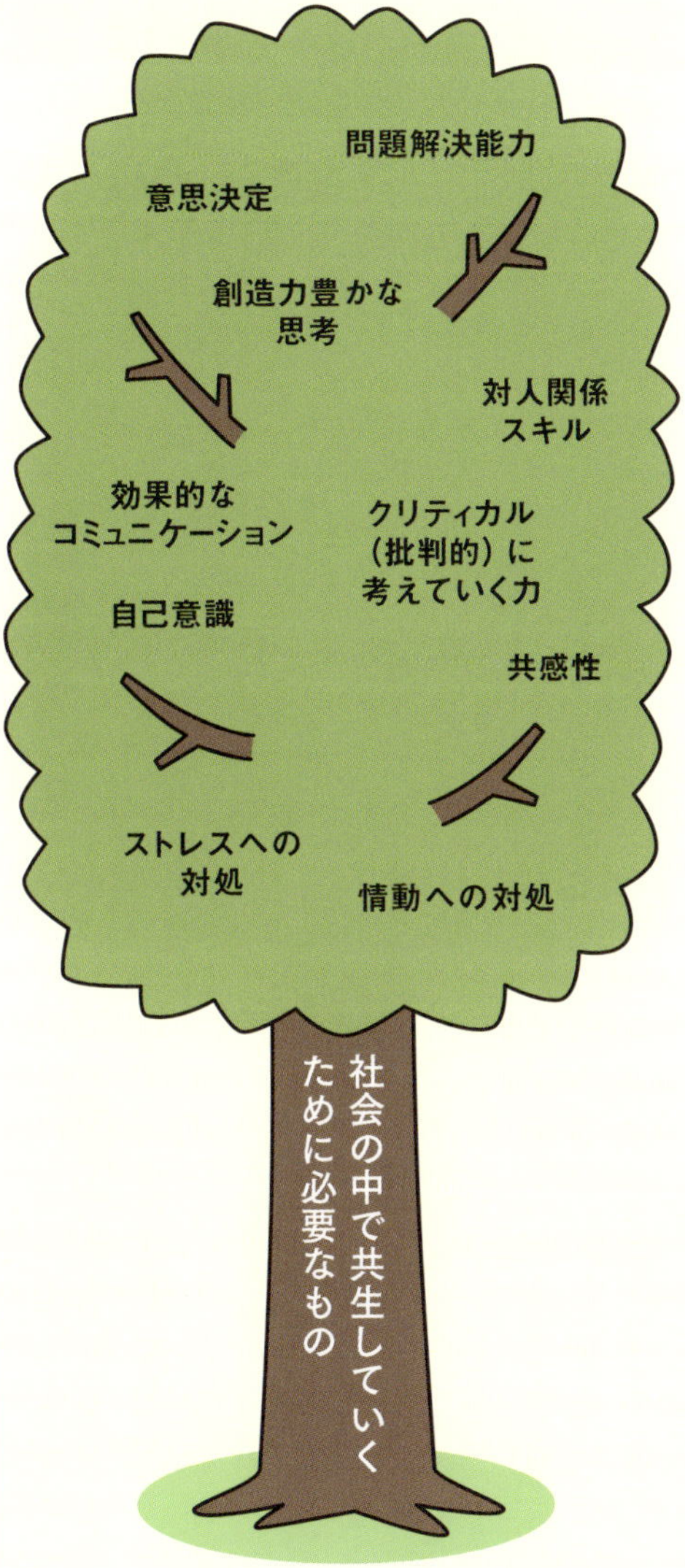
問題解決能力
意思決定
創造力豊かな思考
対人関係スキル
効果的なコミュニケーション
クリティカル（批判的）に考えていく力
自己意識
共感性
ストレスへの対処
情動への対処
社会の中で共生していくために必要なもの

づけられるのです。

女王様タイプの女性が最初男性に対してツンツンとした態度を取っていたのに、あとからデレデレと甘えるツンデレによって男性がより女性を好きになるのは、ゲイン・ロス効果によるものです。ソーシャル・スキルとしては少々作為的なものといえます。

好き嫌いに大きく影響するラベリング

初対面の人に出会ったとき、人は無意識のうちに相手にレッテルを貼ってしまいます。心理学ではそれを**ラベリング**といいます。「にこやかな人だな」「この人は口先だけだ」「落ち着いていて信頼できる」と、相手にラベルを貼ってイメージを定着させるわけです。

そして最初に定着したイメージが、その人の全体イメージを決定してしまいます。これは**初頭《しょとう》効果**といわれる現象ですが、つまり第一印象は好き嫌いに大きな影響を与えるということです。

アメリカの心理学者**アッシュ**（➡P60）は、実験で初頭効果を証明しています。彼は架空の人物の特徴について「知的・勤勉・衝動的・批判力がある・強情・嫉妬深い」と読み上げ、次に特徴の順番を後ろから読み上げて、どう印象が変わるかを調査しました。

その結果、前者の被験者が「欠点は多少あるが、概して能力には恵まれた人物」ととらえたのに対し、後者の被験者は「能力はありそうだが、欠点が目立つせいで本来の能力が発揮されていない人」ととらえました。この実験結果から考えても、**第一印象の重要さ**がわかります。

これも知っておこう

自己成就予言

アメリカの社会学者ロバート・K・マートン（1910〜2003）によって提唱された概念で、ある出来事が起こると予言して行動することによって、本来起こり得なかったはずの状況になることをいいます。

上記の例では自己成就予言がマイナスに働く場合を示していますが、必ずしもそうではなく、プラス面に働くこともあります。たとえば、実際には美人でない女性が自分のことを美しいと本気で思い続けることによって本当に美しくなる効果があるとされています。

親近効果

上記の初頭効果の例では、最初に与えられた情報に後半の情報がよくも悪くも影響を受けると述べましたが、反対の意味を持つもの

ラベリングには、その本人を、他人が貼ったレッテルと同じように変えてしまう力もあります。**ラベリング理論**と呼ばれるものですが、ここには**自己成就予言**（↓下段）が作用しています。たとえば、ある人に対して周りが「だらしない」とレッテルづけをすると、その人は自分でもそう思うようになり、ついには本当にだらしない行動を取るようになってしまうのです。つまり、社会や私たちは不用意にラベリングしないよう心がけることも必要です。

に**親近効果**があります。これは前半よりも後半の情報に人は関心を持ちやすいというものです。

この効果を利用したものに**セールストーク**があります。話の最後にアピールしたいポイントを持ってくれば、客が思わず買う気になることを有能なセールスマンは心得ているのです。

CHECK

好感度は第一印象で決まる

他人が貼ったレッテルが定着してしまうことがあるので、よい第一印象を与えるようにしたい。

ラベリングによる影響

初対面（ラベリング）

第一印象で「Aさん＝きちんとした人」「Bさん＝だらしない人」というレッテルが貼られる。

2回目

同じ服装をしているにも関わらず、Aさんのほうがきちんとしていると思われてしまう。

それ以降

「だらしない人」とレッテルづけされたBさんは、本当にだらしない行動を取るようになる。

嫌われる人は言葉の距離感を間違えている

自分の意思を相手に伝え、それをわかってもらうには、ただ用件を伝えればいいのではなく、相手に合わせた話し方や言葉づかいが必要です。そこで、相手との心理的な距離、**近接度**について考えてみましょう。

私たちは普段、何気なく人と話していますが、時にはちょっとした言葉の行き違いで誤解を受けたり、相手を怒らせてしまったりすることがあります。これは相手と自分の間にある**心理的距離**を測り間違えた結果起こることです。

たとえば相手が自分より目上の人の場合、どんなに親しみを込めても友だち感覚で話してはいけません。「今日は無礼講だから」と上司が言ったとしても、馴れ馴れしい言葉づかいは禁物です。逆に親しい間柄の場合、言葉づかいがていねいすぎると、かえってよそよそしい感じを与えてしまい、相手に「心を開いて話さない冷たい人だ」とか、「自分は嫌われているのではないか」と勘違いさせることもあります。

大事なのは**自分と相手との関係・距離をきちんとわきまえる**こと。それができると、人間関係を良好に築くことができるでしょう。日ごろか

サイコロジーQ&A

Q **Aさんは、誰からも慕われ、親しくなれます。初対面の人とでもすぐに親しくなれます。初めての人には名前を覚えて呼びかけ、程なく愛称で呼びかけるなどしています。確かに「あなた」「君」「お客様」や役職名、肩書きではなく、個人名や愛称で呼ばれたら悪い気はしないものです。どうしてそのような心理状態になるのでしょうか。**

A 愛称などで呼びかける行為は、呼びかけられた人にとってはその自尊感情（自尊心）を高められるという効果があります。「自尊心をくすぐられた」という感覚で、相手の自我に呼びかける行為によって自分も関与していると思わせるのです。これを自我関与といいます。自分で決めたことほど、より頑張れるという感覚も自我関与といえます。

また、自我関与は、相手に対する自分の態度と行動が一致してい

ら近接度の高い話し方・近接度の低い話し方を把握し、自然に口から出るようにしたいものです。

また、希望する状況を生み出すために、わざと近接度の高い（あるいは低い）話し方をすることが効果的な場合もあります。たとえばセールストークで客の心を開くために親しみを込めた話し方をしたり、好きでもない男性から言い寄られた女性が、敬語で他人行儀に受け答えしたりするなどです。

ることを強く相手に印象づけることができるものです。自我関与を行うことは、近接度を使い分けることと同様に、対人コミュニケーションにおいて大切なことです。このような心理テクニックを自然と身につけているAさんは、対人コミュニケーション能力が高いといえるでしょう。

CHECK

心理的距離を考える

心理的距離は興味や関心、趣味などで判断することもあれば、人種や性別、居住地域、組織内の地位、知識レベル、習慣などで判断することもある。

趣味における心理的距離

互いに同じ考えを持つ者同士は心理的距離が近いと考え、反対の考えを持つ者同士は心理的距離が遠いと考えられる。

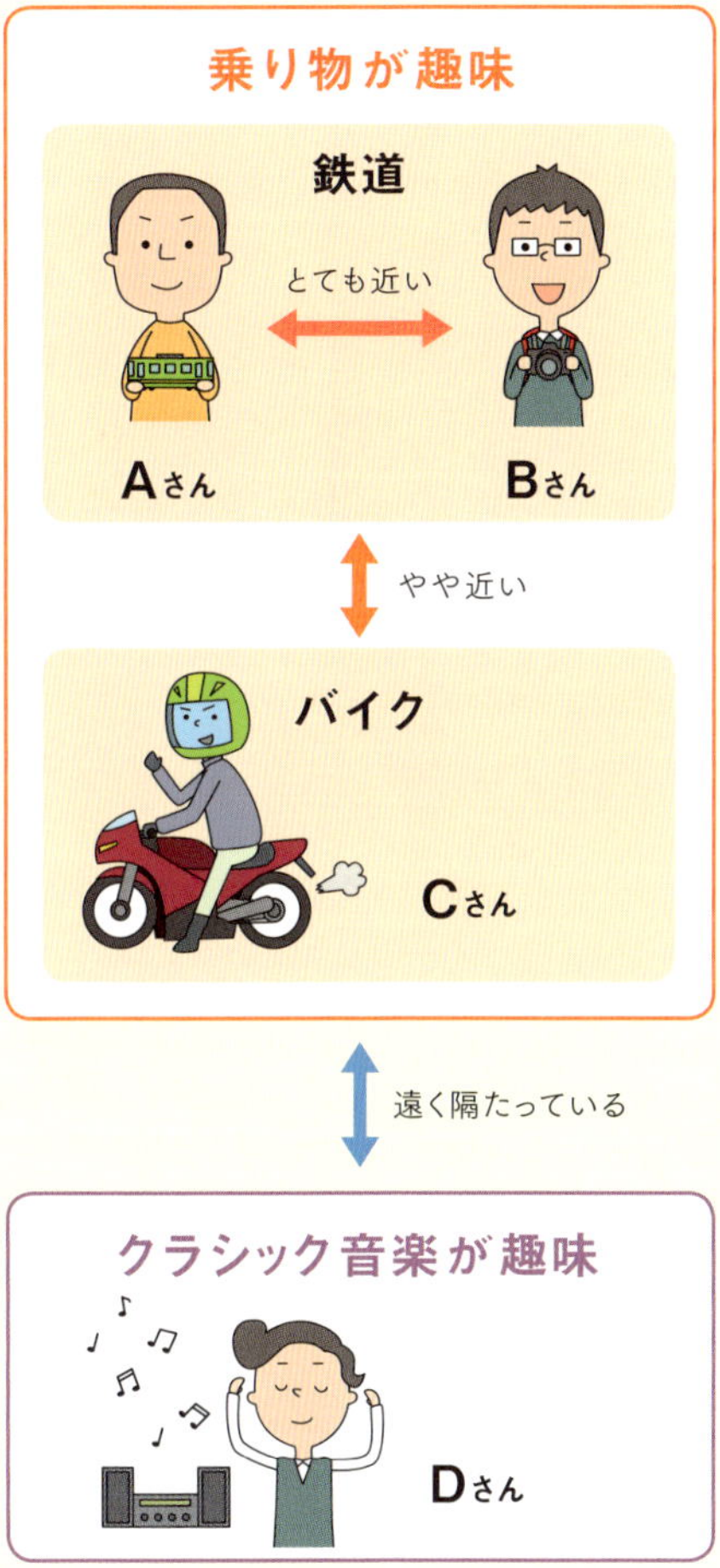

イメージの心理学 02

肩書きと七光りの心理的メカニズム

私たちは人を判断するとき、どのような価値観で相手を見るのでしょうか。基本的には個人の価値観が基準になりますが、その個人の価値観は何かの影響でコロッと変わってしまうことがあります。

たとえば、ボサボサ頭であまりよい印象でなかった相手が、数々の文学賞を総ナメにしている小説家であることを知った瞬間、頭のボサボサ加減が創作における苦悩の証拠のように思えることもあります。

このように本人にまつわる新たな情報を得ることで、相手への認識が変わってしまうことをハロー効果といいます。ハロー効果が起きるものとしては、肩書きや学歴、年収や家柄などがあります。また、身につけているブランド品でもその効果が現れます。

政治家や芸能人などの場合でも、親が著名人であることがわかっただけで人気が出たりするのも同じです。本人の中身とは関係ない部分が評価されたわけです。

アメリカの心理学者シンガーは、40人の大学教授に192人の女子学生の写真を見せ、それぞれの外見的な魅力を判断してもらいました。す

これも知っておこう

寛大効果

人が他人を評価・判断するときに生じやすい歪みには、ハロー効果のほかに寛大効果があります。これは、人は相手のよいところは過大評価し、逆に悪いところは過小評価しやすい傾向にあるというものです。

たとえば、DV（ドメスティックバイオレンス➡P196）は依存症の一種ですが、そこには寛大効果が見てとれます。恋人の暴力から逃れたいとは思いつつ、どうしても別れられないという女性が多いのは、「彼は暴力をふるうことはあるけれど、本当の彼は優しい人だ」の「優しい」部分が強調され、暴力を許してしまう心となっているのです。

寛大効果は人の善性を信じる意味ではよいものですが、DVはれっきとした犯罪行為ですので、対人認知力を歪めている寛大効果に

ると魅力があると判断された女子学生は、学業の成績もよいことがわかりました。つまり、美人という外見的特徴がハロー効果となって成績の評価を変えさせていたのです。

いくら人間は中身が大事だといっても、それはじっくりとつき合ってからでないとわかりません。それよりはまず相手に好印象を与えるような服装や身なりを整えて、ハロー効果を最大限に使うことです。それから本当の自分をわかってもらえばよいでしょう。

よって現実が見えなくなるのは危険です。

CHECK

実力以上に見せるハロー効果

「ハロー」とは「後光」のこと。ある特徴が後光となって引きずられ、他の特徴についての評価を歪めてしまうのがハロー効果。

一般的な人

特徴がなく、印象に残らない。

いろいろな肩書きがある人

有名な大学の出身者だったり、家柄がよいということがわかっただけで、その人の真価を高く評価してしまう。

恋愛相手が浮気。 あなたはどうする？

彼（彼女）が浮気していることがわかってしまいました。
さて、あなたならどうしますか。

①

黙って耐える。

②

そんな人とはすぐに別れる。

③

浮気相手と別れてとお願いする。

④

相手の女性（男性）と直談判する。

➡ 解答

①の人は、物事を否定的に考える傾向にあり、自分自身も大切に思っていません。もっと自分に自信を持ち、時には相手に強く出ることも必要です。②の人は、本当に相手のことを愛していないのでは。表面的につながっている恋人関係だったといえます。もう一度自分の気持ちを確かめましょう。③は保守的な人です。相手を非常に愛していますが、プライドも高く、計算高い面があります。④は非常にプライドが高く、自己愛も強く持っています。それだけに激しいショックを受け、思い切った行動に出てしまいます。

PART 3

心理学者で読む心理学

心に科学のメスを入れたヴントの心理学

科学としての心理学が生まれたのは19世紀末のことです。1879年、実験心理学の父と称されるドイツのヴィルヘルム・**ヴント**（1832〜1920）が、ドイツのライプチヒ大学にて「実験心理学演習」なる講義を始めたのが近代心理学の始まりとされています。

それまで心をめぐる探求は哲学的な思索によってなされていました。「心とはまだ何も書かれていない書板のようなものだ」と経験論的な立場から心を論じた**アリストテレス**（↓下段）。「人間の心には、物事を知覚する力があらかじめ備わっている」と理性主義的な立場から心を論じたフランスの哲学者ルネ・**デカルト**（↓下段、P224）。

しかし18世紀になると、イギリスの自然科学者**ダーウィン**が提唱した進化論の洗礼を受け、心理学は実証的な科学としての道を歩み始めました。ドイツの物理学者グスタフ・**フェヒナー**（1801〜1887）の築いた**精神物理学**はそのきっかけといえるでしょう。このような心理学の歴史を背景にして現れたのがヴントでした。彼は今までの哲学的手法を捨て、**自然科学**を取り入れました。概念としての心を試作するのではなく、自分の意識を

これも知っておこう

科学になる前の心理学

心のしくみを最初に理論的にとらえたのは、古代ギリシャの哲学者**アリストテレス**（↓P12）です。彼は「精神こそ研究意義の最も高いものである」とし、経験論的な立場から、記憶や感覚、睡眠と覚醒といったテーマについて考察しました。17世紀フランスの哲学者**デカルト**は近代哲学の父といわれ、彼の「我思う、ゆえに我あり」は哲学史上で最も有名な言葉の一つです。デカルトから影響を受けてドイツで理性主義心理学が生まれ、後にドイツの哲学者**クリスティアン・ヴォルフ**（1679〜1754）によって能力心理学（心はいろいろな能力を持つと考える）へと発展しました。

経験論的な考えを引き継いだのが17世紀イギリスの**経験主義心理学**です。その後イギリスの哲学者**ロック**や**ヒューム**によって**連想心**

観察することで実証的に心を探求する**意識主義**の立場を取ったのです。

また、人の心にはさまざまな感覚（**心的要素**の働き）があり、これが結合して認識が成立するとしました。この結合の法則を解明すれば心の動きもわかるというものです。心の内面を観察する**内観療法**（➡P212）によって意識を観察・分析することから、彼の学説は**構成主義**ともいわれています。ヴントは晩年には、自分の心理学を補完するものとして**民族心理学**の研究に励みました。

理学（人は生まれたときは白紙であると考える）へと発展しました。18世紀になると数学や物理学、医学などの自然科学が発達し、心理学はそれらの諸科学と融合していきます。そして、19世紀後半、ヴントの登場によって心理学は科学として学問的に成立することになるのです。

CHECK

ヴントの心理学

ヴントにより、心理学はそれまでの哲学的アプローチから科学的アプローチへと進化を遂げた。

哲学的手法

経験論的心理学

著書『心とは何か』で歴史上初めて心について論じた。心と身体は一つであり、分離できないものとした。

アリストテレス

経験論的心理学

人間の心には、物事を知覚する力があらかじめ備わっている。精神と身体との間には相互作用がある。

デカルト

自然科学的手法

構成主義心理学

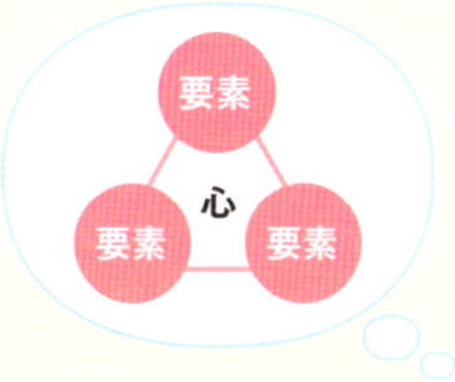

ヴント

① **構成主義**：すべてのものは、さまざまな要素の集まりで構成されているという考え方。

② **内観法**：実験の対象となる人にさまざまな刺激を与えて、そのときに何を思ったかと聞き取り調査をしていく手法。

③ **民族心理学**：人間の心理は個人にとどまらず、その人の属する社会、民族、宗教などにもよると考えた。

人間の知覚のしくみを発見したゲシュタルト心理学

人間の**心は全体として一つのまとまりであり、要素に還元することはできない**として、**ヴント**（➡P82）の構成主義を批判したのが**ゲシュタルト心理学**です。ゲシュタルトとは、ドイツ語で**全体**、**形態**を表す言葉です。たとえば音の集まりとしての音楽と、単なる音は、同じものとはいえません。全体は部分に還元してしまうと、その意味を失ってしまうのです。言い方を変えるなら、全体とは部分の総和以上のものであり、1＋1は2ではなく3以上のものだといえます。

このように人間の**知覚**（➡P230）は、単に対象となる個別的な感覚刺激によって構成されるのではなく、それらの全体的な枠組みによって大きく規定されているというのがゲシュタルト心理学の立場です。ゲシュタルトには、規則的で安定した、シンプルな形にまとまろうとする傾向があります。これは**プレグナンツの法則**（➡下段）と呼ばれ、ゲシュタルト心理学の中心的な考え方ともなっています。ゲシュタルト心理学は、ドイツの心理学者マックス・ヴェルトハイマー（1880〜1943）によってまず体系化され、ドイツの心理学者ケーラーとコフカによってその可能性が広げられ

もっと詳しく

ゲシュタルト心理学の法則

ゲシュタルト心理学において提唱された法則が**プレグナンツの法則**や**仮現《かげん》運動**です。

プレグナンツとは「簡潔さ」を意味します。プレグナンツの法則は視野に与えられた図形が最も規則的で安定した形にまとまろうとする傾向にあるという考えで、**近接の要因、類同の要因、閉合の要因**（➡P230）、よい連続の要因などがあります。

近接の要因は、近接しているもの同士はひとまとまりで見える。類同の要因は、同じ種類のもの同士はひとまとまりに見える。閉合の要因は、互いに閉じ合っているもの同士はひとまとまりに見える。よい連続の要因は、よい曲線として連続しているものは一つの形に見える。こうした法則は画面のデザインなどに利用されています。

仮現《かげん》運動（➡P230）とは、**本**

CHECK

心は分割できない

意識（心）をさまざまな要素の集まりだと考えたヴントに対し、ヴェルトハイマーらが提唱したゲシュタルト心理学では、心は全体で一つのものであり、分割できないとした。

ゲシュタルト心理学

1個の音符、1枚の葉っぱを要素で見るのではなく、全体（ゲシュタルト）として音楽、樹木というように人は認識している。そうした心の認識のしかたを研究するのがゲシュタルト心理学である。

ました。また、ドイツで生まれアメリカで活躍した心理学者クルト・レヴィン（1890〜1947）は、社会心理学に応用して**トポロジー心理学**（**場の理論**➡P250）という独自の心理学を打ち立てます。

このようにゲシュタルト心理学は、**社会心理学**（➡P32）をはじめ**知覚心理学**（➡P230）や**認知心理学**（➡P36、228）へと受け継がれます。その自然科学的・実験主義的なアプローチや全体性を考えるときに力学の概念を取り入れたことなど、現在の心理学に多大なる影響を与えました。

当は静止しているのに、見かけ上は動いているような現象のことをいいます。たとえば、「ぱらぱらマンガ」は一つひとつのマンガが動いているように見え、点滅している踏切の警報機は照明が動いているように見えます。

哲学から科学へ 03

行動から心を読み解く行動主義

行動主義の一番の特徴は、心理学が本筋としてきた意識の解明を真っ向から否定したこと。提唱者であるアメリカの心理学者ジョン・**ワトソン**(1878～1958)は、**人間の行動は刺激に対する反応から起こる**現象とし、心理学は行動の科学であり、意識といった仮定でしか語ることのできないものは研究する必要はないとしたのです(↓下段)。ワトソンによれば、すべての行動には必ずそれを引き起こした刺激があります。そして**パブロフの条件反射説**(↓下段)に基づき、どのような行動も身につけることができるとしました。

しかし、行動主義のあまりにも機械的に心をとらえた考え方に批判も多く、やがてアメリカの心理学者クラーク・ハル(1884～1952)やエドワード・トールマン(1886～1959)、バラス・スキナー(1904～1990)らによって**新行動主義**が登場します。新行動主義者たちは刺激が直接反応へと向かうのではなく、その間に何か仲介するものがあるのではないかと考えました。特にスキナーは**スキナーボックス**という実験装置を用いて、**能動的な行動は学習される**ものであることを立証しました。スキナーボックスは、レバーを押すと

これも知っておこう

ワトソンの実験

アメリカの心理学者ワトソンが生後11か月の幼児に行った実験。白ネズミを幼児に見せ、手を伸ばそうとするたびにハンマー音を鳴らして驚かせたところ、その幼児は白ネズミを見るだけで怖がるようになり、やがて白いウサギや毛皮のコートも恐れるようになりました。このことからワトソンは人間の特質を決めるのは後天的な環境によるところが大きいとする行動主義を唱えました。

パブロフの実験

ロシアの生理学者イワン・パブロフ(1849～1936)が行った実験。イヌにえさをやる直前にブザー音を聞かせると、やがてイヌは音を聞いただけで唾液《だえき》を出すようになりました。えさを連想して唾液を出すのはどの動物にも見られる生理的反射ですが、この

えさが出るしくみになっています。その中に入れたネズミが偶然レバーに触れてえさが出ると、次からネズミはえさが欲しいときにはレバーを自主的に押すことを学習しました。

　パブロフの条件反射説が、ベルが鳴るとよだれが出るという受け身の状況で身につけられる学習行動、**古典的条件づけ**であるのに対し、スキナーボックスによる学習は自発的な行動によることから、**オペラント条件づけ**と呼ばれています。

実験では音からえさを連想し、唾液を出すように訓練したもの。この現象は**条件反射**と名づけられました。

　私たちの身の回りにもこの条件反射の現象は見られます。たとえば梅干しやレモンを見ているだけで、食べていなくても酸っぱいという感覚を持ってしまいます。

CHECK

行動主義と新行動主義

古典的条件づけは刺激があって行動するとし、オペラント条件づけは刺激と行動の間には仲介するものがあると考えた。

古典的条件づけ

行動主義（ワトソンほか）

①イヌにブザーの音を聞かせる。

↓

②そのあとにえさを与える。それを繰り返す。

↓

③ブザーの音を聞くと、唾液を出すようになる。

オペラント条件づけ

新行動主義（トールマン、スキナーほか）

①偶然、ネズミがレバーに触れてえさが出る。

↓

②レバーに触れればえさが出ることを学習する。

↓

③えさが欲しいとネズミは自主的にレバーを押すようになる。

心の奥の自分を研究するフロイトの精神分析学

ヴント（➡P82）が意識を重視したのに対し、無意識を重視したのがオーストリアの精神科医**フロイト**（➡下段）に始まる**精神分析学**です。フロイトは夢や言い間違い、**神経症**（不安障害➡P188）に現れる無意識を研究し、理論づけることで精神分析学を打ち立てました。

フロイトははじめ、人間の心を**意識**、**前意識**、**無意識**の三つに分けていました。しかし、神経症患者の治療に当たるうちに、**エス**（イド＝ラテン語）、**自我**、**超自我**の三つに分けられると考えるようになりました。

エスとは、もともと人間が持っている原始的な衝動で、自分の意思でコントロールすることはできません。無意識の中にあって、善悪の区別なく快楽や満足を求めて動く精神エネルギーです。中でも**性衝動**は**リビドー**（➡P92）とも呼ばれ、大きな力を持っているとされます。

フロイトはエスを暴れ馬に例えましたが、その暴れ馬の手綱《たづな》を取っているのが自我です。自我は知覚や感情などの主体で、**自己意識**ともいいます。自我はエスを制御するだけでなく、外界の反応や超自我からのチェックに対応して方向づける役割を持ちます。

心理学の巨人たち

ジークムント・フロイト

オーストリアの精神科医（1856～1939）。ウィーン大学医学部で学び、卒業後は臨床医としてヒステリー患者の催眠治療に当たるうちに、人の行動にはその人の無意識の願望が関わっていることに気づきました。これを心的決定論といいます。フロイトはそのほかにも20世紀最大の発見といわれた無意識をはじめ、人が持つ性的エネルギーであるリビドーなど、数々の重要な概念を発見していきました。

これも知っておこう

夢分析

フロイトは、夢は無意識から出てくるメッセージであり、深層に横たわる願望が象徴的に現れているととらえました。一方、スイスの心理学者ユング（➡P100）は、分析心理学の理論を展開し、夢は

CHECK

フロイトの考える無意識

フロイトは、人の心はエス、自我、超自我からできていると考えた。

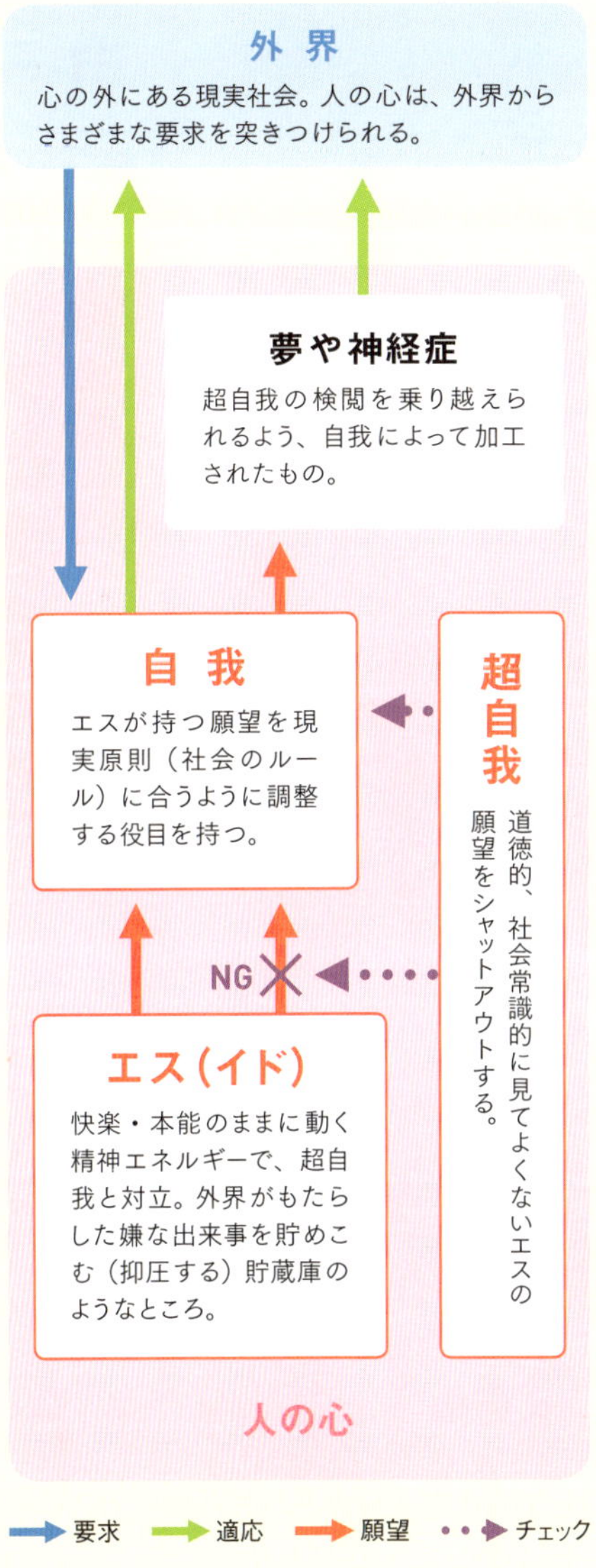

超自我は良心や道徳心のようなものといっていいでしょう。親のしつけや社会のルール、道徳観、倫理観、自己規制などが心の中に取り込まれて超自我となり、エスの行動をチェックし、検閲します。たとえば、犯罪を犯すことに罪悪感を覚えるのは超自我の働きといえます。

また、フロイトは**自由連想法**（➡P90）と**夢分析**（➡下段、P274〜277）という二つの方法で人間の無意識に分け入り、心の奥で抑圧されているものを解放できれば、心の病気や不安を解消できるとも考えました。

意識（自我）と無意識が融合した世界であり、夢の中では自我が弱まって無意識の力が増していくと考えました。後にアメリカの**ユング派**心理学者**アーノルド・ミンデル**（１９４０〜）は、ユングの夢の概念を身体に発展させた心理療法、**プロセスワーク（プロセス指向心理学）**を体系づけました。

無意識の発見 02

ヒステリー患者の診療から得た自由連想法

フロイト（➡P88）が精神病患者の治療を手がけたころは、自然科学に基づいた新しい治療技術として**催眠術**が全盛でした。彼自身も催眠術での治療を試みましたが、催眠術にかからない患者もいて、思ったほどの効果を得ることはできませんでした。そこで彼が**催眠療法**（➡P272）の代わりに始めたのが**自由連想法**です。

彼は患者を迎えると長椅子に横たわらせ、心に浮かぶことを思いのまま、つまらないこと、意味のないことと思っても話させました。そして、何かの拍子に患者自身も忘れていた記憶がよみがえると、「なぜ患者はそれを忘れていたのか」と探っていきました。

これは、心の奥の**無意識を顕在化させる**ことで患者の病の原因を見つけていく方法です。彼は、**抑圧されて意識に上らない無意識**の中に、症状の原因となる出来事や心理的葛藤があると考えました。そして、心の病とは、何らかの理由で抑圧されている記憶の代わりとして現れたものと考えたのです。

自由連想法においては患者が自由に話すことが重要となります。しか

これも知っておこう

お話療法

1880年ごろ、ウィーンの医師**ヨーゼフ・ブロイアー**が、ヒステリー症の女性アンナ・Oに催眠療法を試みたところ、過去の出来事を思い出すたびに激しい感情表現がなされ、それが症状の原因解明に結びついていきました。アンナはこの治療を**お話（談話）療法**と呼びました。フロイトもこのお話療法を取り入れ、ブロイアーとヒステリー研究に当たり、その後は催眠治療から離れ、暗示を用いずに患者の自由連想だけに頼る自由連想法を打ち出します。

催眠

18世紀後半、催眠を治療法として使用したのがオーストリアの医師**アントン・メスメル**（1734～1815）です。彼の**動物磁気説**による催眠法から時を経て、フロイトが**催眠**を取り上げて心理学

し、自由に話すというのは案外難しいものです。いくら「自由に話せ」と言われても、話したくないことはあるものです。フロイトはそれこそが、心の奥に封じ込められた抑圧だと考えました。そして、思い出すことよりも、記憶の復活を妨げているものをはっきりさせて膿《うみ》を出させ、その病巣をプラス、よいものに転化してもらおうと考えるようになりました。このようなプロセスから**精神分析学**（➡P88）が誕生していったのです。

の分野となり、1950年代に心理的現象として認められました。

動物磁気説とは、「体内には宇宙を満たす動物磁気（一種の流動体）が流れていて、この滞りによって病気が生じる。大量の動物磁気を保有している人が病人にそれを分けてあげることで病気は治る」というものです。

CHECK

催眠療法から自由連想法へ

フロイトは、それまで行われていた催眠療法に、お話療法、前額法《ぜんがくほう》を取り入れ、自由連想法を編み出した。

催眠療法

眠くなるよう暗示をかけ、催眠状態にして話させる。

＋

お話療法

患者に自由に思いついたままに話させる。

＋

前額法

患者の額を手で押し、記憶を思い出させる。

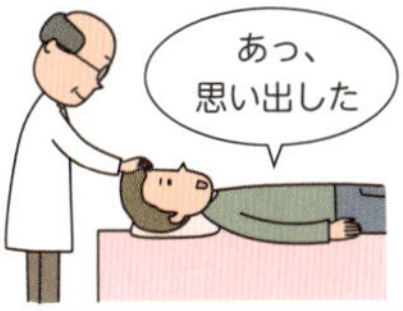

自由連想法

患者を長椅子に寝かせて自由に話させ、記憶を思い出させる。

無意識の中で燃え狂う力、リビドー

ラテン語で欲望を意味する言葉が**リビドー**です。**フロイト**（➡P88）は人間があらかじめ持っている**本能エネルギー（欲動）**のうち、性に関するもの（性衝動）をリビドーと呼びました。リビドーは時間をかけて発達していき、それは身体の各部分に存在するものと考えたのです。そして、人間の発達をそれらの名前を使って表しました。

リビドーの発達段階は、次の五期に分かれています。まず生まれてから18か月くらいまでを**口唇期**《こうしん》、1歳から3歳までを**肛門期**、3歳から6歳までを**男根期**、6歳から12歳までを**潜伏期**、それ以降を**性器期**と呼んでいます。

たとえば幼稚園に通う時期である男根期には、子どもは自分の性器に強い関心を持ちます。そのため触ったり、人に見せたりする行動が見られます。

小学生になると、性への関心が一時的に抑圧されます。これが潜伏期と呼ばれる時期です。次の性器期（思春期以降）になると、生殖が目的となり、性対象を求めるようになります。

これも知っておこう

エロスとタナトス（生と死の本能）

フロイトは、人間には生まれつき生の欲動（**エロス**）と死の欲動（**タナトス**）があるとする**欲動二元論**を唱えました。

エロスとは人が生きようとする欲動のことで、愛と創造、食欲、性的欲望などが含まれます。

一方、タナトスは、死へ向かおうとする欲動、破壊的本能のことで、自殺などはその欲動が発動されたものです。人間は、この二つの矛盾した欲動が表裏一体となって存在していると、フロイトは結論づけました。

転移と逆転移

精神分析の治療において、**クライエント（患者）**がカウンセラーに抱く特別な感情のこと。クライエントが過去に親などに抱いたのと同じ感情が、依存や甘えとなって現れるもので、この転移を克服それぞれの発達段階でバランスよく性欲が満たされるなら、リビドーの発達はスムーズに移行していきます。しかし、性欲が満たされすぎたり、逆に満たされなかった場合、その発達段階特有の感情を後々まで引きずることがあります。また何らかのショックを受けたとき、以前の発達段階に戻ってしまうことがあります。前者は**固着**、後者は**退行**（➡P94）と呼ばれます。こうした状況から、やがて**神経症**（不安障害➡P188）の症状が形成されていくことがあります。

することでカウンセラーとの信頼関係が築かれ、治療がうまくいくとされています。

このうち、恋愛感情を抱くのが**陽性転移**、憎しみや敵意を抱くのが**陰性転移**です。なお、カウンセラーがクライエントに恋愛感情を抱く現象を**逆転移**といいます。

CHECK

年齢ごとにリビドーは変化する

フロイトはリビドーの発達過程を身体の各部分の名称を使って表現した。リビドーは、成長とともに通常はスムーズに移行するが、それがうまくいかない場合、固着や退行が起きる。

口唇期
0歳～18か月
口唇で乳を吸うのが快感（リビドー）となる。この快感は卒乳を機に終了する。徐々に周りの環境になじんでいく時期。

肛門期
1～3歳
排泄がリビドーになるが、徐々に排泄コントロールを覚え、終了する。周囲の環境に積極的に関わるようになる。

男根期
3～6歳
自分の性器（男子：ペニス、女子：クリトリス）にリビドーを感じ始める。異性の親に性的関心を持ち、同性の親を憎む気持ちが強まる。

潜伏期
6～12歳
一時的にリビドーが抑圧される。

性器期
12歳～
生殖が目的となり、性対象を求めるようになる。

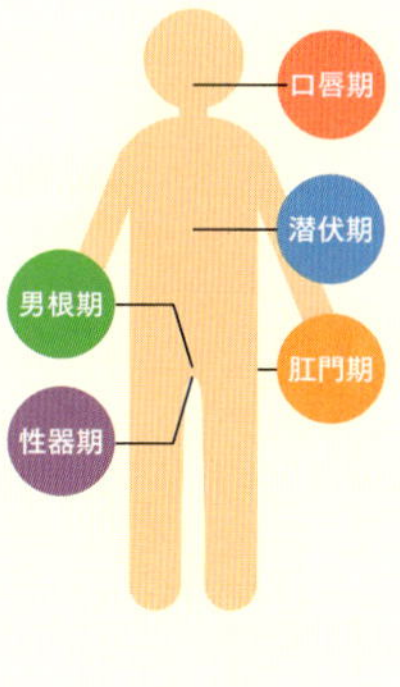
口唇期
潜伏期
男根期
肛門期
性器期

フロイトは心を病む理由を「性」に求めた

フロイト（➡P88）は女性患者の治療を続けるうちに、奇妙なことに気づきました。無意識へ抑圧されている女性患者の記憶の根源をたどろうとすると、「私は幼児期にお父さんから性的なことをされた」と話す患者が多いことです。

そこで彼は考えました。自分に何が起こったのか、そのときの彼女たちにはわからなかったが、「人に言ってはいけないことをされている」と感じて記憶を心の奥に封じ込めてしまったのだと。彼女たちの**ヒステリー**（病的な興奮）は、それが何らかのきっかけで浮かび上がろうとしたのを無理矢理抑え込んだから起こったのだと。

彼はこれを**性的外傷説**（**誘惑理論**）として提唱しました。しかし、実はヒステリー症状のある患者の大半がそうした記憶を持っているというわけではなく、逆に記憶を持っていてもヒステリーにならない人も現れたため、性的外傷説を放棄し、次に**幼児性欲説**を打ち立てました。

彼女たちが話した記憶のすべてが幻想とまでは言わないが、実体験ではなく、無意識の中に隠された願望だと考えたのです。つまり、**幼児に**

もっと詳しく

固着と退行

リビドー（➡P92）の各発達段階で、満足しすぎたり、または満足できなかった経験などを持つと起こる現象を固着といいます。

たとえば、乳児期に当たる口唇《こうしん》期に母親から母乳を過剰に与えられた、もしくはほとんど与えられなかった人は、成人してから乳房にこだわるようになるとされています。女性の胸が好きな男性にはこの現象が起こっていると考えられます。

反対に、何かショッキングな事態に陥ったときに以前の発達段階に戻ってしまうことを退行といいます。たとえば、大人が赤ちゃんがするように母親に甘えたふるまいをするとき、性器期から口唇期への退行が起こっていると考えられます。

仕事でストレスを感じているビジネスマンが恋人の前では赤ちゃ

も性欲があるのではないかと提唱しました。

フロイトのいう性欲とは、大人の考える性欲ではありません。彼は性欲を性欲と性器性欲に分けて考えていました。詳しくは次項で述べることになりますが、幼児期のおしゃぶりなども含めた範囲の広い欲求として性欲を考えていたのです。しかし、「幼児に性欲なんて」と当時は大きな反感を持たれ、フロイトの学説はわいせつだとレッテルを貼られることになりました。

んのように甘えたり、思春期を迎えている青少年が、社会での生きづらさから逃避したい願望により子どものころの親子関係に戻ってしまったりする、いわゆる幼児帰りを起こすような現象がこれに当たります。

CHECK

心はこうして病気になる

フロイトは女性のヒステリー患者の治療に当たるうち、多くの人が「私は父親から性的なことをされた」と告白することに気づき、性的外傷説を、次いで幼児性欲説を唱えた。

1 性的外傷説

子どものころに受けた性的いたずらなどが心の病気の原因になっている。

2 幼児性欲説

幼児も性欲を持つとする考え方。父親に対して無意識のうちに持った性的な願望が裏返される形で心の病気として現れたもの。

男はみな父親殺しの願望を持つ？

リビドー（➡P92）の発達段階において、3～6歳の時期は**エディプス期**とも呼ばれています。エディプス（またはオイディプス）は、ギリシャ神話の登場人物で、王を実の父と知らず殺して王となり、母を実の母と知らず結婚しました。

3～6歳の時期には異性の親に性的な興味を持ち始めます。そうなると、うとましく感じてくるのが同性の親です。男の子であれば、母親の愛を独り占めしたいがあまり、父親なんていなくなってほしい、死んでしまえばいいという願望が募ってきます。しかし、父親は力が強く、太刀打ちすることができない存在です。**無意識**の中で起こるこのような**葛藤**が、**エディプス・コンプレックス**です。

この時期の男の子は、もし父親に自分の本心を知られたら、ペニスを切り取られるのではないかという去勢不安に見舞われます。男の子はこれに恐怖し、母親のことはあきらめて別の女性へと関心を向けます。と同時に自分を父親と同一視することによってコンプレックスは解消されると**フロイト**（➡P88）は考えました。

もっと詳しく

エディプスとエレクトラ

エディプス・コンプレックスを女性に当てはめたものを、後に**ユング**（➡P100）は**エレクトラ・コンプレックス**と名づけました。

エディプスとエレクトラは、ギリシャ神話に出てくる王子と王女で、エディプスは実父を、エレクトラは実母を殺害したとされています。

「汝《なんじ》は息子に殺される」という神託を信じたラーイオス王によって、エディプス王子は捨てられますが、やがて隣国のコリントス王の養子となります。成長したある日、「汝は父親を殺し、母親と結婚する」という神託を聞いた王子は、そうなることを恐れて国外へ出ますが、旅の途中のトラブルで実父ラーイオス王を父と知らずにあやめてしまいます。

その後、生まれ故郷で人々を苦しめていたスフィンクスを退治しちなみに女性の場合は、最初は母親に愛情を抱きますが、その後自分にペニスがないことに劣等感を抱きます。そして、自分をそんなふうにした母親に失望し、父親に興味を向けるとフロイトは考えました。さらに、父親への性愛感情は思春期に別の男性を愛するときまで続くとしたのです。フロイトは、このエディプス・コンプレックスはすべての人間が持っており、これがうまく解消されない結果として、**神経症**（不安障害➡P188）の症状が現れるとしました。

て英雄になり、国王として迎えられ、実の母と知らずに結婚。子どももうけます。その後、以前殺したのが実の父で、妻が実の母だと知り、絶望のあまり自分の目を刺しました。
　一方、エレクトラ王女は、父を謀殺した母と愛人に対し、父の仇を討ったとされる伝説の王女です。

CHECK

エディプス・コンプレックスからマザコンへ

エディプス・コンプレックスを克服できず成長していくとマザコンになってしまう。

5歳ごろの男の子

母親に性的に憧れて父親を憎む
＝エディプス・コンプレックスの芽生え

通常

小さく弱い自分と、大きく強い父親を比べて、到底かなわないと悟る
↓
母親への憧れをあきらめる

家庭環境に恵まれない場合

- 夫婦の仲が悪い
- 父親が家庭を顧みない　など

↓
母と息子の絆が強くなりすぎる
↓
就学期に入ってもエディプス・コンプレックスが残りやすい
＝マザコンの誕生

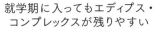

フロイトを継ぐ心理学者たち

フロイト（⬇P88）はドイツの哲学者マルクスやニーチェと並んで、21世紀の文化に大きな影響を与えた三巨人の一人です。心理学においては、彼に多大な影響を受けた人々が、新たな流れを次々に生み出していきました。彼の末娘であり、精神分析家の**アンナ・フロイト**（1895～1982）は、フロイトの自我論を発展させ、その後、オーストリアの心理学者**ハインツ・ハルトマン**（1894～1970）によって**自我心理学**（⬇下段）として確立されます。

この流れから、ウィーンからアメリカに移って活動を続けた**エリクソン**（⬇P132）や自己心理学を築いた**ハインツ・コフート**（1913～1981）が現れます。イギリスでは、ウィーンから来た**メラニー・クライン**（1882～1960）が**対象関係論**を生みました。同じくオーストリアの心理学者**アルフレート・アドラー**（1870～1937）は**個人心理学**（⬇下段）の立場から、人間は全能感を持って生まれてくるのではなく、劣等感を持って生まれてくると考えました。

最後に大きな存在として登場するのが**ユング**（⬇P100）です。彼はフロイトの**性欲理論**を否定し、**無意識**の中にある力は、もっと普遍的で神話的なものとつながっていると考えました。

もっと詳しく

自我心理学と個人心理学

自我心理学の元であるフロイト理論では、自我は超自我やエス（⬇P88）の調整役であるとしましたが、自我心理学では、自我にはより積極的な働きがあり、自我は自律した存在であり、人格を形づくるものとしました。

アドラーが唱えた個人心理学では、フロイトが人の心を自我、超自我、エスなどの要素に分けたのに対し、分割できないものとします。また、フロイト理論では赤ちゃんには劣等感はなく、現実を知るごとに劣等感ができていくと考えますが、個人心理学では、もともと子どもにも劣等感があり、それをバネにして奮起することで大人へと成長していくとします。

また、人の心に影響を与えるものとして、フロイト理論では親子関係を、個人心理学ではきょうだい関係を重視します。

CHECK

フロイトから生まれた心理学

フロイト亡きあと、その理論は多くの心理学者に影響を与え、
新たな学派が次々に生み出されていった。

分析心理学	ユング	フロイトの精神分析学から分かれ、分析心理学（ユング心理学）を打ち立てた。
個人心理学	アドラー	心は個人的なもので分割できないとした。また、劣等感を克服することで、心は成長を遂げるとした。
新フロイト派	フロム ホーナイ ライヒ	人間の心は社会によって影響を受けるものだとし、社会が心に与える影響を無視しているフロイト理論の一部を批判した。
自我心理学	A・フロイト ハルトマン エリクソン	フロイトの娘、アンナ・フロイトらによって提唱された理論。自我を自律した存在であるとし、人間がアイデンティティを確立するために発達するものであるとした。
自己心理学	コフート	人間の心をとらえる際に自己という概念を用い、自己は他者との関係において発展するとした。また、治療者が患者に共感を持って接すれば、その人の心を理解できるとした。
クライン学派	クライン	生後1か月の子どもと母親との母子関係を手がかりに、自我や超自我を発達させるためには自分とある対象との関係性が重要であるとする、対象関係論を提唱した。
パリ、フロイト派	ランク	フロイトの精神分析学を構造主義的に発展させ、フロイトの大義派を立ち上げた。また、新フロイト派や自我心理学に反対し、「フロイトに還れ」と主張した。

魂の発見者 01

無意識と神話をつないだユングの心理学

ユング（➡下段）も**フロイト**（➡P88）と同じく、**無意識**の重要性に着目していた一人です。しかし、その扱い方はまったく違いました。フロイトが無意識を抑圧された記憶や衝動を容れる場所と考えたのに対し、ユングは無意識をもっと広く大きな意味のあるものだと考えました。**アリストテレス**（➡P12）の時代以来、顧みられることのなかった魂に光を当てたのが、ユングの心理学といえるかもしれません。

彼は、無意識を**個人的無意識**と**普遍的無意識（集合的無意識）**に分け、普遍的無意識には全人類共通の知恵や歴史が詰まっていると考えました。そして、**世界中の神話に、ある共通したイメージが見られる**のも、この普遍的無意識に由来するとしました。

また、無意識の中には、意識とは対照的なもう一人の自分が隠れているとも考えました。たとえば、勉強するのが嫌いな人間が、たまたま興味のある分野に出会い、勉強が好きな自分を発見するなどです。人間の心には、自分の知らない自分、他人のように独立した存在としての自分がいるとユングは考えます。勉強が嫌いな自分と勉強が好きな自分、相

心理学の巨人たち

カール・グスタフ・ユング

スイスの心理学者（1875〜1961）。バーゼル大学、チューリッヒ大学で精神医学などを学び、研究者として活動するうち、**フロイト**の精神分析に惹かれます。フロイトの後継者と目をかけられていた時期がありましたが、次第に独自の理論を展開し、後にフロイトとは絶交しました。

フロイトとの相違点としては、上述した無意識のとらえ方に関するもののほかに、生きる本能、すなわち**リビドー**（➡P92）に対するとらえ方の違いもありました。フロイトはリビドーを性的なエネルギー（性衝動）と解釈していましたが、**ユング**は性的なもの以外に一般的なエネルギーもリビドーには含まれると考えました。

やがてユングは独自の理論を**分析心理学**（日本では**ユング心理学**）として打ち立てます。

反する自分がいることで、足りない部分を補い合うことができ、人間の心は完全になるのだと彼は説明しています。

ユングは自らの心理学を「意識の科学であり、無意識の心によって生み出されるものに関する科学」と言っています。神話や錬金術の体系化や、普遍的無意識や**コンプレックス**（➡P96、136、272）、**元型**《げんけい》（**アーキタイプ**➡P106）、**夢分析**（➡P88、274〜277）など多岐にわたる研究を重ねたのも、心の多様な姿をとらえようとしたからといえるでしょう。

CHECK

ユングの考えた無意識

ユングは、人の心を下図のように分け、それぞれの特徴を明らかにした。

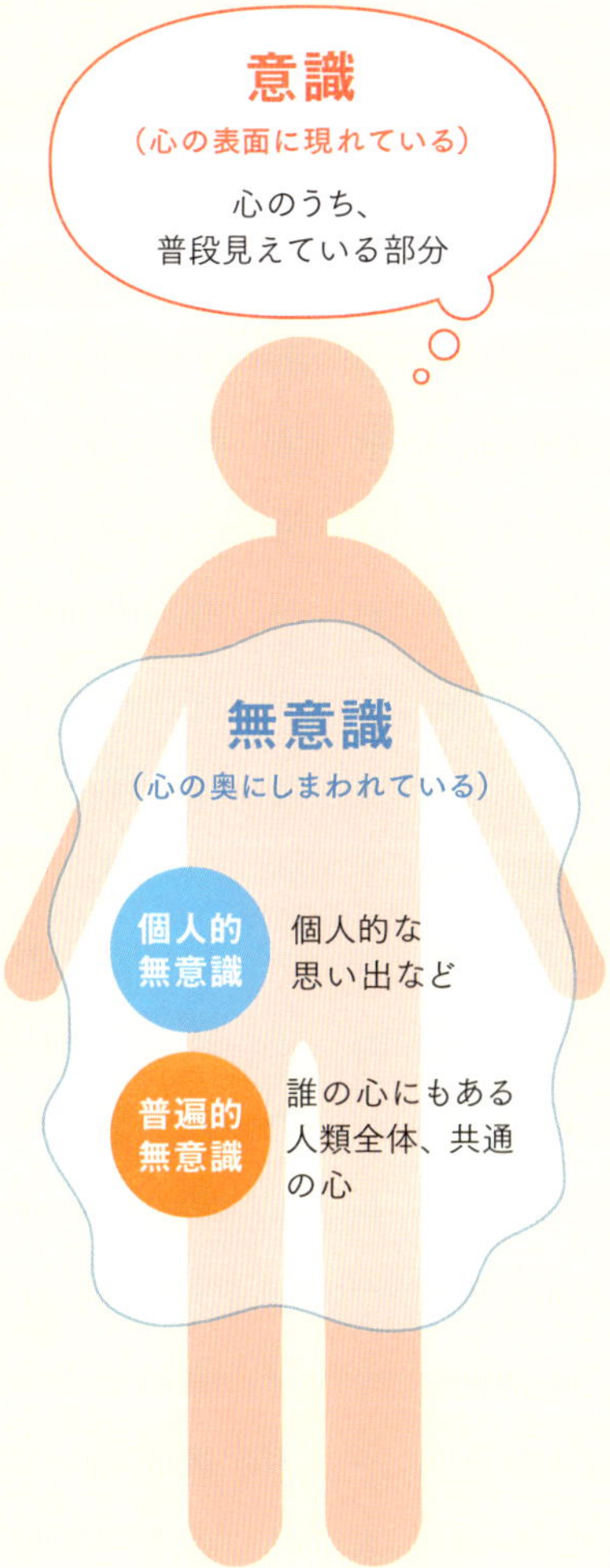
意識
（心の表面に現れている）
心のうち、
普段見えている部分
無意識
（心の奥にしまわれている）
個人的無意識
個人的な
思い出など
普遍的無意識
誰の心にもある
人類全体、共通
の心

ユングは、心に無理を重ねた結果、意識と無意識のバランスが崩れ、無意識が暴走した結果が症状となって現れていると考えた。

意味不明の行動から心の病の原因を突き止めたユング

ユング（➡P100）の勤める病院に、いつも手で奇妙な動作を繰り返している老女がいました。老女は**カタトニー**（➡下段）を発症し、ずっとその動作を続けています。前任者の話では、老婆は靴作りの動作をしているらしく、なぜそんな動作をするのかユングにはわかりませんでした。

老婆はやがて亡くなり、家族が葬儀にやってきました。そこで、老婆が病院に入院した理由を聞き、靴屋の若者に捨てられたことが発病の原因であることを知ったのです。つまり老女は靴を作る動作をすることで、その若者と自分を**同一化**（➡下段）していたのです。

ユングはこうした経験から、患者が発する意味不明の言動や、通常ではあり得ない行動にも、必ずその人なりの意味や理由があると考え、心の病とはその人の心に無理が生じた結果、**意識**と**無意識**のバランスが崩れて起こるものとしました。そこで、対話や**箱庭**（➡P29）作りをはじめとした**造形**、**夢分析**（➡P88）などを通し、無意識が伝えてくれる病の原因に迫ろうとしました。

心の病気の治療に特効薬はありません。人によって原因は違いますし、

もっと詳しく

カタトニー

統合失調症の一種で、症状として、呼びかけなどの刺激に無反応になる、奇妙な動作を続ける、硬直姿勢を保つなどが現れます。

逆に、激しく興奮したり攻撃的になったりする症状もあり、両方の症状が交互に現れる場合もあります。

同一化（同一視）

自分自身を他のもの（人、物、場所、思考など）に無意識のうちに投影することをいいます。たとえば、カラオケで大好きなアーティストになりきって歌を歌うなどは同一化現象といえるでしょう。

同一化がごく一般的に見られる現象であるのに対し、似たところがまったくないのに、まるで同一のもののようにふるまう同一性は、同一化が極端になった状態といえます。

ある人に効いたからといって、別の人にも効くとは必ずしもいえないのが心の病気の治療の難しいところです。また、「あなたはこういう病気だから、この方法で治療しましょう」と精神科医や臨床心理学者が言っても、本人が納得しなければ病状はよくなりません。一方的な押しつけは患者の反発を招くからです。まず患者自身に心の病気であることに気づいてもらい、それを克服するような前向きな気持ちを持ってもらうことから治療は始まるといっていいでしょう。

CHECK

同一化（同一視）が起こる過程

自分にとって大切な、あるいは重要な人の真似をし、同じようにふるまう同一化は、以下のような過程で起こる。

1 対象を求めるリビドー*が困難に遭う
好きだった靴屋の若者に捨てられた。

▼

2 対象に向かうのをあきらめる
若者への思いを断たざるを得なくなる。

▼

3 代わりにその対象を自我に取り入れる
若者の靴作りを真似る。

▼

4 自我が対象と同じようになる
若者と自分が同一化する。

▼

5 対象との結びつきを果たそうとする
若者と自分との結びつきが確かなものになる。

＊リビドー…本能のエネルギー（性衝動）

対話から無意識を引き出す言語連想検査

ユング（➡P100）が行った治療法の中でも特に有名なのが**言語連想検査**です。これは医師が100の単語を次々に投げかけ、それに対して思いつく言葉を患者に話してもらうことで、患者の**無意識領域の心理内容を探る**というものです。

もともと連想自体は精神医学の分野では行われていた方法ですが、ユングはその反応スピードに注目しました。従来は出てきた言葉の中身だけに注目していましたが、ユングはその言葉が出てくるスピードや時間に着目したのです。

人は投げかけられる言葉に対して、すぐに何かを連想できる場合とそうではない場合があります。特に、なかなか言葉が出てこない場合には、そこにその人にとってはつらくて悲しい何か、**コンプレックス**（➡P96、136、272）があるとしたのです。そして、コンプレックスを乗り越えることができれば、その人の心は治癒に向かって進んでいくと考えました。

ちなみにコンプレックスという概念は、ユングが初めて心理学において使用したものです。

もっと詳しく

ローレライ

ユングは、精神病を患ったある女性患者の治療に当たるうちに、精神病患者の一見支離滅裂にも思える言動の中に、無意識のメッセージが隠されているという真実を読み解きました。

そのきっかけとなったのが「私はローレライ」という患者の発言でした。ドイツの歌曲「ローレライ」の歌詞に「それが何を意味するのか私にはわからない」という部分があり、女性患者は診察を受けるときに医師からその歌詞と同じ言葉をかけられていたのです。

医師は女性が意味不明の言動を繰り返すので、「わからない」と言ったにすぎませんが、彼女の心の中ではローレライの歌詞と自分とが結びつけられ、「私はローレライ」と口にするようになったと考えられます。ちなみにローレライは妖精の名前で、女性は自分を若いころのユングは、チューリッヒのブルクハルツ病院で、この研究を積極的に進めていました。言語連想検査を行うときは、実際にストップウォッチを持って時間を計り、そして同じ検査を繰り返して、前に出た言葉と違う言葉が出る（**再生失敗**）パターンを分析して、心の病気の原因を調べました。

この検査法は、現在使われている**嘘発見器**を開発するきっかけになったともいわれています。

妖精だと思い込んだのです。

こうしてユングは、それまで妄想にすぎないと思われていた精神病患者の言動に**意味性**を見出しました。

CHECK

言語連想検査とは

言語連想検査を下記の単語で試してみよう。下記の言葉から連想する言葉を一つずつ挙げ、その反応語と反応時間を記録する。2回目は最初に連想した言葉を答える。その言葉が1回目と異なったときに注目するもの。

検査に使用する単語（刺激語）の例

頭	緑の	水の	歌う
死	長い	船	支払う
親切な	机	尋ねる	村
冷たい	茎	踊る	海
病気の	自尊心	料理する	インク
悪い	針	泳ぐ	旅行
青い	ランプ	罪を犯す	パン

妄想の中に人類共通のイメージ「元型」がある

さまざまな民族社会には、宗教・信仰の対象として機能していた**神話**があります。荒唐無稽なものもありますが、**ユング**（↓P100）は患者の治療を続けるうちに、神話のイメージと患者の妄想に共通点を見つけました。そこで、人間の**普遍的無意識**（↓P100）には誰もが生まれつきそのように感じる普遍的な型、つまり**元型**《げんけい》（**アーキタイプ**）があると考えたのです。代表的な元型には、**母親元型**（**グレートマザー**）や**父親元型**（**オールドワイズマン**）、**シャドウ**、**アニマ**（**男性元型**）、**アニムス**（**女性元型**）、**トリックスター**、**ペルソナ**（↓左図）などがあります。

シャドウは人間の中にある当人が受け入れがたい悪の元型。ペルソナは、組織の中で役割を受け入れる心です。たとえば、会社で見せる顔と家族や恋人に見せる顔は違うのが通常ですが、それは、人間にはそれぞれの環境や役割に応じて的確なイメージをつくり出すことのできるペルソナを持っているからです。

ユング心理学では、こうした元型や無意識の象徴であるシンボル、そしてイメージを基に、無意識の世界を探求していきます。

これも知っておこう

個性化の過程

母親元型はもちろん、あらゆる元型が人々の個性化の過程（↓P259）を助けています。個性化の過程とは、意識・無意識間の相互的な働きかけを通じて営まれる成長過程のこと。しかし、この個性化を真剣に考え始めるのは人生の後半期から（人生の午後）としています。

たとえば、母親に束縛されすぎている女性は母親元型という元型と一体化して生きており、自分自身のことがよくわからない状態にあります。しかし、逆に元型を受け入れることを拒否してしまうと、今度は自分の母性が育たなくなります。その両者が相互的に働きかけてこそ自己実現、個性化ができるのです。つまり、個人が内に持っている可能性を実現することが、よりよい人生のための条件ともいえるでしょう。

CHECK

さまざまな元型

ユングは、普遍的無意識の中に存在する、誰もが生まれつきそのように感じるものを元型と名づけた。元型には多くの種類があるが、以下は特に有名なものである。

母親元型（グレートマザー）

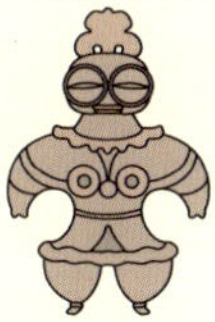

自分を包み込んでくれるが、同時に束縛する存在。どっしりとした母の形をした縄文土器の土偶などは、この元型を表すシンボル。

父親元型（オールドワイズマン）

立派で厳格な存在。迷える人を導いてくれる老賢人が出てくる昔話があるが、こうした昔話（普遍的無意識）に、この元型が表れている。

シャドウ（影）

無意識に自分の中にある負のイメージのこと。たとえば、だらしない人（自分にとってのシャドウ）を見るとイライラしてしまうのは、「だらしない自分」を心の奥に持っているから。

アニマ、アニムス

アニマは男性が持っている女性像、アニムスは女性が持っている男性像のこと。たとえば、マッチョなアニムスを持っている女性は、現実にそのような男性を好むようになる。

トリックスター

権威を壊して無秩序な状態にしようとする働きを持つもの。神話や伝説に出てくるいたずら好きや道化師などがそのイメージ。

ペルソナ（仮面）

古典劇で役者が用いた仮面をペルソナと呼んだことから、その人が社会に対して演じている役割を意味する。男性は男らしさ、女性は女らしさで表される。

魂の発見者 05

意味のある偶然、シンクロニシティ

ユング（↓P100）は、UFOや心霊といったオカルト現象に関する論文も多数発表しています。彼の学位請求論文が「いわゆるオカルト現象の心理学と病理学のために」であったことからも、その関心の高さがうかがえます。

また、東洋の**易学**（↓下段）の宇宙観にも共鳴し、そこから**共時性**（↓下段）や**シンクロニシティ**（**偶然の一致**）という概念を提唱しました。これは**意味のある偶然**ともいわれます。日常では原因と結果は目に見える形で連動していますが、ユングは偶然であっても意味のある場合があると言っています。

たとえば、夢の中で、いつも乗る電車が事故に遭い、その電車に乗るのをやめたとします。すると、現実にその電車が事故に遭いました。これなどは偶然ではありますが、意味のある偶然といえます。

1909年、ウィーンにある**フロイト**（↓P88）の家をユングが訪ねたとき、不思議な体験をしたことがユングの自伝に記されています。ユングは自分が関心を持っている超心理現象や**予知**について、フロイトに意

これも知っておこう

易と予知夢

ユングは夢で見たことが現実になる予知夢の研究をしているとき、ドイツ人の宣教師**リヒャルト・ヴィルヘルム**（1873～1930）が翻訳した中国の『易経《えききょう》』と出会います。

易とは、古代中国で国の大事を決めるときにも使われていた、竹棒を使った占いのこと。易占いでは八卦《はっけ》と呼ばれるパターン図を用いることから、「当たるも八卦、当たらぬも八卦」といわれます。

ユングが研究していた予知夢とは、**共時性（シンクロニシティ）**を持った夢のこと。共時性とは、二つ以上の出来事が意味的なつながりを持って起きることをいいます。偶然と思えても、そこには意味があるので、意味のある偶然とも呼ばれます。未来が無意識のうちに感じられてしまう、いわゆる**虫の知らせ**は予知夢だとされてい

CHECK

虫の知らせ? それとも偶然?

ユングは、偶然の一致と呼ばれる状況であっても、そこに何らかの意味が隠されている場合があると考え、それをシンクロニシティ(共時性)と呼んだ。

電車が脱線している夢を見る。

現実に脱線事故が起きる。

見を求めましたが、フロイトはあり得ないことと拒否します。

このとき、ユングは身体に違和感を覚えました。そしてすぐ、二人の近くで大きな爆音がしたのです。「まさにこれがいわゆる、媒体による**外在化現象**の一例です」とユングが言うと、またもフロイトは否定します。なぜかユングは、「いや、先生、間違っています。その証拠にもう一度あんな大きい音が鳴ると予言します」と言ってしまいます。すると本当に大きな爆音がしたという話です。

ます。

さて、易占いを体系化した『易経』を読んだユングは、そこに予知夢および「**元型**」(➡P106)の考え方と共通するものがあると考えました。易は、人為的に共時性をつくり出すことができるものであり、人間の心理的な基本がすべて含まれているととらえたのです。

ユングから受け継がれ、広がっていく心理学

持論への反論を許さず、次々と後継者とけんか別れしていったフロイト（➡P88）とは違い、ユング（➡P100）は1948年にチューリッヒにC・G・ユング研究所を設立し、研究者や後継者を養成しました。現在、ユング派分析家資格を有する分析家は世界に二千数百人が存在します。この資格を得るためには、最低4年はかかるといわれています。

ユング派として活躍した心理学者に、サン＝テグジュペリの『星の王子さま』について研究したスイスのM・L・フォン・フランツ（1915〜1998）、元型心理学を打ち立てたアメリカのジェイムズ・ヒルマン（1926〜2011）、フロイトに近い立場のロンドン学派マイケル・フォーダムなどが挙げられます。

日本にユングの心理学を紹介したのは、心理学者であり文化庁長官も務めた河合隼雄（1928〜2007）です。彼はC・G・ユング研究所で学び、日本人第一号のユング派分析家の資格を取得しました。箱庭療法（➡P29）を日本に広めたのも彼の功績です。

また、ユングの心理学に大きな影響を受けたのが1960年代に生まれたトランスパーソナル心理学（➡下段）です。

もっと詳しく

トランスパーソナル心理学

トランスパーソナルとは「個を超えた」という意味で、トランスパーソナル心理学では、人間は自己超越という段階まで成長できると考えます。日本の禅やチベット仏教、北方民族のシャーマニズムなど、異文化との思想的な融合も行われました。

この学問領域は、フロイト、ユングなどの流れを汲み、特にイタリアの心理学者ロベルト・アサジオリ（1888〜1974）、人間性心理学で知られるマズロー（➡P268）などが発展させました。人間性心理学は、当時の反戦運動、大学紛争などの流れを受けた自己実現を達成するための研究を行うものです。トランスパーソナル心理学は、言葉よりも気功、瞑想、ヨガなどの身体体験を通して人の心を考えたり、理性よりも感性を重視する点で東洋的といえます。

CHECK

ユングの後継者たち

ユングは自分の研究してきた心理学を後継者に伝えるため、ユング研究所を設立。そこから新たな心理学研究が発展していった。

古典派	フランツ など	患者の話す夢に、神話や童話などとの共通点を探りながら、心の変化を観察する。たとえば、患者が靴が脱げる夢を見たら、シンデレラのように白馬の王子様願望を持つと考えた。
元型派	ヒルマン など	心の状態を探るとき、夢そのもののイメージを味わう。たとえば、殺人事件の夢を見た患者に対して、それは普遍的無意識に見られるイメージで特別なことではないと伝える。
発達派	フォーダム など	幼児期の親との関係が、大人になってからその人の人格の決め手となるとする考え方。ユング派の中では最もフロイト理論に近い。
自我心理学	A・フロイト ハルトマン エリクソン	フロイトの娘、アンナ・フロイトらによって提唱された理論。自我を自律した存在であるとし、人間がアイデンティティを確立するために発達するものであるとした。
日本での展開	河合隼雄	『日本書紀』や『古事記』などの日本の神話や『源氏物語』などから日本人の持つ普遍的無意識を探ろうとした。

上手なお願いのしかたはどれ？

急いでコピーしたいのですが、先に使っている人がいます。割り込んでコピー機を使わせてもらう頼み方で承諾が得られるのはどの言葉でしょうか。

1 「急いでいるので、先に使わせてください」

2 「コピーしないといけないので、先に使わせてください」

3 「先に使わせてください」

➡ 解答

答えは、①か②です。③のように、いきなり言われては、その要請のしかたにまず相手はムッとしてしまいます。
②の場合は、先に使わせてもらう理由にはなっていませんが、②と同様、「ので効果」で承諾率が高くなるのです。
「〜ので」という言い方は、適当な口実をつけて頼む方法です。このように言えば、相手は何となくOKしてしまう場合が多いようです。つまり、はっきりした根拠はなくても、こうしたほうがいいだろうと直感してしまうのです。

PART 4

人間の成長で見る心理学

生理的早産で生まれ、頭から下部へと発達する

スイスの動物学者アドルフ・ポルトマン（1897〜1982）によれば、哺乳《ほにゅう》動物は、大型動物のように生まれてすぐ親と同じように行動できる動物（離巣性《りそう》）と、小型動物のように、出生時は未熟で動き回れない動物（就巣性《しゅうそう》）の二つに分けられます。人間は大型動物ではありますが、運動能力が未熟な状態で生まれてくるため、同じ哺乳類でありながら、二次的に巣に就くとして**二次性就巣性**を持っているとされています。それは、本来21か月で生まれてくるところを、身体的成長よりも大脳の発達を優先させて10か月で生まれてくるからです。これを**生理的早産**と呼んでいます。

人間の生まれてからの成長過程は、頭部から下部へ、中心から末端へと発達していきます。たとえば、子どもの脳神経系は**乳児期**に著しい発達を見せ、6歳のときには、ほぼ成人に近い重さにまで成長します。首がすわり、寝返りを打ち、お座りをして、歩き始めるという子どもの発達も、頭部から下部へと発達していく流れに準じています。

新生児は、誕生時から笑顔を見せるように感じますが、生まれたばかりの赤ちゃんは、泣いているか寝ているかのどちらかで、笑っているよ

これも知っておこう

反射運動

末梢神経に与えられる刺激と同時に起こる反応で、知覚や意思などの意識とは関係なく起こります。代表的な反射に、驚いたときに瞳孔が開く**瞳孔反射**があります。また、新生児期のみに見られる原始反射には以下のようなものがあります。これは外界の刺激に対応していけるよう生まれつき備わっているものです。

把握反射（ダーウィン反射）……新生児の手のひらに物が触れると、強く握りしめる。

吸《きゅう》てつ反射……指を口の中に入れたりすると、吸いつこうとする。眠りながらでもおっぱいを吸おうとするのはこの反射が起こっているから。

モロー反射……服を脱がせたときや大きな音が聞こえたとき、ビクッとしてバンザイをするように両手を上げ、その後、両手を抱え込

うに見えるのは、**本能の微笑、つまり生理的微笑**なのです。周囲に反応して笑顔を見せる**社会的微笑**は、誕生後3か月ごろから現れます。

こうした身体機能の発達時期は、身体の部分によって異なっていて、ゆっくりと段階を踏んで発達していきます。また、発達の度合も個人差があります。

いずれにしても、生理的早産で生まれてくる人間は、動物の中では非常に特殊な存在であるといえるでしょう。

むようにする。

バビンスキー反射(足底反射)……足の裏を触ると、指が開く。

引き起こし反射……両手をつかんで起こそうとすると、首、腕、足を曲げて起き上がる格好をする。

自動歩行反射……脇を支えて身体を前傾させると、足を交互に動かし、歩くような運動をする。

CHECK

赤ちゃんの1人歩き

個人差はあるが、一般的に赤ちゃんは運動神経を以下のように発達させる。

新生児	口に入ったものを吸う 唇を触ると舌を出すといった反射運動を行う（～4か月目まで）
2か月	腹ばいで頭と肩を上げる
3か月	首がすわる 社会的微笑の始まり
4か月	膝の上に立たせると足を突っ張る
6か月	寝返り
7か月	お座り
9か月	つかまり立ち
10か月	はいはい
12か月	1人で立てる
15か月	1人で歩く
1歳半	1人で遊ぶ

親子の絆はアタッチメント（愛着）で築かれる

子どもが健やかに成長するには、愛情に基づいた信頼関係づくりが欠かせません。中でも一番大切なのが生まれてから3歳ごろまでに築かれる親子の絆、つまり**アタッチメント（愛着）**だといわれています。

この言葉は、イギリスの小児科医**ジョン・ボウルビィ**（1907〜1989）が研究発表の中で使用したのが始まりです。彼は、アタッチメントが形成される段階（両親と子が強い絆をつくっていく段階）を研究し、その段階を四つに分け（↓左図）、個々の時期によって相手への愛着の持ち方が変わっていくことを発見しました。特に生後3か月ごろまではその対象が両親に限定されず、不特定多数の相手に向かうという特徴があります。最初は誰とでも接することができたのに、個人差はありますが、5か月ごろになると急に人見知りをすることがあるのはそのためです。

子どもは、親の注意や関心を自分に向けるために、泣いたり、微笑んだり、抱きついたり、あとを追いかけたりすることがあります。これらは愛着から発する**アタッチメント（愛着）**行動と呼ばれます。

アメリカの心理学者**メアリー・エインズワース**（1913〜1999）は、アタッチメン

サイコロジーQ&A

Q 生後5か月になる息子があまり泣いたり笑ったりしません。感情表現ができないのではと心配です。

A いわゆるサイレントベビーかもしれません。赤ちゃんは普通、喜怒哀楽がはっきりしていますが、それが未発達です。背景にお母さんと赤ちゃんとの触れ合い不足があるといわれています。アタッチメントがない状態をマターナル・デプリベーション（養育の喪失）といいます。まずはしっかり抱っこするなどして、スキンシップを図りましょう。

これも知っておこう

インプリンティング（刷り込み）

オーストリアの動物学者コンラート・ローレンツ（1903〜1989）が発見した現象。鳥類のうち、生まれてくるときの成熟度が高いアヒルやニワトリなどは、

トを三つに分類しました。**Aタイプ**（**回避型**）は、親を避けようとする行動が見られ、親と関わりなく行動しようとします。**Bタイプ**（**安定型**）は、親と再会すると積極的に触れ合おうとし、親を活動拠点とします。**Cタイプ**（**アンビバレント型**）は、親に強い愛情を求める一方、親に敵意を見せるなど、相反する感情を抱きます。

　アタッチメントは子どもの成長期に形成され、それが生涯続きます。親子の絆づくりは、その意味からも非常に重要なことなのです。

孵化《ふか》後すぐに受ける刺激に対して追いかけたり近づいたりするというもの。たとえば、親鳥でなくても人間や他の動物が近づけば、ついていくなどの行動を取ります。人間においても、乳児には生後から一定期間、自分の親を認識し、刷り込みがなされるための敏感期があると結論づけました。

CHECK

アタッチメントが形成されるまで

ボウルビィによれば、アタッチメント（愛着）は以下の4段階に分かれて形成される。

第1段階　生後3か月ごろまで

無差別な社会的反応

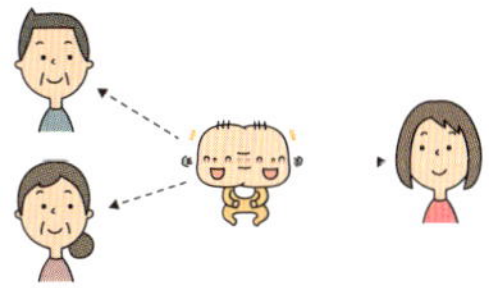

誰に対しても見つめたり、微笑んだりする。まだアタッチメントは認められない。

第2段階　3か月～6か月ごろまで

差別的な社会的反応

人をかなり識別するようになり、母親や父親など、よく世話をしてくれる人にのみ反応する。

第3段階　6か月～2歳ごろまで

真のアタッチメントの形成

母親のあとを追い、見知らぬ人は警戒して恐れるなど。この段階でアタッチメントは成立する。

第4段階　3歳以降

目標修正的協調関係

親の行動の理由や計画を理解できるようになり、短時間の不在は待っていられる。自立の過程。

愛着理論から発展した3歳児神話は本当か

育児を経験したことのある人なら「**3歳児神話**」という言葉を耳にしたことがあるかもしれません。3歳児神話とは、母親が3歳までに子育てをしないと、子どもの将来に悪影響をもたらすというもので、戦後、日本の社会通念として言い伝えられてきた子育て観です。

この3歳児神話のきっかけをつくったのがイギリスの小児科医**ボウルビィ**の**アタッチメント（愛着）理論**（➡P116）でした。彼は第二次世界大戦による戦争孤児などに精神発達の遅れが生じていることを報告。その要因として母親から引き離された家庭環境が大きいとしました。また、**ローレンツ**の**インプリンティング**（**刷り込み**➡P116）行動からも**母性剥《はく》奪《だつ》理論**を提案し、**アタッチメント行動**は、より生存に適した行動として選択されてきたと発表しました。

最近、またこの3歳児神話が取り上げられるようになった背景には、働きながら子育てをする女性が増え、社会的に就労と子育ての両立支援がますます必要となっている状況で、子どもの発達への影響が危惧されていることが考えられます。

これも知っておこう

3歳児神話と脳科学

脳発達の研究において、**ニューロン**（神経細胞）当たりの**シナプス**（ニューロン間の接合部）数は生後12か月ごろにピークとなり、その後徐々に減少していって、成人レベルではピークの約3分の2程度になることが明らかにされました。つまり、脳の基本的なネットワークは、乳幼児期に最も盛んであるということです。

このことから、乳幼児期の子育て環境が、子どもの脳の発達に影響を及ぼすという考え方につながっていき、アメリカでは1980年代、早期に子どもたちに適切な刺激を与えようと「1歳から3歳まで（Zero to three）」などといったキャンペーンも生まれました。

三つ子の魂百まで

日本には「三つ子の魂百まで」ということわざがあります。『広しかし、3歳児神話を裏づける心理学的、疫学的調査の報告はほとんどありません。1998（平成10）年の『厚生白書』では「3歳児神話には、少なくとも合理的な根拠は認められない」と記述され、2005（平成17）年の文部科学省の「情動の科学的解明と教育等への応用に関する検討会」では、「適切な情動の発達については、3歳くらいまでに母親をはじめとした家族からの愛情を受け、安定した情緒を育て、そのうえに発展させていくことが望ましいと思われる」と報告されました。

辞苑』によれば、「幼いときの性質は老年まで変わらぬことのたとえ」とあります。つまり、必ずしも子育ての重要性を表すことわざではありませんが、3歳児神話に格好の材料として用いられたのは事実です。ちなみにこれと似たことわざに「雀百まで踊り忘れず」があります。

CHECK

3歳児神話の背景にあるもの

3歳児神話は、母親が3歳までに子育てをしないと、子どもの将来に悪影響をもたらすというもの。戦後、日本の社会通念となった。その背景には、以下の三つがあると考えられる。

1 ボウルビィのアタッチメント理論

親子のアタッチメント（愛着、情緒的絆）は、3歳ごろまでに築かれる（➡ P116）。

2 三つ子の魂百まで

日本のことわざ。幼いときの性質や、培った習慣は老人になったときまで変わらないというもの。

3 脳科学

脳の発達は生後12か月ごろにピークを迎える。乳幼児期の子育て環境が大事。

子ども 01

遊びから子どもの想像力が育まれていく

子どもは、大人には想像もつかない発想をしたり行動を取ったりします。そうした発想や行動は、遊びによって身についていきます。特に影響を与えるとされるのが**ごっこ遊び**です。**象徴的遊び、役割的遊び**とも呼ばれています。ごっこ遊びの代表として**ままごと**があります。

子どもは、乳幼児期を通して大人への**愛着**を形づくっていきます。これは、大人のように自分も早く大きくなりたいという気持ちの表れでもあります。しかし、現実には大人が日常生活でしているような活動はできません。そのギャップを埋めるのに最適なのがごっこ遊びなのです。

スイスの心理学者**ジャン・ピアジェ**（1896〜1980）は、子どもの遊びの成長段階における変化を次の三つに分けました。

①**機能的遊び（2歳ごろまで）**……目的もなく手や頭を動かし、それが遊びとなります。赤ちゃんが寝ているときに、目の前にある紐《ひも》を引っ張って飾りを揺するなど。この種の遊びは乳児期に限りません。大人になって好きな車を買ったとき、それを乗り回して自分の車に対する知識や技術を確認して喜ぶなどもこの遊びの一種といえます。

サイコロジーQ&A

Q　子どもを無理やりしつけるのではなく、自然に物事を学ばせるのに効果的な方法はありますか。

A　子どもとは、親が命令したとおりになかなか行動しないものです。しつけは、命令するよりも、子どもの身近にいる人（親や友だちなど）の真似をさせてしつけるほうが効果的です。このように見本を見て、その動作や行動を真似することを**モデリング**といいます。3歳ぐらいからモデリングは顕著になるので、親もわが子のよい手本となるよう、自分自身を振り返ってみるとよいでしょう。

これも知っておこう

フロー体験

楽しいことに没頭しているときに起こる忘我の感覚のこと。アメリカの心理学者**ミハイ・チクセントミハイ**（1934〜）が提唱し

②象徴的遊び（2～7歳ごろ）……一人遊びが基本で、二人になってもやっていることは別々なことが多い。自分が寝た側《そば》で人形などを寝かせたりします。ごっこ遊びもここに分類されます。

③ルールのある遊び（7～12歳ごろ）……二人以上が必要になってきます。象徴的遊びをもっとルール化した遊びです。鬼ごっこやかくれんぼなどが含まれます。

子どもにとっての遊びは、大切な学習でもあるのです。

ました。フロー体験の構成要素としては、明確な目的、専念と集中、自己に対する意識の感覚の低下、時間感覚の歪み、直接的で即座な反応、能力の水準と難易度とのバランス、状況や活動を自分で制御している感覚、活動に本質的な価値がある、の八つがあるとしています。

CHECK

ピアジェの遊びの発達段階

ピアジェは子どもの遊びを3段階に分けた。これらの遊びは、発達に伴って推移していく。

1 機能的遊び（2歳ごろまで）

目的もなく手や頭を動かし、それが遊びとなる。やがて見えなくなったものを探すようになる。

2 象徴的遊び（2～7歳ごろ）

1人遊びが基本。2人になってもやっていることは別々なことが多い。ごっこ遊びもここに入る。

3 ルールのある遊び（7～12歳ごろ）

2人以上が必要。象徴的遊びをルール化したもの。鬼ごっこやかくれんぼなど。

子ども 02

子どもが嘘をつくのは健全な証拠

私たちは幼いころから「嘘はいけない」と教えられてきました。しかし、大人になると「嘘も方便」であることがわかってきます。たとえば、あまり一緒にいたくない人からの誘いに、「今日は忙しいので、ごめんなさい」と理由をつけて断るのは、人間関係に波風を立てないためには必要なことです。そのほかにも、うまくいかなかったことを叱責されたときに口から出る言い訳、自分をよく見せたいための見栄など、自分を守るための嘘も、心の健康という意味では大切でしょう。

同じように子どもも嘘をつきます。**嘘は子どもが健全な社会的発達を遂げている証拠**なのです。アメリカの心理学者**マイケル・ホイト**（1942〜）は「子どもが初めて親に嘘をついたとき、子どもは絶対的だった親の束縛から自由になれる」と言っています。

子どもたちは嘘をつくことによって自分を主張し、**自立への第一歩**を踏み出すといってもいいでしょう。どのように嘘をつくか、そして相手の嘘の理解度も成長へのプロセスといえます。

「どうして嘘なんかつくの」と、親は子どもを叱りがちです。子どもの

サイコロジーQ&A

Q **娘は試験前になると、日ごろはしないのに、料理や掃除を手伝ってばかりで、勉強をしなくなります。そしてテストの結果が悪いと、家事を手伝っていたから勉強する時間がなかったと言い訳をします。どんな理由があるのでしょうか。**

A 成功を回避する人の心を理論づけたものとして、**セルフ・ハンディーキャッピング理論**があります。セルフ・ハンディキャッピングは、何かを成し遂げる自信が持てないとき、成功するのが難しくなるような高すぎる目標や不利な条件（**ハンディーキャップ**）などをわざと設定し、自己弁護を図ることをいいます。

これにより、もし成功すれば、他人からの評価はハンディーキャップがないときよりも上がることになります。「あんなに手伝いをしたのに試験結果がよかったね」

悪いことを正して教え諭《さと》すのは、親のみならず大人全体の役割でもあります。しかし、「どんな嘘もダメ」と頭ごなしに厳しく叱ると、子どもの健全な自我の成長を歪めてしまいかねません。

単純に嘘は悪いというのではなく、そのときの状況を見て判断することが大切です。そして、時には嘘であることを知りながらも、大人の態度で接することで子どもは親に感謝し、健やかな発達を遂げていくといえるでしょう。

とほめられたいのでしょう。

しかし、今のところ成功していないようです。セルフ・ハンディキャッピングは、自分自身に嘘をつくことです。そのことをお嬢さんに気づかせてみてはどうでしょう。

CHECK

人は12種類の嘘をつく

人は発達に応じて、さまざまな嘘を使うようになる。その嘘は、次の12タイプに分類される。

1.予防線
たとえば、会う約束の時間に別の予定を入れるなど。

2.合理化
失敗したときに言い訳をする。

3.その場逃れ
ありもしない嘘を苦しまぎれにつく。

4.利害
自分が金銭的に得するような受け答えをする。

5.甘え
自分に対する周囲からの理解が欲しくて嘘をつく。

6.罪隠し
罪を隠すために嘘をつく。

7.能力・経歴
相手より優位に立つために、嘘の自己紹介をする。

8.見栄
虚栄心からつく嘘。自分を粉飾する。

9.思いやり
相手を傷つけないための嘘。

10.引っかけ
からかって、相手をだます。「引っかけ問題」など。

11.勘違い
知識不足などが原因で、意図的ではないが、結果として嘘に。

12.約束破り
約束が果たせず、意図的ではないが、結果として嘘になる。

渋谷昌三『手にとるように心理学がわかる本』(かんき出版)より

自尊感情を大切にし、アメとムチでやる気を生む

親は、自分の子どもが悪いことをすると叱ります。そして、テストで100点を取ったり、よいことをするとほめます。叱るにしてもほめるにしても、まず子どもの**自尊感情**（**自尊心**ともいう。➡P262）に気を配ることは大切です。弱さや欠点なども否定することなく、自分を好ましいと思う感情をつけさせ、物事に積極的に取り組む姿勢を与えます。自分は価値ある存在であるという自尊感情が子どもに自信をつけさせ、物事に積極的に取り組む姿勢を与えます。いわば**自尊感情は人格形成の基盤**です。

子どもの自尊感情を育むのは、親の温かい態度です。もし叱るなら、真剣に愛情を持って何が悪いか説明し、しっかり叱ることが大切です。ほめるときも、同じく理由を言ってほめましょう。ただ叱るだけでは子どもは受動的になってしまいますし、ただほめるだけでは慢心につながることもあります。

自尊感情の先にあるのは**やる気**（➡P160）です。つまり、自尊感情があってこそ、やる気が芽生えるのです。叱ったりほめたりすることは、**外発的動機づけ**といわれ、外側からのやる気の源泉となります。要するに**ア**

これも知っておこう

ピグマリオン効果

親や教師の期待によって子どもの成績が向上するという心理的効果のことで、**教師期待効果**ともいいます。

ピグマリオンの語源は、ギリシャ神話に出てくるキプロスの王ピグマリオンが、恋いこがれた女性の彫像ガラティアを現実の女性にしてほしいと願ったところ、女神アフロディテによって人間化したという伝説からつけられました。

そこから**ガラティア効果**という言葉も生まれました。これは、親や教師が子どもに肯定的な期待を持って接することで子どもが自己成就することを意味します。

一方、親や教師が子どもにマイナス印象ばかり持ってしまうと、実際にダメになってしまうことを**ゴーレム効果**といいます。ちなみにゴーレムとは泥人形のことです。

メとムチの論理です。一方、外側からの動機づけだけでは、本当に学習する習慣ややる気は身につきません。目の前の勉強や人間関係の大切さ、社会のルールを守る意味などを知ることで、自ら内発的な好奇心や探求心を起こさせることが必要です。これが**内発的動機づけ**であり、内側からのやる気の源泉といえます。

子どもの教育は、内発的動機づけを芽生えさせるとともに、外発的動機づけで、より目的達成のためのやる気を引き出したいものです。

達成動機

目標を達成しようとする動機づけのこと。達成動機が高い人は、困難なことがあっても、それを課題として乗り越えようと努力します。自立しており、問題解決のための目標設定も苦になりません。つまり、達成動機は、やる気を考えるうえで非常に重要です。

CHECK

子どものやる気を引き出す

子どもの発達・成長にとって、やる気は大切な要素である。

外発的動機づけ

叱ったり、ほめたり、外からの働きかけによってやる気を引き出すもの。

内発的動機づけ

好奇心や関心によってもたらされる。また自分で課題を設定して、それを達成しようとする。

子ども 04

ギャング・エイジの遊びから社会性を学んでいく

一人遊びや**象徴的遊び**（⬇P120）を経て、7歳ごろになると気の合う仲間と一緒に遊ぶようになります。遊びの内容も、一人で楽しむものから、集団で楽しむものへと変わっていきます。場合によってはグループの中でのぶつかり合いもあるでしょうし、他のグループとけんかになることもあるでしょう。子どもにとって、これが非常によい経験になります。人との接し方や協調性を学ぶこともできますし、基本ともいうべき社会ルールを学ぶこともできます。また、親からの心理的自立を促す機会にもなります。この児童期の子どもたちを**ギャング・エイジ**（**徒党時代**）と呼びます。

小学校後半ぐらいになると、仲間意識が強まり、**閉鎖的集団**をつくるようになります。仲間内でしか通じない**合い言葉**や**暗号**を使ったり、仲間内でのリーダー、連絡係といった役割分担も生まれてきます。『**トム・ソーヤの冒険**』や『**少年探偵団**』などは、ギャング・エイジの典型的物語といえるでしょう。

さて、インターネットが普及し、手軽にできるゲームが広まった

これも知っておこう

社会化

ある人が社会生活に適応するために必要となる知識、価値、慣習、共通言語、道徳などを身につけていく過程のことをいいます。社会化が行われるためには、家族や職場、学校など、周りの人間が影響を与えることが前提となります。

ギャング・エイジにおいては、この社会化が起こっていると考えられます。子ども集団に属して過ごしているうちに、それまで親に依存一辺倒だった子どもは、より対等で相互的な人間関係を築いていきます。

脱中心化

児童期の発達段階における言葉で、前操作期（2～6歳前後）の子どもには自己中心性という特徴がありますが、その特徴がなくなることを脱中心化といいます。

ここで言う自己中心性とは、い

ため、最近では必ずしも集団で遊ぶ必然性がなくなってきました。その結果、残念ながら、ギャング・エイジは消滅しつつあります。一人遊びや少人数でしか遊んだことのない子どもが増えており、友だちと遊べない子どもさえいます。児童期に集団で遊ぶ訓練をしなかった子どもは、大人になって人間関係で苦労することが予想されます。最悪の場合には社会のルールを守れず、トラブルを引き起こすこともあります。やはり、児童期のグループでの遊びの経験は貴重なものなのです。

わゆるジコチュー(利己主義的な)という意味ではありません。幼児には自他を区別する能力がまだなく、他人の感情が理解できないので、自分中心の考え方をするということです。よって脱中心化を経た子どもは、次第に他者の存在を認識できるようになります。

CHECK

ギャング・エイジは社会化への第一歩

ギャング・エイジとは、6～12歳未満までの児童期に、遊びを通してつくられる集団。極めて閉鎖的で、仲間以外の子どもは集団に参加できない。反面、メンバー同士には強い絆が生まれる。

ギャング・エイジ

秘密の集合場所、合い言葉、暗号、特定の遊びなどを共有する集団。時には権威への反抗という形で逸脱することもある。

現代の都市部の子どもたち

地域社会が衰退し、遊び場もなくなり、ゲームやインターネットに依存して、1人で遊ぶ子どもたちが増えている。

子ども 05

反抗期こそ子どもの成長期

素直に育ってきたはずの子どもが、突然困った存在になってしまう、それが**反抗期**です。しかし、その中身をきちんと理解していれば、それほどナーバスになる必要はありません。

反抗期と呼ばれる時期は、人生に二度あります。**第一反抗期**は2～3歳ごろ、自我が目覚めてくる時期に起こります。自分の欲求を自己中心的にかなえようとする反抗期で、親からすれば手に負えない部分もあります。しかしこれは発達の表れでもあり、この時期に自分の反抗の意思を明確に示した子どもは、**児童期**にはやはり明確な意思を示す子どもになったとする事例が紹介されています。

中学、高校、大学という三つの学校時代に対応する**青年期**には、**第二反抗期**が起こります。この時期は、大人と子どもとの間で揺れ動く時期でもあります。そのため青年前期には、すべてに否定的な態度や意思を示すことがよくあります。心理学ではこれを**ネガティビズム傾向**と呼んでいます。親や教師の言うことをことごとく否定したりする態度がそうですが、これは児童期の社会性発達に対する**アンチテーゼ**（反対の説）

これも知っておこう

心理的リアクタンス

自分の意見や行動を他人から制限されたり強制されたりしたとき、反発し、自分の意見に固執したくなることをいいます。特に、反抗期の子どもにはこの傾向が強く見られます。たとえば、親が勉強しなさいと言えば言うほど、子どもは反発して勉強をしたくなくなるのです。

リアクトは物理用語で、反抗、反発などの意味があります。

もっと詳しく

心理的離乳

アメリカの心理学者L・S・ホリングワースが提唱した概念で、発達段階にある青年期に特有の心理状態をいいます。母親から実際に授乳されている段階ではなく、心理的に両親から「乳離《ちばな》れ」をするということで、多くは第二反抗期に見られる現象です。

としての表れといえます。

第二反抗期には親への依存から抜け出し、自立へと向かう**心理的離乳**（↓下段）が行われます。自立には**精神的自立、経済的自立、生活の身辺に関する自立**がありますが、反抗期には大人になるために必要な精神的自立への準備がされるといっていいでしょう。

しかし最近では親離れ・子離れしないまま子どもが成人期を迎えるケースもあり、子どもの自立が遅れていると懸念する声も聞かれます。

この時期、子どもは親から自立したい思いから反発します。一人前の人間としての自我を確立しようとし、そのことで精神的にイライラし、不安定になりやすくなりますが、同じように悩む同世代の友人と気持ちを共有する大切な時期でもあります。

CHECK

反抗期は誰でも通る道

反抗期は、否定や拒否の態度や行動が現れる時期で、子どもの発達過程においては誰でも通る道。自我の発達に深く関与している。

第一反抗期 （2〜3歳ごろ）

何でも「イヤイヤ！」と駄々をこねる

- 大切な成長過程。
- 一見わがままな行動は、自主性と表現力の表れ。

第二反抗期 （12〜17歳ごろ）

権力に対する反抗＝
親や教師が反抗の対象になる

- 仲間、友だちとの平等感が重要になる。
- 大人になるために必要な段階。

子ども 06

思春期の第二次性徴は、子どもの「性」への目覚め

思春期が訪れると気になり始めるのが異性のこと。妙に異性を意識し、なぜか心臓がドキドキしたという経験は誰にもあるでしょう。

特にこの時期に顕著になるのが**身体の性的成熟**です。精通（初めての射精）が起こって、広くなり、筋肉が発達してきます。男の子は肩幅が体毛やひげが発生し、喉仏も大きくなり、声変わりも起こります。女の子は腰幅が広がり、皮下脂肪も発達して、女性らしい曲線美が身体に現れてきます。乳房も発達し、初潮（初経）も起きて月経が始まります。

このような身体的特徴の発育を**第二次性徴**といいます。ちなみに**第一次性徴**とは、子どもが誕生してすぐにわかる男女の違いです。

第二次性徴を受けて、人間の精神状態は子どもから大人へと移り変わり始めます。今までは感じることがなかった異性への性的興味も起こります。恋に悩み心が乱れるのも、この時期からといえます。好きな人に触れたい、愛されたいという欲求も起こります。特に男の子は、精子を排出したいという欲求から、セックスへの願望が強くなります。

また、自分自身の身体に対して戸惑いを覚え、身体的に早熟な子ども

これも知っておこう

発達加速現象

現代の子どもの身体が成長する速度が昔よりも速くなっていることをいいます。

たとえば、初潮や精通の開始時期が早まっています。つまり、親たちよりも早い時期に子どもたちは**性的成熟**を迎えており、これを**成熟前傾現象**と呼びます。

発達加速現象が起こる理由には、生活様式の欧米化や、子どもたちを取り巻く食物環境が向上し栄養状態がよくなったこと、また、都市化が進み、さまざまな刺激が増えたことで自律神経などを目覚めさせたりする（**都市化外傷説**）ことなどが考えられています。

その他、交通の便がよくなったことにより、外国人カップルなど、出身地域の離れた人同士が結婚する（**異形接合**）機会が増えたことで、生まれてくる子どもに遺伝子上の変化が訪れる（**雑種強勢**）か

の場合は優越感に浸ることもありますが、逆に恥ずかしさを覚えて引っ込み思案になることもあります。反対に発育が遅い子どもの場合は、周りに対して引け目を感じて悩み、それが悪い行動につながることもあるでしょう。

思春期は、身体的にも精神的にも大人への移行期です。**第二反抗期**（↓P128）の時期とも重なるため、異性への目覚めもさまざまな要因が絡み合いながら起こることになります。

らではないかといわれています。

しかし、近年では発達加速現象は以前よりもあまり見られなくなってきているのが特徴です。これは、発達加速現象を起こす理由自体が恒常化したからではないかといわれています。

CHECK

大人への準備が始まる

思春期とともに、子どもの身体には変化が訪れる。それが第二次性徴である。

男の子

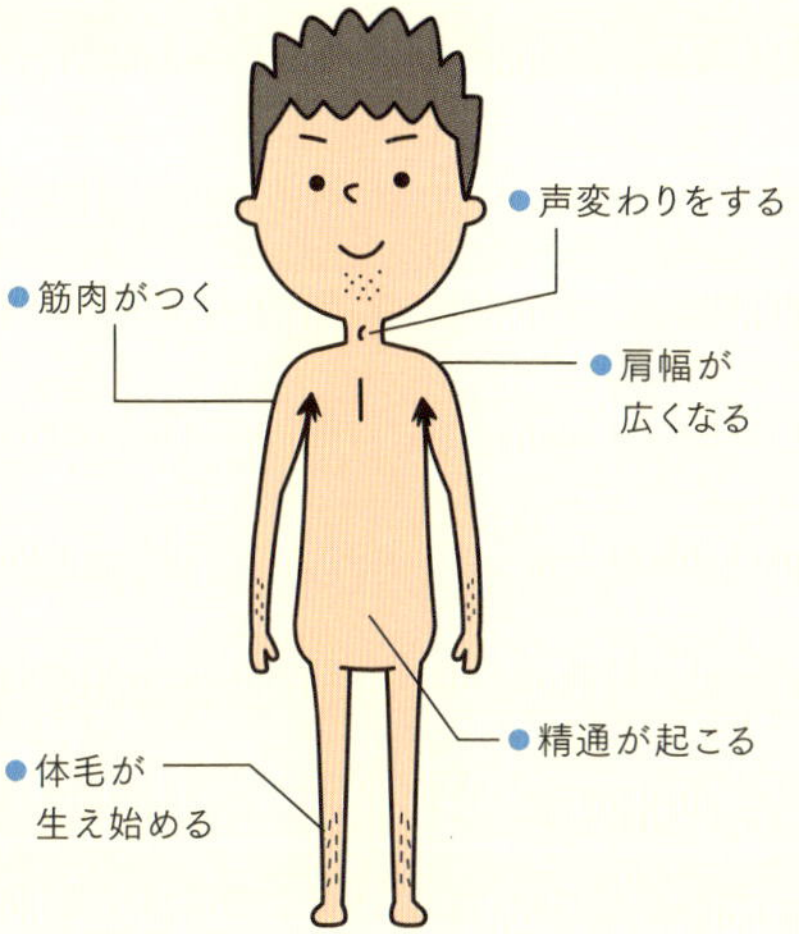
声変わりをする
筋肉がつく
肩幅が
広くなる
精通が起こる
体毛が
生え始める

女の子

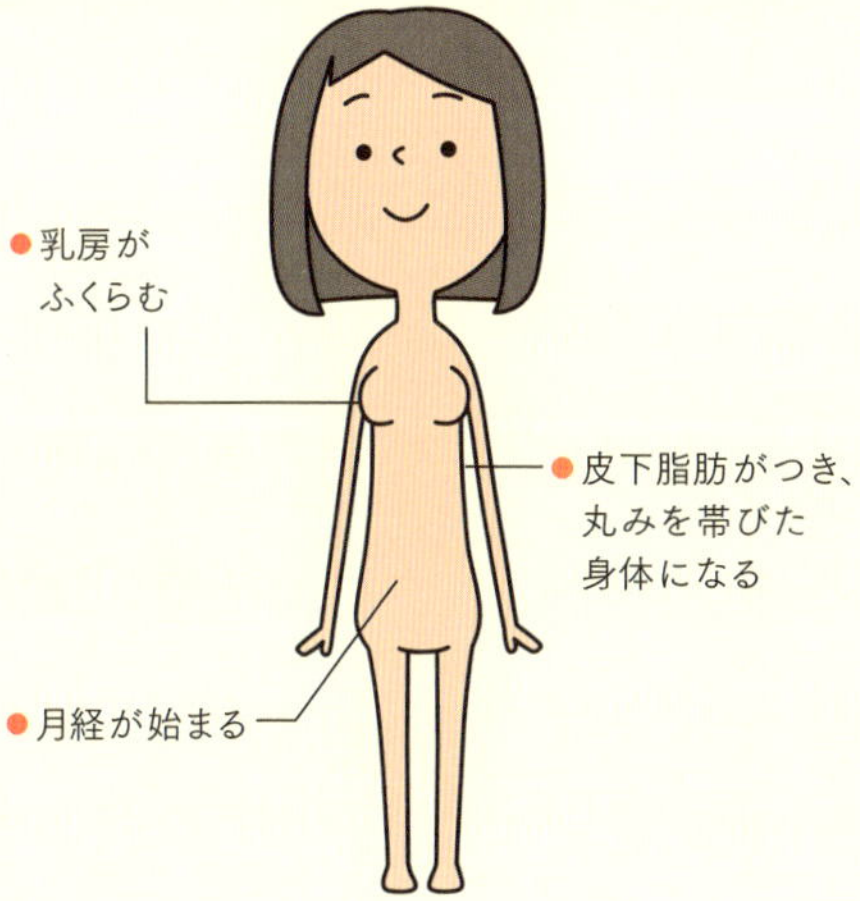
乳房が
ふくらむ
皮下脂肪がつき、
丸みを帯びた
身体になる
月経が始まる

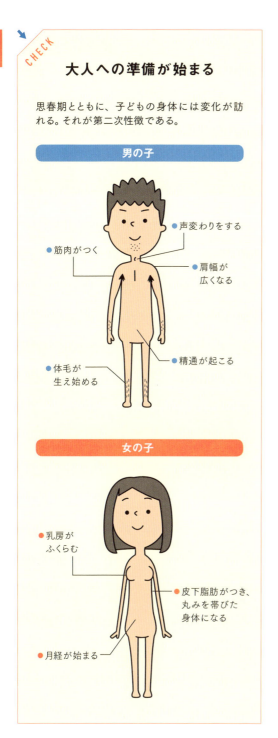

アイデンティティの目覚めとモラトリアム

人は成長とともに、自分の存在意義について考えるようになります。自分とは何なのか、自分は将来、どのような人間になり、どんな仕事をすればよいのだろうか、といった疑問です。

そのような疑問と真剣に向き合い、自ら答えを出していくことで、私たちの心には強固な自己が築かれます。アメリカの心理学者**エリク・エリクソン**（1902〜1994）は、これを**アイデンティティ**と呼びました（日本語では**自己同一性**、**自己の存在証明**と訳される）。

青年期のアイデンティティの確立は、人間の発達過程において欠かすことのできない役割を果たしています。しかし、最近では成人してもアイデンティティの確立をなし得ず、親からも自立できない人が増えてきています。日本の精神分析学者**小此木《おこのぎ》啓吾**（1930〜2003）は、こうした人々を**モラトリアム人間**と名づけました。モラトリアムとは、「しばらくの間やめること」を意味します。つまり、知的・身体的には一人前になっていながら、社会人としての義務や責任を遂行することから逃避しようとするのです。原因は社会環境の変化にあるといわれますが、その結果、

もっと詳しく

アイデンティティ拡散

エリクソンが提唱した、人格発達における思春期の心理社会的危機のことをいいます。また、このような状態にいる者のことをモラトリアム人間と呼びます。

エリクソンは、思春期の若者には以下のような特徴が見られるとしました。

アイデンティティ（自己同一性）意識の過剰……自分にこだわりすぎる（自意識過剰になる）ために、自信を失う。

否定的アイデンティティの選択……社会的に望ましいとされている考えを否定したくなる。

時間的展望の拡散……時間感覚が鈍くなり、未来がイメージできず、自殺願望などが出てくる。

両性的拡散……性的同一性が確立できているかどうかに悩み、異性恐怖などが起こる。

理想の拡散……人生のよりどころ

CHECK

モラトリアム人間の特徴

かつての若者意識は、モラトリアム人間へとどのように変化したか。

かつての若者	モラトリアム人間	
半人前意識	全能意識	自分はまだまだだと思わず、何でもやれると根拠なく思い込む。
禁欲的	解放的	禁欲的な生活を送らず、消費や性におぼれる。
修行感覚	遊び感覚	勉強よりも余暇を楽しむ。遊びに価値を持ち始めた。
同一化	隔たり	社会の一員として同一化することなく、冷めた目で社会を見ている。
自己直視	自我分裂	自分の内面を見つめることなく理想ばかりが高い。
自立への渇望	無意欲しらけ	自立しようとせず、社会の動きに無関心。

↓

アイデンティティ拡散の状態

働いても定職につかない**フリーター**や**ニート**（仕事にも就かず、就学もしていない人）が急増しました。

以前は、ある年齢になると就職、結婚、子育てと自己を確立すべき出来事が待っていました。しかし、現在は、自立した大人であるべき年齢になってもやるべきことが決まらない人が増えています。このような人たちの心的状況をエリクソンは、**アイデンティティ拡散**（同一性拡散↓下段）と呼びました。

となる理想を多く持ちすぎるために、かえって価値観が混乱する。

権威の拡散……組織・権威に服従してしまうか、または忌み嫌うなど、適切な役割が取れない。

労働マヒ……趣味などに没頭し、仕事や勉強などの課題に取り組めなくなる。

心理学が明かすライクとラブの違い

相手と交際しているつもりでいたら、実は単なる友だちと思われていた。これは、本人にとっては笑い話ではありませんが、**ライク**（**好意**）と**ラブ**（**恋愛**）の違いはなかなか判断できないものです。

誰もが知りたいこの違いを分析したのが、アメリカの心理学者**ジック・ルービン**です。彼によれば、ライクは尊敬や単純な好意、親近感に代表される感情です。つまり、相手に対して尊敬の念を感じたり、自分とよく似ていると感じたり、単純にいい人だなどと感じるのがライクです。

逆にラブは、独占、依存、自己犠牲というキーワードで形づくられます。相手なしでは自分の人生が考えられなかったり、誰にも渡したくないと感じたり、相手のためならどんなこともできるという情熱の高さがポイントになります。

ルービンは、実際のカップルを対象に、その尺度が正しいかどうか調査しました。その結果からも好意と恋愛は別々のものであることがわかっています。また、男性の場合は相手の女性が友だちから恋人へと変わることがあるのに対し、女性は恋愛と友情をはっきり区別していることが

もっと詳しく

アハ体験

人が心に描いた問題を解決するまでには、以下の四つのステップがあるといわれています。

①準備期
②温め（孵化《ふか》）期
③開明（ひらめき）期
④検証期

たとえば、企画書がうまくまとめられず、取りあえず手を動かして何か紙に書きつけているときの状態は①または②でしょう。それが③の段階になると、突然「あ、そうか」と心にストンと納得できるものが降りてきます。英語の間投詞ahaは、「ああ、なるほど」といった意味に使われることからアハ体験と呼ばれています。このアハ体験の瞬間、人は0・1秒間に脳内の神経細胞が一斉に活性化するといわれています。

アハ体験は、スポーツ、音楽、恋愛、発明など、問題解決を創造

CHECK

ルービンのライク・ラブ度テスト

ルービンの心理テストをしてみよう。①～⑥の問いが「ライク」、⑦～⑫の問いが「ラブ」の項目。⑦以降に○がつけばつくほど、あなたは相手を真剣に愛しているということになる。

ライク・ラブ度テスト

はじめに、相手となる異性の名前を問いの（ ）内に入れ、質問に合っているなら○を、間違っているなら×とする。

1	（　　）は順応性*があると思う。 ＊順応性…周りの環境の変化に合うように、行動などを変えること。
2	（　　）は他人から賞賛されるような人になれると思う。
3	（　　）の判断力を信頼している。
4	（　　）をグループの代表に推薦したいと思う。
5	（　　）と私は、お互いによく似ていると思う。
6	（　　）と一緒にいるとき、2人は同じ気持ちでいられる。
7	（　　）と一緒にいることができないなら、惨めな思いをするだろう。
8	（　　）のいない生活はとてもつらいだろう。
9	（　　）が嫌な思いをしているときには、元気づけるのが私の役目である。
10	（　　）のためになら、どんなことでもするつもりである。
11	（　　）になら、どんなことでも打ち明けられそうな気がする。
12	（　　）と一緒のとき、かなり長い時間、彼（彼女）をただ見つめていることがある。

ライクは「尊敬」と「信頼」、「類似性の認知」などの感情。ラブの感情を抱くと相手の失敗が自分のことのようにつらく、がっかりするなど一体感が強まる。

わかりました。

ライクではなくラブの対象であってほしいと望む男女は多いでしょう。そこで役立つのが**アハ体験**（↓下段）です。仕事でも遊びでも「やった！」と思える瞬間があります。男女関係でも、相手の心にグッと近づく瞬間があります。それがアハ体験です。相手のちょっとした変化に気づき、そのときにきちんと対応することができれば、**好意の返報性**（↓P16）も手伝って、ラブの度合が高まります。

的に行わなければならないようなさまざまな場面でもたらされる感動体験です。

これをたくさん体験するには、日ごろからその課題について考え続ける（スポーツや音楽でいえば練習し続ける）①準備期や②温め期に当たる準備や、温めが重要といえるでしょう。

青年期 02

挫折のコンプレックスが若者を成長させる

青年期に入ると、自立に向けてさまざまな**葛藤**が生まれてきます。そこに**劣等感**や**挫折感**が加わると、落ち込みの度合も大きくなる傾向があります。特に目標がそのときの自分にとって唯一無二のものであった場合、当分の間は立ち直れないほどのショックを受けます。

たとえば、どうしても入りたいと思っていた大学の入試に失敗したときなどがそのケースに当てはまります。すぐに気分転換して、再度目標に向かって努力できればいいのですが、なかなかそうできずに苦しむ人もいます。

挫折感を味わっているとき、自分はつまらない人間である、あるいは小さな人間であるといった心情に陥りやすい傾向があります。こうした思いにとらわれることを**劣等コンプレックス**といいます。

挫折感や劣等コンプレックスは、本人にとってつらく苦しいものですが、だからこそ**負けるものか**という気持ちの萌芽となり、人間を成長させるきっかけにもなります。また、**防衛機制**（防衛反応⬇下段）といって、ある**コンプレックス**（⬇P96、272）を克服しようと別のことに励んだ結果、

もっと詳しく

防衛機制

不安や罪悪感、恥などの不快な感情、気持ちや体験を弱めたり、避けることで心理状態を安定させる作用をいいます。防衛機制自体は誰にも現れる正常な心理作用で、通常は無意識のうちに発生します。防衛機制には以下のようなものがあります。

反動形成……自分の気持ちとは反対の行動を取ること。気が弱い人が強がりを言うなど。

置き換え……憎しみ、愛情など抑圧された感情を、別の正しいと認められた目標や行動に置き換える。きょうだいからいじめられている子どもが、学校でいじめっ子になるなど。

合理化（正当化）……できなかったことを、理由をつけて正当にし、納得させようとすること。振られた人が相手の粗探しをするなど。

退行……前の発達段階に戻ること。

大きな成果を得ることもあります。

逆に挫折体験を味わっていない若者は**フラストレーション耐性**が低く、いざというときに踏ん張りが効かなくなって、もろさを露呈することがあります。そうした意味からいっても挫折体験は若者を成長させる栄養剤のようなものともいえます。目の前に降りかかる挫折を上手に乗り越えることで、強さを増し、社会生活を送るうえでの能力を、次々に身につけていくのです。

欲求不満が長く続くと、赤ちゃん言葉を使い、現実逃避をする。

逃避……空想または病気によって現実から逃れようとすること。

昇華……コンプレックスをスポーツや芸術などで解消すること。性的衝動や攻撃衝動などを社会的に有用な活動に転化する。

CHECK

劣等感の元になるもの

劣等コンプレックスは、さまざまな要因が複合的に作用して生まれる。

- 偏見による言われなき誹謗中傷
- 健康問題
- 容姿
- 知的能力
- コミュニケーション能力
- 出自
- 体臭
- 社会的に受け入れられにくい趣味、嗜好、性癖など

人生の変化に訪れる中年期の危機

人は**中年期**においても、さまざまな**葛藤**に出会います。アメリカの心理学者ダニエル・**レビンソン**は、中年期には愛着と別離、破壊と創造、男らしさと女らしさ、若さと老いという対立が心の中で起こるとしています。そして、こうした心の両極性を受け入れて統合することこそが、中年期の課題だとしています。また**ユング**（➡P100）は、この時期を**人生の午後**と呼んでいます。

言い換えれば、中年期とは心が成熟の方向に向かうか、退行し破滅の方向に向かうかの分かれ目の時期といえます。中年期とは、このあとの老年期がいかに充実したものになるかが決まる大事なときなのです。

それだけにさまざまな危機も訪れます。顕著な例としては、**出社拒否**や**燃え尽き症候群**（➡P198）があります。出社拒否は会社内でのさまざまなストレスが限界を超えたために起こります。精神的な症状としては**うつ病**（➡P184）や**心身症**（➡P194）を発症しますが、身体的にも頭痛や腹痛、あるいは下痢症状などが見られます。燃え尽き症候群は、仕事に対して真面目で熱心な人ほどかかりやすいといわれます。理想を高く掲げすぎ

もっと詳しく

ジェンダーストレス

女性であるがゆえに発生し、抱え込んでしまうストレスをいいます。男女共同参画はまだ日本では浸透していないため、働いている既婚女性であれば、家事も育児もこなさなければなりません。専業主婦の場合は、家事と育児に忙殺され、社会参加の幅が狭くなり孤立することも多いようです。

ジェンダーストレスは年齢を問わず女性に起こり得るもので、月経前症候群など女性特有のさまざまな疾患を訴える人も見られます。女性が更年期を迎え、さまざまな不定愁訴に悩まされるのもジェンダーストレスといえるでしょう。

ジェネラティビティ

アメリカの心理学者エリク・エリクソン（➡P132）の造語で、「次世代の価値を生み出す行為に積極的に関わっていくこと」を意味し

て疲れ、強い脱力感や疲労感に襲われて何もできなくなります。その結果、うつ病になったり、アルコール依存症になったりする人もいます。また、家庭での信頼関係が崩れたために**帰宅拒否症**になったり、子育てが終わって子どもが旅立ってしまったあとに急にやる気が起きなくなったりする**空《から》の巣《す》症候群**などがあります。

これらの危機から逃れるには、今までの価値観に固執せず、新たな生き方や可能性を追求する必要があるでしょう。

ています。人間の精神的発達を八段階に分けたエリクソンは、その七段階目、中年期以降を**ジェネラティビティ**としました。つまり、次世代を導いていくことへの関心を持つ時期ともいえます。そして、「次世代を育む心の危機」を**ジェネラティビティ・クライシス**と呼びます。

CHECK

中年期に起きやすい心のトラブル

中年期は仕事で中心的役割を果たす世代だが、それだけにストレスを感じやすくなるため、さまざまな心身トラブルを抱え込みやすい。

燃え尽き症候群	燃え尽きてしまうかのように、意欲をなくし、うつ状態に陥ってしまう。
朝刊シンドローム	朝、新聞を読むのもおっくうになるほど元気がなくなる。
出社・帰宅拒否	うつ状態から出社できなくなる、または帰宅できないほど仕事に悩みを抱えてしまう。
サンドイッチ症候群	中間管理職に多い。上司と部下の間で板挟みになることで、うつ状態に陥る。
昇進うつ病	昇進したことで重責感にさいなまれる。
上昇停止症候群	ライバルや部下が自分より先に昇進したことで、うつ状態に陥る。
空《から》の巣《す》症候群	子育てを終えた女性に見られるうつ症状で、子どもが自立して巣立ったあとのように心が空虚になる。

誰にでも訪れる更年期をどう乗り越える？

心理学においての**発達**は、受精から死に至るまでの人の心身、そしてそれを取り巻くさまざまな関係の変容をいいます。そしてアメリカの心理学者エリク・**エリクソン**（➡P132）は、発達は**成長、成熟、学習**の三つから構成されているとしました。成熟とは、性交渉によって生殖が可能になることで、女性は**閉経**（➡下段）でその終わりを迎えます。そして、成熟の終わりには、男女共に**更年期**を迎えることになります。

更年期（45歳から50歳ごろ）になると、身体的・精神的な症状として**更年期障害**が現れることがあります。特に女性に見られることが多く、身体的症状として、ほてりやのぼせ、めまい、しびれなどが現れます。精神的には不眠になったり、過剰なまでイライラしたりと、情緒が不安定になることもあります。これらの原因として考えられているのは、卵巣の働きが低下することでホルモンバランスが崩れ、その影響で自律神経系統や、感情機能が不安定になることです。

近年では、男性にも更年期障害の症状を示す人が増えてきました。女性の閉経のようにはっきりとした生殖機能の低下がないため、男性の場

サイコロジーQ&A

Q 友人のアメリカ人は、とにかくポジティブです。事業に失敗したときも落ち込む様子がありません。中年を迎え、人生に疲れてくるころですが、なぜこれほど元気でいられるのでしょう。

A 人一倍ポジティブ幻想（➡P264）が強い方だと思われます。ポジティブ幻想とは、自分が人より劣っているような場合、その事実を認めたくない心理が働いて、本当の自分よりも優れていると自己像を歪めて評価してしまうことです。

挫折を味わったときなどに自信を取り戻すうえでは、適度に持っていたい幻想です。更年期を迎えても元気に乗り切れる秘訣の一つといえます。

もっと詳しく

閉経（メノポーズ）
最終月経のこと。閉経は、中年

合は急激な変化として現れることはありませんが、女性と同様、頭痛や吐き気などの症状が現れます。また、初老期に自律神経症状が現れることが多く、うつ病や心身症、血管障害などがその代表的なものです。

更年期には、子どもの独立や結婚、親の介護などで環境が大きく変わり、これに家庭や職場などでのストレスも加わります。社会的にも経済的にも負担が多い時期、家族や周囲が支え合える環境をつくっていくことが大切でしょう。

期から老年期への移行期として重要な意味を持ちます。

また、加齢を示す象徴的な出来事として受け止められ、女性としての価値の低下などと偏見につながりがちです。しかし、中年期の女性は、これをあくまで一時的なものと見ているという調査報告も発表されています。

CHECK

更年期症状は中年期特有の症状

更年期とは、妊娠や出産を行うための卵巣機能が徐々に働かなくなる時期（閉経）のこと。ホルモンがアンバランスになりやすいことから、さまざまな更年期症状に悩まされる。

男性の更年期症状

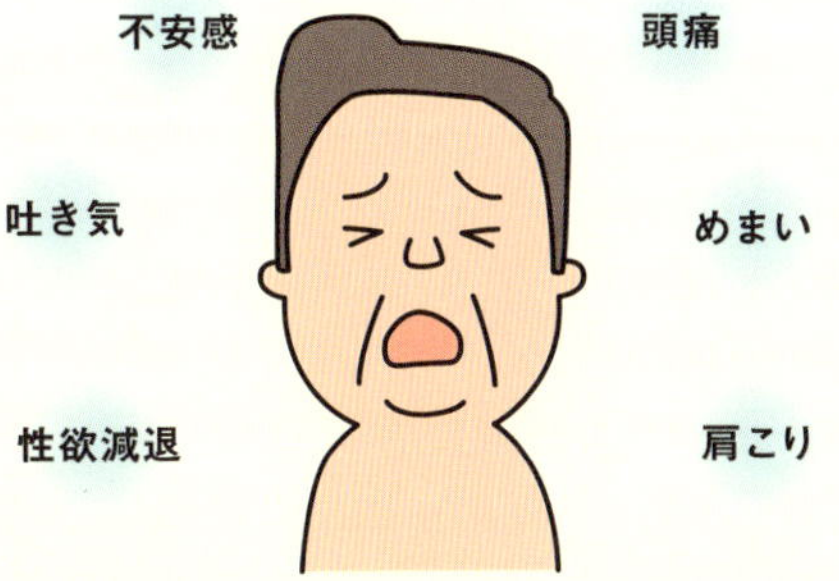
不安感
頭痛
吐き気
めまい
性欲減退
肩こり

女性の更年期症状

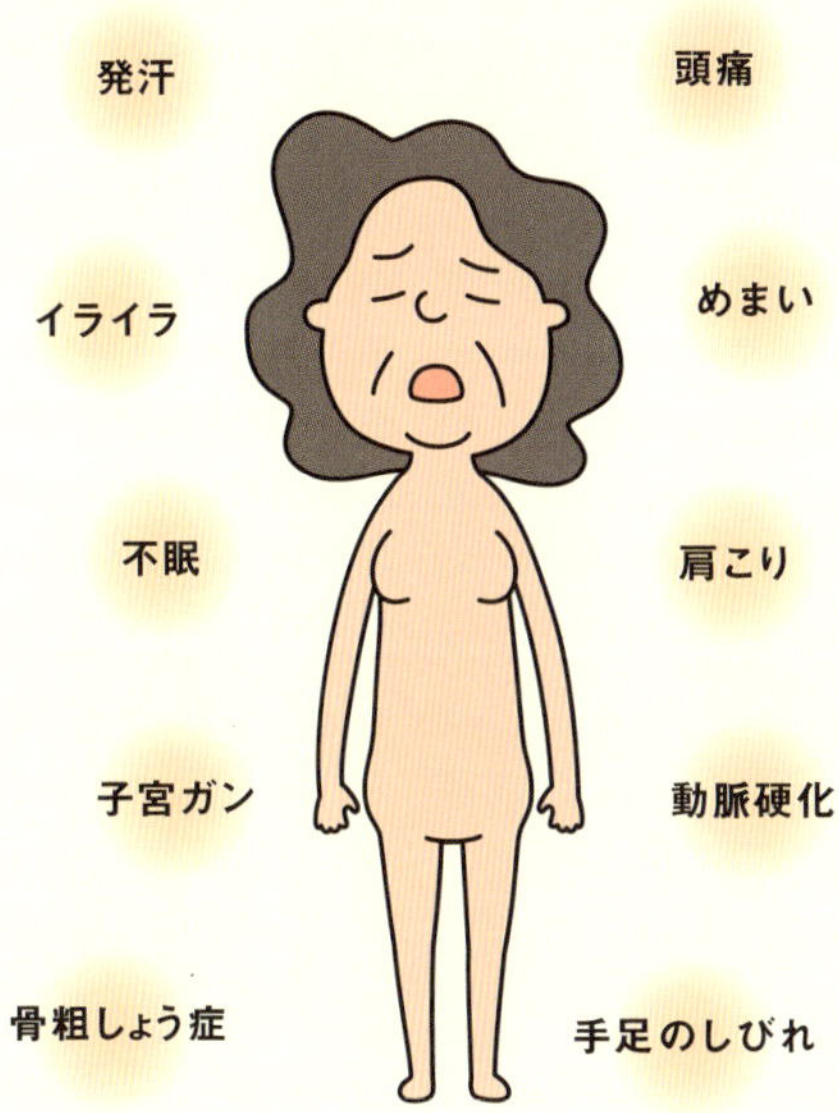
発汗
頭痛
イライラ
めまい
不眠
肩こり
子宮ガン
動脈硬化
骨粗しょう症
手足のしびれ

中高年期 03

サクセスフル・エイジングとプロダクティブ・エイジング

厚生労働省が発表した2015（平成27）年の日本人の平均寿命は、女性は87・05歳、男性は80・79歳で、男女共に過去最高を更新しました。つまり、定年後にもうひと人生あるのが今の時代です。では残りの人生をどのように生きていけばいいのでしょうか。そのヒントとなるのが**サクセスフル・エイジング**という考え方です。これは老いの過程とうまくつき合いながら、幸福な老後を過ごそうというものです。

サクセスフル・エイジングには**活動理論**、**離脱理論**、**連続性理論**という三つの考え方があります。

活動理論は、定年後も同じように活動していくことで幸せな老いを目指そうというものです。この背景には、これまで多くの時間を過ごし、人生に意味を与えたのは個々がこれまで営んできた職業であるという考えがあります。

逆に離脱理論は、社会的離脱を果たし、自分のための時間として老後を過ごすことで幸せになれるという考え方です。

連続性理論は、人間の変化はそれぞれの発達段階における変化の連続

サイコロジーQ＆A

Q **アパートの隣室に年配の方が一人暮らしをしており、いつも部屋にいてあまり外出をしていないようで気になります。どこかに相談したいのですが……。**

A **閉じこもり**、あるいは**引きこもり**の状態だと思われます。お年寄りに多く見られます。

閉じこもりが起きる理由として、本人の身体能力が衰え、物理的に外出が困難になっている、精神的に生きる力を失っているなど、さまざまなことが考えられます。

いずれにしても、家族が近くにいない独居老人の場合には周囲の励ましが必要です。公的なサポート機関に問い合わせてみるとよいでしょう。

なお、閉じこもりは若者の間で増えており、この場合は引きこもりと称されるのが一般的です。閉じこもりは今やお年寄りでも若者でも、心や身体にトラブルや障害

としてあり、幸せの価値は個人の性格にも左右されるというものです。なお近年は、**プロダクティブ・エイジング**が提唱されています。これは社会の中で生産的に生きることが老後を過ごすうえで大切というものです。

さて、幸せな高齢期を迎えるためには、その人自身が持つ**パーソナリティ**（**人格**➡P250）も大きく関わってきます。一般に高齢期には**円満型**、**安楽椅子型**、**憤慨型**、**装甲型**、**自責型**（➡左図）の五つのパーソナリティがあり、それによっても老後の過ごし方が変わってきます。

を持った人に世代を超えて起こり得ます。

ちなみに閉じこもりは、作家が執筆するときなどに主体的な意思として籠居《ろうきょ》する場合に使う言葉でもあります。

CHECK

幸せに老いるために必要なこととは

幸せな老いを目指すことをサクセスフル・エイジングといい、それを成功させるために必要な三つの理論がある。

サクセスフル・エイジング

三つの考え方

- **活動理論**：定年後も引き続き働き、活動的に過ごす。
- **離脱理論**：定年後は、自分の時間を大切に過ごす。
- **連続性理論**：定年後の幸せの価値は、その人の人生の延長線上にある。

社会の中で生産的に生きるプロダクティブ・エイジングもある。

高齢期五つのパーソナリティ

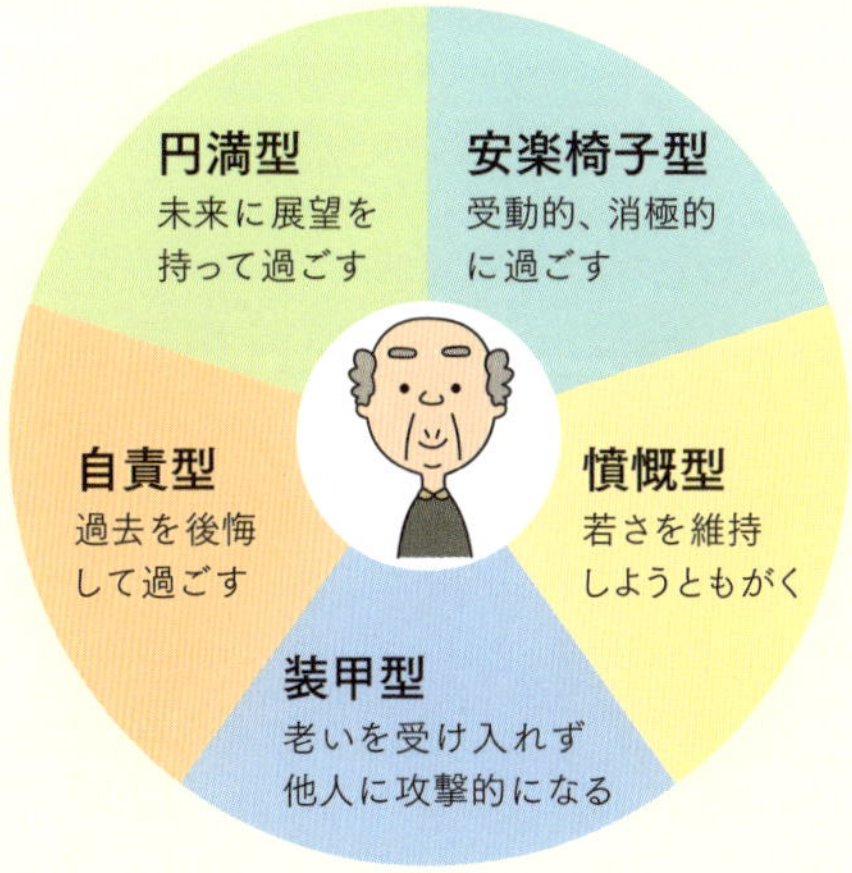
円満型
未来に展望を持って過ごす
安楽椅子型
受動的、消極的に過ごす
憤慨型
若さを維持しようともがく
装甲型
老いを受け入れず他人に攻撃的になる
自責型
過去を後悔して過ごす

中高年期 04

永遠の戦い？嫁姑問題で悩まないために

嫁という字は「女」が「家」に入ると書きます。しかし、嫁いだ家には古くからそこを仕切っていた姑《しゅうとめ》がいます。簡単に言うと**嫁姑問題**は、「家」をめぐる嫁と姑の権力闘争と考えることもできます。

嫁が割って入るのは家だけではありません。近年、妻にとっての夫、子どもにとっては父親である男性の存在と権限は希薄なものになっています。その結果、現代の家庭においては父親不在のような状況になり、**母子一体**化状態が進んでいます。つまり、家族という関係においては、夫と妻という関係よりも、妻と息子という関係のほうが強いことがあるのです。

その点から考えると、**嫁と姑は息子（夫）を挟んで三角関係にある**ということです。姑にとって嫁とは、自分の主婦の権限を侵し、大切な子どもまで奪う存在ということになります。ぎこちない関係になりやすいのも無理はありません。

そこでその解決策ですが、主婦の権限については話し合いで解決するしかありません。お互いが意地を張っている間は無理でしょう。母子一

これも知っておこう

家意識

私たちが無意識のうちに持っている「家族とはかくあるべき」というイメージのことをいいます。祖先や家風、家長、後継者である長男を重んじるという意識です。つまり、親と子ども夫婦、そして孫が一つの屋根の下で暮らすことを理想とする直系家族制が、いわゆる家意識に当たります。

対して、核家族化が進んだ現代では、親夫婦と子ども夫婦は別々の家で生計を立てるべきという夫婦家族制が新たな家族イメージの主流となっており、新旧の家族イメージがせめぎ合っています。

家意識は伝統的に、嫁姑問題の温床となってきた制度です。特に嫁は、それまで育ってきた家とは別に新たな家に移り住むことになるため、心の負担を感じやすくなります。しかし、直系家族制では、家の中で「おばあちゃんの知恵」

体化については、舅《しゅうと》と夫の協力が必要です。姑と息子が接近しすぎないようにそれぞれが行動しなければいけません。

何よりも重要なのは**夫婦間の関係をより成熟したものにすること**です。姑は自分と夫との関係が改善されれば、必要以上に息子に干渉することができなくなり、適度な距離を取りやすくなります。その結果、嫁と姑が自分のテリトリーを確立しやすくなり、女性同士の信頼関係を築くことができるはずです。

など姑の経験を生かしてもらうことができるため、核家族に多い子育てノイローゼになりにくいといったメリットも多いでしょう。

家意識を完全に否定するのではなく、若い世代の独立性を保ちながら、上の世代と交流もし続けるという柔軟な考え方を目指したいものです。

CHECK

母子一体化が嫁姑問題を生む

父親不在で母子一体化になると、後にその息子が結婚した場合、嫁姑問題が発生する可能性が高い。

夫の幼少期

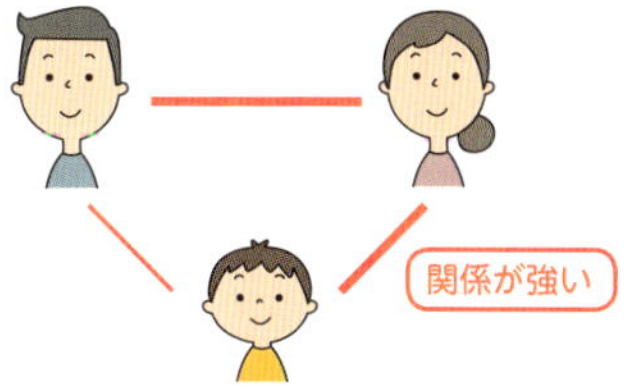
関係が強い

幼いころ、父が働いてばかりの環境では、母と子の母子一体化が進む。

結婚後

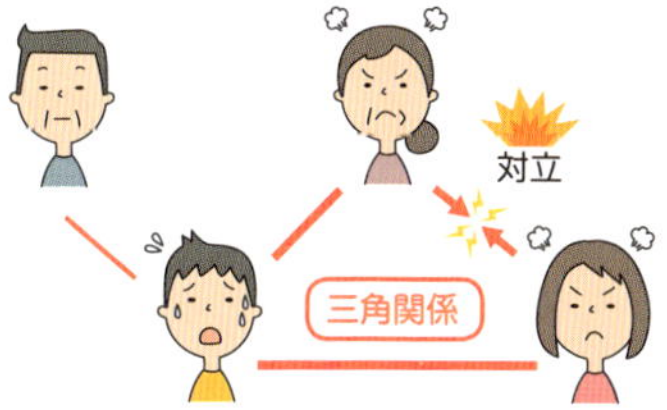
対立
三角関係

嫁姑が息子をめぐって三角関係を引き起こしてしまう。

解決策

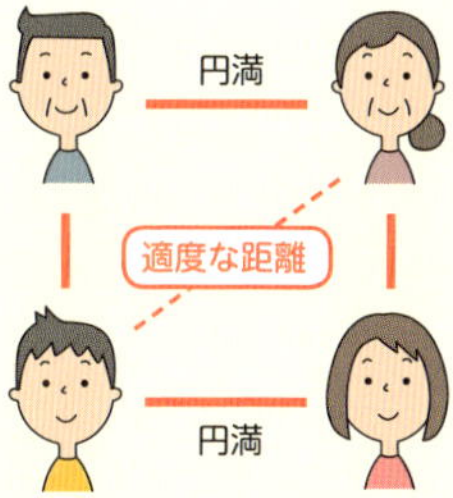
円満
適度な距離
円満

嫁姑問題を防ぐには、舅と姑の仲をよくし、息子と姑が適度な距離を保つことが大切。

死ぬことを受け入れて穏やかに過ごす

人間は必ず死を迎えます。これだけ医学が進歩し、寿命が延びた現代にあっても死を止める技術は開発されていません。また、どんな人も人生の中で数多くの死と直面する場面があるはずです。両親・きょうだい・配偶者、時には自分より子どもが先に旅立つこともあります。私たちはそうした死を乗り越えて生きています。

老年期においては、自らの死を受け入れて穏やかに過ごすことも大切なことといえます。スイスの精神科医**ロス**（↓下段）は、余命を知らされた人間がどのようにして死を受け入れるか、**死の受容のプロセス**を五つの段階に分けて説明しました。

①**否認**……最初は死を信じようとしません。
②**怒り**……なぜ自分だけがと怒りがこみ上げます。
③**取引**……延命のためにあらゆる手を尽くします。
④**抑うつ**……さまざまな思いのために心が押しつぶされそうになります。
⑤**受容**……ようやく死を受け入れる決心をします。

もちろん、最後の段階に至るには自分一人の努力だけではなく、周り

心理学の巨人たち

エリザベス・キューブラー・ロス

スイスの精神科医（1926～2004）。チューリッヒ大学医学部で知り合ったアメリカ人留学生マニー・ロスと渡米。アメリカでは死にかけている患者を扱う病院の態度に愕然とし、その後、死をテーマにした本を著し、世界各地で講演を行うようになりました。中でも『**死ぬ瞬間**』では**キューブラー・ロスモデル（死の受容のプロセス）**を提唱しました。

私財を投じて、死を迎える患者のための施設を開設。後のホスピス運動につながったといわれています。

サイコロジーQ&A

Q 末期ガンを患っている父親には何が必要でしょうか。

A 患者であるお父様とかかりつけ医（**プライマリ・ケア医**）との信頼関係が必要となるで

の家族などの支えが必要不可欠です。またロスはこの調査の中で、自分の周りを野心的に支配してきた人は、なかなか死を受け入れることができず、逆に自分の仕事を満足感をもって成し遂げた人や子どもを育て上げた人は、穏やかに死を受け入れたといいます。

最近では、**終末医療**（**ターミナルケア**）への関心が高くなってきました。高齢化大国の日本にとって、死とどう向き合うかは避けては通れない問題といえます。

しょう。

高齢者の中には植物人間状態になって、点滴だけで延命しているケースも多く見られます。健常であるうちに延命拒否を遺言する人もいます。これは意識不明の状態になったときにはいっさいの延命措置を拒否するものとなります。

CHECK

死を受け入れるまでの五段階

ロスは、人が死を受け入れるまでを、以下の5段階で示した。

① 否認

衝撃的な知らせを受けて、ショックをまともに受けないために否認する。

余命3か月？うそでしょ？

② 怒り

怒りや恨みを覚え、周囲に八つ当たりする。

神様は不公平だ！

③ 取引

どうしたら延命できるか、あらゆる延命手段を講じる。

この療法で治るかも
治療法

④ 抑うつ

延命の取引が無駄と知り、悲しみのあまり、うつ状態になる。

もうイヤ…

⑤ 受容

自分の終焉を静かに見つめることができるようになる。

余命を大切に生きよう

味方にするためにはどこで話す？

Aグループのあなたは、Bグループの実力者をこちらに引き込みたいと考えていますが、説得するにはどこで話せばいいでしょうか。

① どちらも初めての場所で話す。

② あなたの行きつけの店で話す。

③ 相手の選んだ場所で話す。

➡ 解答

答えは②です。ホームグラウンド効果というものがあり、相手を自分の慣れ親しんでいる場所（ホームグラウンド）に誘い込むことができれば、あなたはリラックスして活動することができ、話も有利に展開することができるでしょう。また、相手のペースに巻き込まれないですみます。相手に苦手意識がある場合はなおさらです。

逆に、③の場合は、相手に主導権を握られてしまいます。

①は、②に次いで効果的な場所といえます。双方、同じ条件で話をすることができます。

PART 5

組織の中の人間行動

反対意見が言えなくなる集団思考と不敗幻想

「赤信号、みんなで渡れば怖くない」。昔そんな言葉が流行ったことがありましたが、集団になると陥ってしまう心理行動に**集団思考**と呼ばれるものがあります。

集団思考（集団浅慮）の研究で有名なアメリカの心理学者**アーヴィング・ジャニス**（1918〜1990 ⬇下段）は、集団思考において一番大きく働く力を**不敗幻想**と呼びました。自分が属している集団こそ力があり、個々人もそのために必死に働いている、だから私たちの集団はどんなことでも乗り越えていけるという幻想です。

不敗幻想がその集団を支配すると、集団の結束を乱すような反対意見は言えなくなります。常に全員一致が原則になりますから、新たな問題が発生したときの対応は遅れ、よい方法があっても多数意見でなければ否定され、有効な方法は採られにくくなります。

最悪の場合、群集による集団暴行やリンチ事件まで引き起こします。このような行動は日ごろの**欲求不満**が原因です。欲求不満が積み重なり、はけ口を求めて一気に恐ろしい行動に走るのです。

心理学の巨人たち

アーヴィング・ジャニス

ジャニスは、日本の真珠湾攻撃の可能性を過小評価した米海陸軍首脳、朝鮮戦争でのトルーマン政権、ベトナム戦争でのジョンソン政権、ウォーターゲート事件でのニクソン政権などで、誤った政策決定につながる集団の心理を調査しました。

サイコロジーQ&A

Q **会社の会議で、いつも満足のいく結論が出せません。いつも多数決での解決になってしまうからでしょうか。意見が出ない、まとまらないなどの理由で多数決に頼ってしまうと、最善の策が出なくなる可能性もあります。**

A たとえば、集団の凝集《ぎょうしゅう》性（集団がその中の個人を引きつける度合）が高ければ、多数決をしても満場一致になることを特に、他人同士で構成された集団であれば責任感も薄れます。誰もが同じことをしているのだから、悪いことではないと思ってしまうのです。これを**普遍感**といい、人間にはもともと多数の人の価値観に倣《なら》っておけば間違いないと思う心理が働くようです。集団で赤信号を渡る行為などはまさにそれに当たります。

集団思考には多くの問題点があることを理解したうえで、自由に意見を言い合える雰囲気づくりをしておくことが大切です。

優先するので反対意見を出しにくくなります。また、多数決で集団の意見が過激な方向に行ってしまう**リスキーシフト**や、反対に集団で何も決定しなくなる**コーシャスシフト**が起こる危険もあります。

これらを防ぐために進行役は反対意見も汲み取る姿勢が必要です。

CHECK

集団が持つ怖さとは

かつての軍国主義がそうであったように、集団が暴走することで少数の意見が無視され、悲惨な結果を招くことにつながる。

反対意見が言えなくなる不敗幻想

これがいい！
そうかな…？
でも、みんなに
合わせよう。
そうだ！
そうだ！

集団主義の下では不敗幻想が生まれやすくなる。

集団思考から最悪のケースに

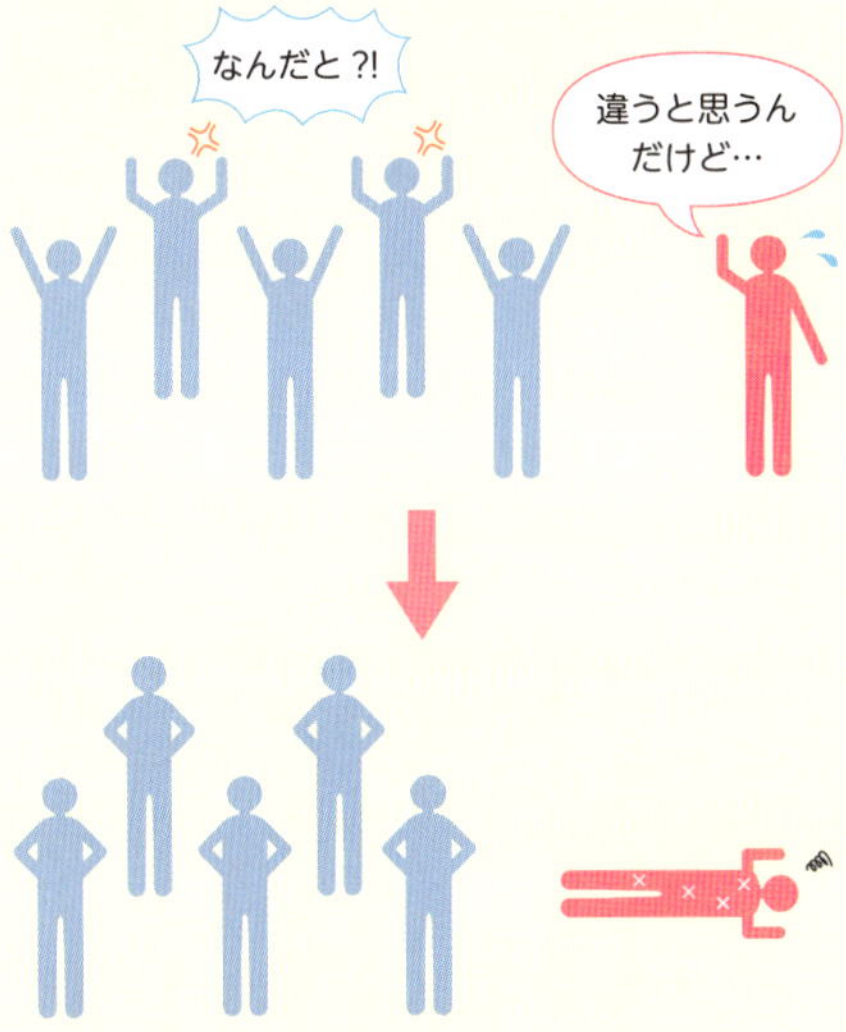
なんだと？!
違うと思うん
だけど…

極端な場合、反対意見を唱えないまでも、スケープゴート（➡ P62）になってしまうことがある。

集団心理学 02

時には一人の意見が多数派を変えることもある

集団の意思は確かに物事に大きな影響を与えますが、時には少数者の意見が集団に影響することもあります。それがフランスの心理学者セルジュ・**モスコヴィッシ**（1925〜2014）が実証した**マイノリティ・インフルエンス**（**少数者の影響**）です。

マイノリティ・インフルエンスには二つの方法があります。最初の方法は**ホランダーの方略**（⬇左図）と呼ばれるものです。過去に集団に大きく貢献した人がその実績から集団の理解と承認を得ていく方法です。いわば上から変革を促すアプローチといえるでしょう。たとえば、新しいプロジェクトを立ち上げるとき、誰もがリーダーだと認める人物が、困難な案件でも、みんなで協力していけば絶対うまくいくと前向きにさせる場合などがそれに当たります。

逆に下から変革を促すのが、**モスコヴィッシの方略**（⬇左図）です。実績のない者が、自分の意見を繰り返し主張し続けることで、**多数派**の意見を切り崩していきます。何度ボツにされようが「これは絶対消費者に受ける」と一貫して同じ企画を出し続け、ついには多数派を納得させた

心理学の巨人たち

E・P・ホランダー

社会心理学者E・P・ホランダーは、信頼蓄積理論を提唱しました。潜在的にリーダーシップを発揮する能力のある人は、まず集団の規範に従い（コンプライアンス）、業績を上げ（コンピタンス）、十分に信頼（クレジット）を蓄積します。

その結果、その集団から変革や革新を起こしてほしいという期待が生まれてくるというものです。

サイコロジーQ&A

Q 元同僚は自分の会社の自慢話ばかりして、つまらない男に見えてきました。

A これは集団同一視と呼ばれる行為で、自分がある集団に属していることに高い価値を見出しており、○○という会社の社員である自分を誇りに思っているのです。心理学的にいえば、要は

というケースです。この場合、多数派に「もしかして自分たちが間違っているのではないか」という疑念が生まれ、再検討が促されました。

そして、多数派が**少数派**の行動や意見に納得したときに、マイノリティ・インフルエンスは最も効果を発揮し、少数派であっても後に非常に大きな支持を得ることになります。ただし、あまりにもその意見と現実とのズレが大きいときには、マイノリティ・インフルエンスはあまり作用しないことがわかっています。

集団（会社）に依存している状態です。

もし会社が不祥事などを起こしたときにも会社＝自分ですから、自己を弁護するように隠ぺい工作に走ると考えられます。さらに、社外の集団を受け入れなかったり差別視するという特徴もあります。

CHECK

マイノリティ・インフルエンスを生かす

少数の者が集団の意見を変えるマイノリティ・インフルエンス。それを起こすには、二つの方法がある。

① ホランダーの方略

今までの実績から集団の理解や信頼（クレジット）を得て、その力で周りを説得していく。

オレについて来い!!

② モスコヴィッシの方略

力を持たない人間であっても、繰り返し主張すれば周りを巻き込んで変えていけることもある。

これは絶対いけると思うんです！
そこまで言うなら…
面白そう！

人間同士の力関係にはパターンがある

ビジネスの基本は**根回し**だといわれます。組織の中で自分の考えに同調してもらうためには、自分に賛成してくれるように事前に依頼しておくと、よりスムーズに事が運びます。それが根回しです。根回しは、グループ内の力関係を読んで行動するのが基本です。この力のしくみを**ソシオメトリック・テスト**という方法を使って心理学的に分析し確かめたのが、オーストリアの精神分析医**ヤコブ・モレノ**（1892～1974）でした。

テストは、まず、グループのメンバーに自分たちが惹かれる人や選択したいと考える人、逆に反発したくなる人をそれぞれ指名させます。次に、それを基にグループの構造を知り、どの点を改善させれば組織はうまくいくかを分析します。その分析の際、テストの結果をまとめるのに使われるのが**ソシオグラム**です。

左図のように、ソシオグラムを見れば誰と誰が仲がよく、誰と誰の仲が悪いのか、誰が人気者で誰が孤立しているかがひと目でわかるようになっています。それがわかるとグループ内の力関係が把握でき、どのようにこのグループを動かしていけばよいかがわかってきます。

これも知っておこう

コミュニケーション・ネットワーク

心理学者ハロルド・リービットは集団には次のパターンがあるとしました。

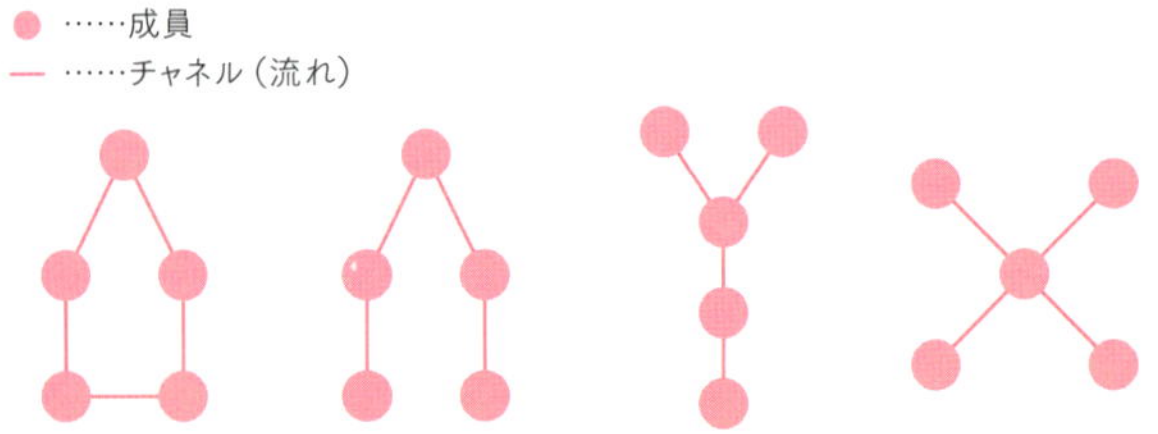

サークル型
リーダー不在。作業効率が悪い。

チェーン型
派閥をつくりやすい。

Y字型
リーダー不在だが双方向に情報伝達可能。

ホイール型
リーダーが中心。情報伝達性が高い。

CHECK

ソシオグラムで人間関係が明らかになる

あるグループ内での人間関係を図式化し、把握するのがソシオグラム。集団内にどのような下位集団(仲よしグループ)があるか、下位集団にも属さない孤立児や排斥児はいるか、そして最も人気のある成員は誰かなどが明らかになる。

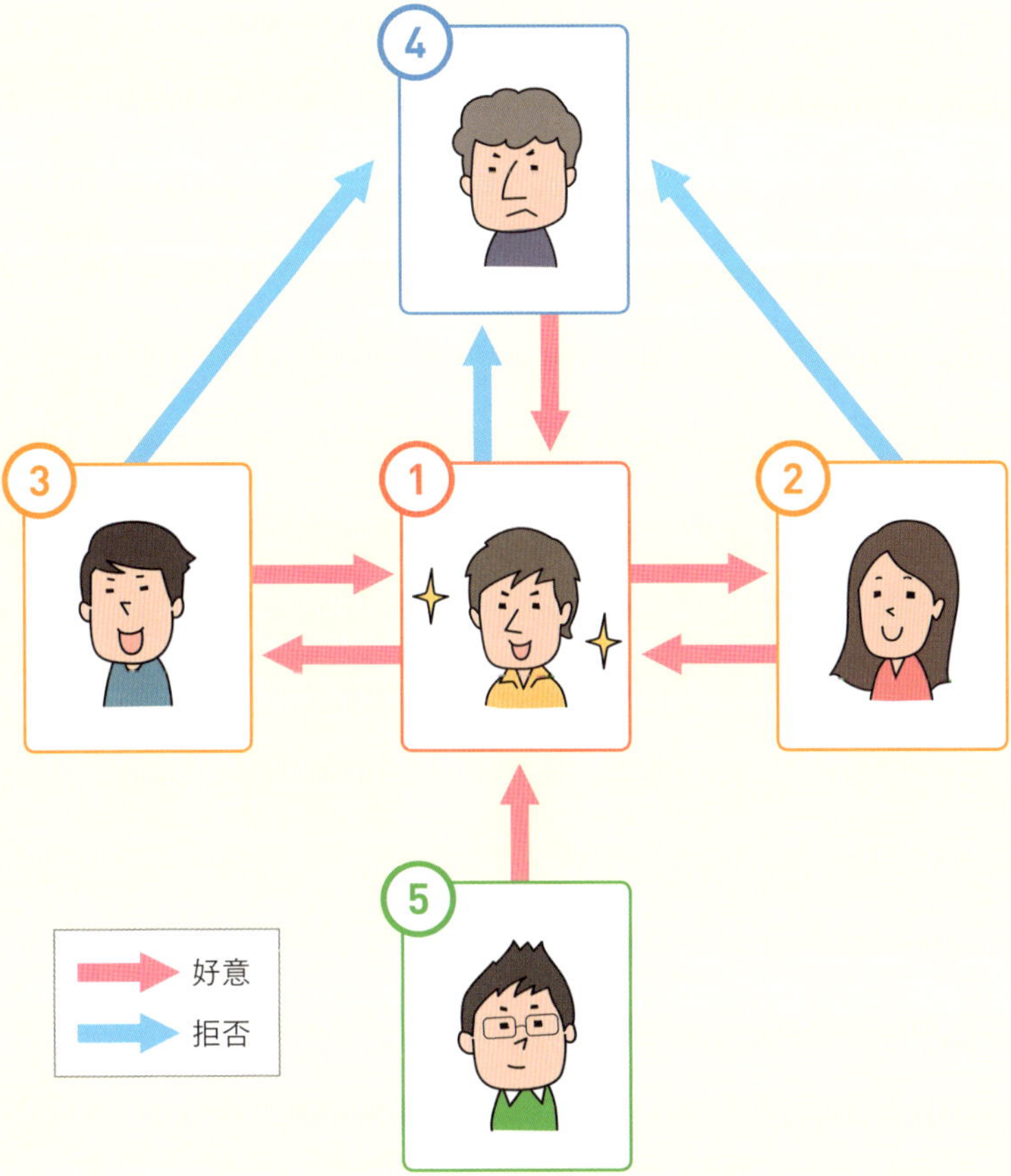

①:誰からも好かれているので人気者(スター)

④:①、②、③から拒否されている人

⑤:誰からも相手にされていないので孤立しているが、
逆に言えば自立している人

集団心理学 04

集団パニック、暴動を起こす集団心理

人は不安や恐怖（ストレス）などから混乱した心理状態に陥り、**パニック**、つまり**集合的逃走**を起こすことがあります。特に**日常とは違う状態になったとき、素早く正しい情報が伝達されない**と、その危険性が増していきます。1938年、アメリカで「宇宙戦争」というラジオドラマがパニックを引き起こしたことがあります。当日は火星人が宇宙から攻めてくるという内容で、ドラマは臨時ニュースで始まり、その臨場感あふれる演出に1200万人ともいわれた視聴者が現実と信じ込んで、パニック状態になったそうです。

このようにパニックとは、自分の目の前でのっぴきならないことが起こり、しかもそれが直接的に自分の生命や財産といった、ほかには代えがたいものを奪うかもしれないと感じたときに起こります。しかし、現在ではテレビやラジオ、インターネットが発達し、災害や大きなトラブルが起きた場合などには正確な情報が迅速に伝えられるシステムが整っています。そのためパニックが起こる可能性は低くなっています。

また、パニックは拡大すると**暴動**へと発展します。引き金さえあれば

これも知っておこう

集団ヒステリー

集団妄想ともいう群集心理。ある集団に属する人がヒステリー症状を起こすことで、それが集団に感染することをいいます。たとえば、同じクラスの生徒や宗教団体の信者間などで、一人が興奮することで他のメンバーも失神症状などを起こすことがあります。

催眠にかかりやすい状態のことを被暗示性といいますが、被暗示性が極度に高くなった状態のときに集団ヒステリーは起こります。

暴衆（モッブ）

群衆がパニックによって活発化する現象をいいます。暴衆にはバーゲン会場に殺到するような逃走的暴衆、お祭り騒ぎをするような表出的暴衆、テロや集団リンチなどを行うような攻撃的暴衆があります。

パニックはすぐに暴動に発展するといえるでしょう。

暴動は不満の蓄積からも起こります。はじめは個人的なものであった不平・不満が周りに感染・拡大し、どんどん増幅していきます。同時に抑制する力が低下し、逆に攻撃性が増し、ついには反社会的行動へと移っていくのです。この引き金を引く人を**アジテーター（煽動者）**といいます。アジテーターになる人は、もともと攻撃的で、社会に大きな不満を持っている人が多いとされています。

CHECK

身近にあるパニックの例

パニック（恐慌）とは、人々が非常事態や社会不安などに直面したときに取る無秩序な行動のこと。パニック発生時に統率者がいなければ、事態はますます混乱してしまう。

金融をめぐるパニック

大国がインフレなどを引き起こすことで、世界中に金融不安が広がり、経済が停滞してしまう。不特定多数の人が銀行預金の引き出しに殺到するなど。

食品をめぐるパニック

国内外の食品偽装、食品汚染がクローズアップされ、消費者の食に対する恐怖や不安が広がる中、国内生産物価格が過度に高騰しているとも指摘されている。

少年犯罪をめぐるパニック

少年A

近年、少年犯罪の多発を背景に世論が白熱し、少年法が改定され、厳罰化の方向へ進んでいる。しかし統計上では、年々少年犯罪件数は減少している。

禁煙をめぐるパニック

タバコは身体にとって悪いという人が大多数を占める現代では、愛煙家に対する偏見が広まり、タバコ産業への規制が過度に強まっている。

理想のリーダー像をPM理論で検証する

組織と呼ばれる集団には、ほとんどの場合**リーダー**がいて、采配をふるっています。そして、このリーダーの能力いかんによって、組織が受け取れるメリットは大きくも小さくもなります。戦国時代であれば、そうした有能なリーダーを名将と呼びました。

さて、現代の名将にはどんな要素が必要なのでしょうか。心理学者の**三《み》隅《すみ》二《じ》不《ふ》二《じ》**（1924〜2002）は、集団機能の観点から、**PM理論**を用いてリーダーの行動特性をタイプ化しました。

集団機能は、目標達成のために人を動かしたり計画を練ったりする**P機能**（Performance function：**目標達成機能**）と、なごやかな雰囲気を醸し出して集団行動を円滑に進め、まとめようとする**M機能**（Maintenance function：**集団維持機能**）から成り立っています。

リーダーは、目標達成のためにスタッフに指示・命令を下すというP機能だけではなく、現場の立場を理解して指示することや、トラブルの仲裁をかって出たり、特定の人間をひいきせず公平に取り扱うといったM機能も併せ持っているとしました。そして、この二つの機能の強弱に

これも知っておこう

マネジリアル・グリッド理論

アメリカの心理学者**R・ブレイク**と**J・ムートン**が1964年に提唱した組織開発のためのリーダーシップに関する類型論です。

マネジリアルとは「経営者の」、グリッドとは「罫線」を意味します。左図のように、縦軸に**人への関心度**を、横軸に**業績への関心度**を1から9までで示し、自分の位置する場所を確認すればリーダーとしての資質が明らかになります。

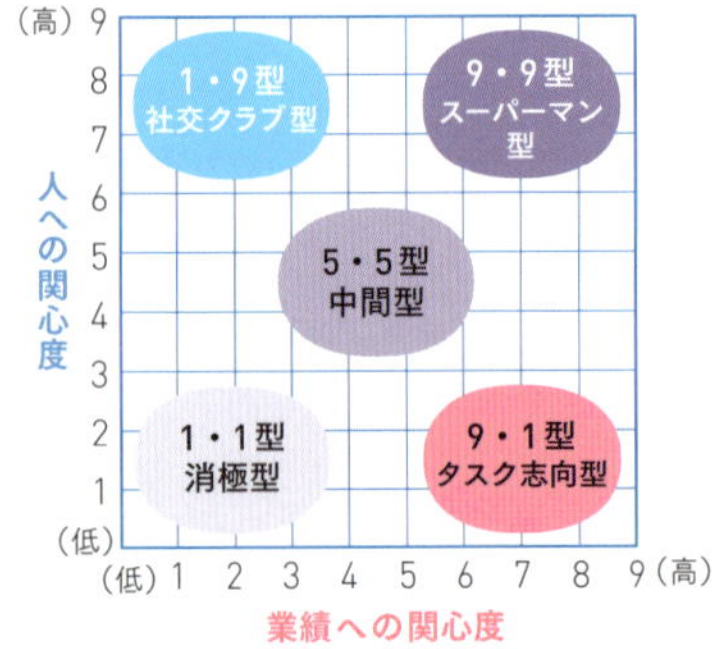

よって**リーダーシップ**を四つの類型に分類しました（➡左図）。

実際、彼の研究では、スタッフの満足度も高く生産性がいいのはP機能とM機能が共に高い**PM型リーダー**を有する集団でした。そしてM機能がP機能の触媒的な役割を果たしたとき、集団の生産性は最大になると結論づけました。

リーダーの立場で苦労している人、これからリーダーになろうとしている人は、この法則を思い出せば役に立つはずです。

たとえば、1・1型だと人間にも業績にも無関心なリーダーで、5・5型は平均的にバランスが取れているリーダー、そして9・9型はスーパーマン型リーダーといえます。

この理論は、PM理論と併せて、よく知られたリーダー理論です。

CHECK

PM理論に見る四つのリーダータイプ

リーダーのタイプは以下の四つに分けられるとしたのがPM理論。縦軸にM機能（集団維持機能）、横軸にP機能（目標達成機能）を取り、図式化したものである。

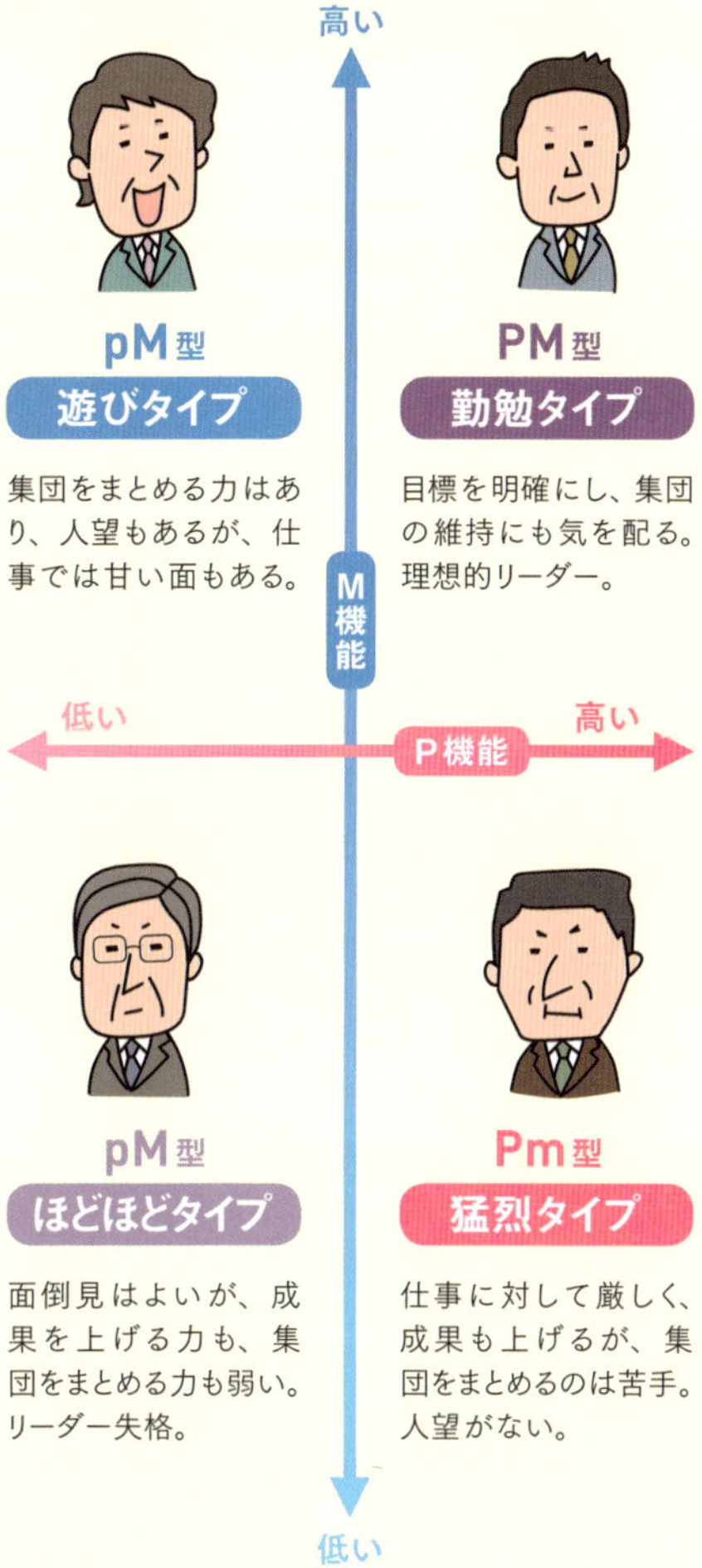
高い
低い
M機能
低い
高い
P機能
pM型
遊びタイプ
集団をまとめる力はあり、人望もあるが、仕事では甘い面もある。
PM型
勤勉タイプ
目標を明確にし、集団の維持にも気を配る。理想的リーダー。
pM型
ほどほどタイプ
面倒見はよいが、成果を上げる力も、集団をまとめる力も弱い。リーダー失格。
Pm型
猛烈タイプ
仕事に対して厳しく、成果も上げるが、集団をまとめるのは苦手。人望がない。

P機能 目標を達成することを重視する。

M機能 集団としてのまとまりを重視する。

やる気のない部下に行動させる「宣言」の力

どこの世界にも**やる気**（➡P124）のない人間はいます。それが個人の責任の範囲内であれば放っておけばいいのですが、職場や学校など、共同作業が必要な場では支障を来します。

そこでやる気を起こさせる有効な方法として注目したいのが、本人にパブリックな場でやる気（目標）を宣言させることです。人は何か行動を起こすときには目標を立てますが、自分一人だとつい怠けてしまいがちです。しかし、目標を大勢の人の前で**宣言**してしまうと、本人が宣言した目標のために努力する確率が高くなります。つまり、そこに大きな責任が生じ、目標に向かっての行動力が増すからです。このような心理的な働きを**パブリック・コミットメント**（誓約・公約を公表する）といいます。

パブリック・コミットメントは、ビジネスの現場でたびたび使われます。上司が部下に**目標を設定させて宣言させる**のはもちろんですが、それ以外にも各セクションで売り上げ目標を発表させたり、期限を区切って実行することを宣言させたりするのもそのためです。

これも知っておこう

ブーメラン効果

説得しようとすればするほど、説得される側が反発して逆効果になる心理的現象をいいます。特に、自分と関係の深い（**コミットメントが高い**）場合、**ブーメラン効果**による抵抗は強くなります。

たとえば、これから勉強しようと思っていたところに親が「勉強しなさい」と言ってしまうと、言われた側は逆にやる気がなくなってしまうのもブーメラン効果の一種です。心理学者**ジャック・ブレーム**は、このような説得への抵抗は、自分の態度や行動の自由を守るために生じるという**心理的リアクタンス理論**（➡P128）を唱えました。

一方、「君だけに教えてあげよう」といった、相手の自尊心をくすぐり、特別感を与えるような接し方の場合、言われた側は恩義を感じるようになります。これを**好意の**

ただ、ビジネスの現場で売り上げアップのために宣言させるなら指示にも従うでしょうが、たとえば趣味で集まっているグループやPTAなどでは強制することもできず、実行させるのには骨が折れます。宣言自体をためらう人も出てくるでしょう。

そのようなときには、一人だけに言わせるのではなく、グループに属する全員が自分の目標や役割分担した役目について目標を宣言するようにすればよいでしょう。

返報性（➡P16）といいます。

本当は実力があるのに怠けている部下に対しては、**コントラスト効果**を使って指導することがあります。これは最初に心理的負担の高い条件を示し、あとから軽い条件を示すと、相対的に見て後者を選択するようになる心理的効果を利用しています。

CHECK

宣言すれば、やらざるを得ない

パブリック・コミットメントを使えば、やる気がない人もお尻に火がついて行動するようになる。

公　約

政治家が発表する公約（マニフェスト）はパブリック・コミットメントが制度化したもの。

これを
実践します！

キックオフ・ミーティング

プロジェクトの開始を宣言するための集まり。年度初めに行えば、会社全体の目標が鮮明になる。

今年は
やるぞ！
オー！

PTA活動

PTAの委員は役割分担される。それぞれがなすべきことを宣言すれば役割逃れが解消される。

PTA 会長
やります！
清掃委員
やります！

報酬の平等分配と公平分配、どちらが公平？

即物的な話ですが、いくら名誉だ、地位だ、社会貢献だといっても、あまりにも報酬が低かったり不公平な分配が行われたりすると、働く意欲は大いに削《そ》がれてしまうものです。

その**報酬**の分け方には二種類あります。一つが**平等分配**。個々の成績や売り上げに関係なく、一律平等に分配する方法です。もう一つが**公平分配**。個々の成績や売り上げに比例して報酬に差をつける方法です。いわゆる**能力主義**です。

個人主義文化圏のアメリカやイギリス、オーストラリアなどでは公平分配が好まれ、公正と考えられています。一方、日本や韓国などの**集団主義文化圏**では比較的、平等分配が好まれる傾向にあります。つまり、後者の場合は和や人間関係の維持が重要だとする傾向が強いということです。しかし、最近は日本でも公平分配が主流になりつつあります。頑張れば頑張っただけ報酬が上がるわけですから、平等分配に比べると働く人の満足度も高く、生産性も高められるというわけです。

イギリスの経済学者**J・ステイシー・アダムス**の**公平理論**によれば、人は自分が

これも知っておこう

リンゲルマン効果

ドイツの心理学者マクシミリアン・リンゲルマン（1861〜1931）の綱引き実験により証明された現象のこと。一人が綱引きをするとき、二人が綱引きをするとき、そして綱引きに参加する人数が増えるたびに、個人が発揮する力にどんな差が生じるかを実験した結果、綱引きに参加する人数が増えるに従って、個人はあまり力を入れて綱を引っ張らなくなることがわかりました。

つまり、単独で働くときより、集団で働くときのほうが、個人の努力が相対的に劣るということです。これは、集団の中では一人が怠けてもバレにくく、また努力に見合った報酬を得られにくいことから起こるといわれています。リンゲルマン効果が、社会的手抜き、フリーライダー（ただ乗り）現象とも呼ばれているのは、そうした

働いた労働量に対して報酬が少ないと思ったとき、次からはその報酬に合わせた働き方をするといいます。つまり、労働量を減らして手を抜こうとします。また、自分より明らかに労働量が少ない人が報酬を多くもらっていると感じたとき、労働意欲は急速に低下し、やる気を完全になくしてしまう人もいます。たとえば、退職後の役人が天下りをし、不当と感じる報酬を得ていることに対する怒りは、そうした公平感から来るものと考えられます。

理由からです。

では、組織内でリンゲルマン効果をなくすにはどうしたらよいのでしょうか。まず、「自分一人くらい」という考え方を「自分がいなければ」という考え方に変える必要があります。つまり、個人の役割に対して大きなプライドを感じさせることが重要なのです。

CHECK

やる気を出すには「平等」より「公平」

給料や賞与には、業務の成果や実績に応じて金額が変わるインセンティブ制がある。やった分だけ評価されることになるので、公平分配といえる。

Aさん
Bさん
Cさん
業績
◎
○
△
平等分配
Aさんは頑張ったのに、みんなと同額しかもらえず不満。Cさんは業績が悪くてももらう額は人と同じなので喜んでいる。Bさんのように平均的な社員にとっては、公平、平等、どちらでも差はない。
公平分配
Aさんは能力があり、実績も上げているので一番多くもらう。Cさんは業績が悪いため、あまりもらえない。Bさんは、まあまあの業績だったので、それなりにもらえる。それぞれに納得できる分配方法。

よい経営手法を考える X理論とY理論

人間の本性には**性善説**と**性悪説**（↓下段）があるといわれます。経営手法においては、アメリカの経営学者・心理学者のダグラス・**マグレガー**（1906～1964）が、二つの対立的な考え、**X理論**と**Y理論**を唱えました。X理論とは、もともと人間は仕事が嫌いで、上司による命令と統制がなければ働かないと考えるものです。逆にY理論は、条件さえ整えば自発的に仕事をするというもの。つまり、**X理論は働く人を信じない立場、Y理論は働く人を信じる立場**ということになります。

もともと人間は、食欲や性欲といった本能的な欲求だけで動いているのではなく、もっと認められたい、自分の理想を実現したいという欲求を持っています。命令されずとも、その欲求に従って仕事を成し遂げ、責任さえ自分で引き受けようとします。つまり、従業員の力を引き出すには強制するだけではダメで、的確に欲求を刺激し、**モチベーション**を高めることが仕事への何よりの起爆剤になるのです。

旧来の企業はX理論で従業員を管理し、その結果、さまざまな問題を引き起こしていると考え、近来の経営者はY理論に基づき、従業員の自

これも知っておこう

性善説と性悪説

性善説は、儒家の孟子が唱えた言葉で、人間の本性は基本的に善であるとするものです。そして後に儒学者朱子がこの説を完成させました。

一方、性悪説は、孟子より数十年遅く活躍した朱子が性善説に反対して唱えたもので、人間は後天的努力によって善を知り、礼儀を糺《ただ》すと説きました。

サイコロジーQ&A

Q 部下に仕事を教えるよりも、自分でやったほうが早いと思ってしまいます。

A アメリカの心理学者リピットとホワイトは、リーダーシップを民主型、専制型、放任型の三つに類型化しました。民主型リーダーのいる集団は不満が少なく、仕事へのモチベーションも高まるとし、専制型だと集団の作業

主性を重んじた管理方法を採ることによって組織をまとめ上げ、企業の発展は従業員の幸せであり目標と思わせるような環境づくりが必要と考えるようになりました。

ちなみにY理論は、アメリカの心理学者**マズロー**（➡P268）が先に唱えた**欲求五段階説**（➡P268）に基づいています。また、アメリカの心理学者**ウィリアム・オオウチ**（1943〜）は、人間尊重、平等主義、相互主義を基調とした**Z理論**を提唱しました。

効率は上がりますが、メンバーの創造性は低くなる傾向にあるとしました。放任型ではメンバーのまとまりがなくなり、モチベーションが下がります。

あなたは放任型だと考えられます。まずは部下とコミュニケーションを取ることが必要でしょう。

CHECK

X、Y、Z理論

マグレガー、マズロー、オオウチは人間の仕事に対する態度をそれぞれX、Y、Z理論で考えた。

X 理論（性悪説）

人間は本来怠け者で、放っておくと仕事をしなくなるという考え方。だから、上司が強制的に部下を統率しなければならない。

アメとムチによる経営手法

Y 理論（性善説）

人間は本来、進んで働きたがるという考え方。仕事を通して認められたい欲求があり、自発的に仕事ができる。

労働者の自主性を尊重する経営手法

Z 理論

X理論とY理論の中間。個性よりも集団主義と安定性を重んじる日本の経営手法に注目した。

責任やコンセンサスを重要とする経営手法

「自分はできる！」という自己効力感が出世を早める

いきなり英単語を300語覚えるのは、誰にも至難の業ではないでしょうか。しかしこれが1日3語ずつ100日に分けて覚えるとなれば、何となくできるような気がしてきます。

カナダの心理学者**アルバート・バンデューラ**（1925〜）は、この自分にもできるだろうと予期（確信）する感覚を**自己効力感**と呼びました。つまり、「自分はここまでできそうだ」という感覚が、次の行動を引き起こすのです。自己効力感が高い人は、「よし、やってやるぞ」と前向きに思うことができ、一方、自己効力感が低い人は「自分には無理だ」とマイナス思考になって行動を起こせません。

では、自己効力感を高めるためにはどうすればよいのでしょうか。バンデューラは四つの源泉を挙げています。最も重要なのが**達成体験**で、自分で行動して達成できたという体験のこと。二番目は**代理経験**。他人の達成体験を観察し、自分にもできそうだと感じること。三番目は**言語的説得**。周囲から自分には能力があると励まされることも必要です。最後は**生理的情緒的高揚**。苦手な場面を克服できたことで自己効力感が強

これも知っておこう

ストップ法

失敗体験が心から離れない人は、不安や恐怖感が先に立ち、積極的に行動することができず、失敗する確率も増えます。また、チャンスをリスクととらえがちです。

失敗は、反省して次に生かすことで初めて価値が生まれます。どうしても失敗が気になる人には、アメリカの心理学者ポール・G・ストルツが考案したストップ法（思考中断法）がおすすめ。心が落ち込んだ瞬間に「ストップ！」と声を出して感情を飛散させる方法です。

アルゴリズムとヒューリスティック

どちらも問題解決のための方法ですが、解決のためのアプローチ法に違いがあります。アルゴリズムは、ある問題を解決するための方法がわかっていて、手間をかけ

まります。

ところで、自己効力感の高まりは、**自尊感情**（**自尊心**➡P124、262）の高まりにもつながります。自尊感情が高まれば、自信を持てるようになり、さらに成功をもたらす行動に弾みがつくでしょう。

結局、出世の早い人というのはコツコツと**成功体験**を積み重ねていくことで前向きな自己を形成し、そのことによってもっと大きなチャンスをつかんでいくことができる人だといえます。

て解決する方法です。

ヒューリスティックは、必ず成功するという保証はないものの、経験則に従って直感的に解決していく方法です。仕事をスムーズに建設的に進めるには、アルゴリズム、ヒューリスティックのいずれをも上手に使いこなすことが必要でしょう。

CHECK

自己効力感の四つの源泉

行動を起こすには、自己効力感（自分にもできるだろうと予期する感覚）が必要になる。それを生み出すのは以下の四つ。

1 達成体験

自分で行動し、何かを成し遂げたという達成感を持つこと。

2 代理経験

周りの人が達成・成功している体験を観察し、「これなら自分にもできそう！」という気持ちを持つ。

3 言語的説得

「あなたならできる！」と周囲から繰り返し説得される。ただし、それだけでは自己効力感はいずれは消滅してしまう。

4 生理的情緒的高揚

苦手だと感じていたのに、落ち着いていられた、赤面せずに話ができたなど、苦手意識を克服する。

人を説得するにはテクニックが必要

人を説得するまでのプロセスや働きを、**説得的コミュニケーション**と呼びます。説得的コミュニケーションには**一面提示**と**両面提示**の二つの方法があります。一面提示は、勧めるものの長所（プラスの面）だけを相手に知らせる方法です。そして両面提示は、よいところと悪いところを含めて相手に知らせることです。

たとえば、新発売されたゲームソフトがあるとします。その場合、一面提示ならばそのソフトのよい面ばかりを売り込みます。対して両面提示の場合は、確かに仕上がりは素晴らしいが、非常に高価であり、もうしばらく待てば、少し安い価格でいろいろな種類が市販される予定であるなどを伝えます。

一面提示ならばよいところだけしか伝えないため、あとでクレームをつけられるケースも出てくるかもしれません。また、思いもよらない形で相手が意見を変える**ブーメラン効果**（➡P160）に見舞われることもあります。もちろん、相手がゲームマニアで、値段などにはこだわらないなら一面提示で十分でしょう。そうでない場合は、両面提示でマイナス面

これも知っておこう

クライマックス法

心理学における説得の方法で、まず当たり障りのない話をして、あとから重要な話をする方法。逆に、最初に重要な話を、あとから当たり障りのない話をするのが**アンチ・クライマックス法**です。聞き手の関心度が高いときには**クライマックス法**を、そうでないときにはアンチ・クライマックス法をと使い分けましょう。

フット・イン・ザ・ドア・テクニック

段階的要請法ともいいます。相手の承諾を得たいとき、まずは必ず承認してもらえそうな小さな要請をすることで、あとからする大きな要請が受け入れられる可能性を高めることをいいます。この場合、相手は小さな要請を承諾するため、二番目の大きな要請を断りにくくなるという心理が働きます。

も伝え、売る側の誠意を示すほうが、後々のつき合いを考えればよいと考えられます。

結論を先に言うか、あとに言うかも重要なポイントです。**こちらの意見に肯定的で説得しやすい相手**の場合は、結論をあとに話すほうがよいでしょう。逆に**こちらの意見に否定的で説得しにくい相手**の場合は、先に結論を言ってから、その理由を話すほうが相手も納得しやすくなります。いずれにしても相手の立場に立つことを忘れてはなりません。

逆に、最初に大きな要請をし、断られたあとで本題となる小さな要請をすることを**ドア・イン・ザ・フェイス法（譲歩的要請法）**といいます。この場合、相手は最初の大きな要請を断るので、次に提示される小さな要請に関しては譲歩しようという心理が働きます。

CHECK

説得のための二つの方法

人が説得されるときの心理的効果を知っておけば、さまざまなシーンで役に立つことが多い。

説得的コミュニケーション

一面提示

よいところだけを伝えると、人は思わず納得してしまう。

両面提示

メリット・デメリットを両方伝えれば、人は相手を信頼する。

ブーメラン効果

説得できたと思っても、人は突然態度を変えることがある。

勝者となるか敗者となるか、ゲーム理論で分析する

ゲーム理論は、もともとはハンガリーの数学者**フォン・ノイマン**（1903〜1957）がゲームをモデルに、人間が現実の経済活動を行うときの行動パターンを考えようとしたもの。

その後、アメリカの数学者**ジョン・ナッシュ**（1928〜2015）が**非協力ゲーム**なるものをつけ加え、そこから生まれた**ナッシュ均衡**という概念によって経済理論として深められました。

ゲーム理論の代表的なものとして**ゼロ和**と**非ゼロ和**があります。ゼロ和（**ゼロサム・ゲーム**）は、一方が勝者となれば、一方は必ず敗者となるというもので、**両者の得失点の合計は常にゼロ**になります。競馬などの賭博は、敗者から集めた資金を勝者で分け合うので、これに該当します。お互いは常に対立関係にあり、協力することはありません。

反対に非ゼロ和（**ポジティブ・サムゲーム**）は、ある一人の利益が、必ずしもほかの誰かの損失にはならないというもの。また、全員が敗者となる可能性もあります。これを説明するのに用いられるのが**囚人のジレンマ**です。二人の囚人に自白させるために警官は、「自白すればお前

これも知っておこう

チキンレース

チキンとは、英語で臆病者を意味します。チキンレースとは、崖に向かって2台の車がレースをする我慢比べ合戦のことをいい、ハンドルを切れば負けてしまいますが、崖から落ちれば死んでしまいます。しかし、相手に臆病者と言われるのが嫌なために、互いに暴走をやめるわけにはいかないという心理状況にあります。

これをゲーム理論に当てはめると、二人ともハンドルを切れば両者引き分けになり、一人がハンドルを切れば負け、もう一人は勝者になります。二人ともハンドルを切らなければ二人とも死んでしまいます。

このような状況は、実社会でもたくさん見られます。たとえば、非正規社員は惨めで、正社員は守られているという序列意識や差別意識をもたせることは、人々をチ

の刑は短くしてやる」などの条件を突きつけます。二人はそこで、「共犯者と協調して黙秘すべきか、共犯者を裏切って自白すべきか」という二者択一のジレンマを抱え込みます。

このジレンマは、政治・経済の分析にも欠かせません。価格破壊競争で企業が値下げ合戦をして共倒れしてしまうケースや、核開発・核抑止をめぐる各国間の思惑などがそうです。ゲーム理論は本来の枠組みを超えて、さまざまな分野で応用されているのです。

キンレースへと駆り立てることにもつながります。また、「もっと自己主張しろ」とチキンレースを煽《あお》る企業の中では、社員がどんどん疲弊していく危険性もはらんでいます。こうしたチキンレース組織は、その組織のルールを見直す必要があるかもしれません。

CHECK

勝ち負けが決まらないゲームがある

片方が得をすれば他方が損をするのがゼロ和ゲームで、プラスマイナスゼロになる。一方、必ず片方が得をするとは限らないのが非ゼロ和ゲーム。

ゼロ和ゲーム

A ＼ B	グー	チョキ	パー
グー	0	1	-1
チョキ	-1	0	1
パー	1	-1	0

非ゼロ和ゲーム（囚人のジレンマ）

A ＼ B	自白（裏切り）	黙秘（協調）
自白（裏切り）	A 4年 / B 4年	A 無罪 / B 5年
黙秘（協調）	A 5年 / B 無罪	A 3年 / B 3年

協調して黙秘すべきか、裏切るか。最適な選択だと思ったことが、最適な選択とはならないこともある。

座る場所には意味がある、会議の心理学

どんな仕事にも必ずついて回るものが**会議**です。営業会議や部課長会議、戦略会議、チーム会議など、人は地位が上がれば上がるほど会議に出席する回数が増えるようになります。会議では、座る位置によって、さまざまな役割が与えられることがあります。

たとえば会議の全体が見渡せる場所に座るのがリーダー（↓左図長方形テーブルのAとE）。この位置に座るリーダーは、会議を引っ張って、てきぱきと決定していきます。CやGもリーダーが座ることがありますが、どちらかというと和を大事にするタイプが座る場所です。そのため、リーダーがAやEに座り、CやGに信頼を置く部下や副リーダーが座ると、会議はうまく進むといわれています。また、残りのB、D、F、Hに座る人は、会議に積極的に参加したいとは思っていない人です。

アメリカの心理学者**スティンザー**は、小集団の生態を研究し、以下の三つの効果を発見しました。一つは、以前口論した相手は会議でも口論相手の正面に座りたがること。二つ目は、ある発言の次になされる発言は、多くの場合は反対意見であること。三つ目は、リーダーの力が弱いときは

これも知っておこう

ランチョン・テクニック

人間の脳は、気持ちのよい体験をしたときのことはよく覚えているといいます。アメリカの心理学者**グレゴリー・ラズラン**は、飲食をしながら相手と交渉すると、おいしい食事や楽しい時間がポジティブに話に結びつくとしました。この気持ちよさを利用したのが**ランチョン・テクニック**です。ランチョンとは英語で、「ちょっと気取ったランチ」という意味です。

たとえばお昼を一緒にとりながらする打ち合わせには、ランチョン・テクニックが作用し、「おいしい」という記憶と「打ち合わせ」という記憶が合わさって「気持ちのよい打ち合わせ」という記憶として残る「**連合の原理**」が働くため、よい印象が残ります。政治の世界では昔からよく使われてきた手法です。

もちろん昼食に限ったものでは

正面同士で私語がなされ、強いときは隣同士でなされること。これらをまとめて**スティンザー効果**（**スティンザーの三原則**）といいます。このスティンザー効果は、国会でも応用されているのだそうです。

会議のテーブルの形にも意味があり、全体で意見を出し合うときは丸テーブルがよいとされています。これは丸テーブルの場合、長方形のテーブルのように角がないので、位置によって力関係が発生することがなく、自由に発言しやすいためといわれています。

ありませんが、夜の会食は改まった印象を与えますし、一般的に金額も高くなります。その点で昼食時のほうが気軽に打ち合わせできます。

なお、このテクニックはビジネスに限定しません。出会って間もない相手との距離を縮めたいときにも有効です。

CHECK

会議の流れは座席で決まる

会議のとき、どの席を選ぶかで、その人の資質が見えてくる。また会議を円滑に行うためにも座る場所が重要だ。

長方形のテーブル

AやEの位置は、注目が集まりやすく全体が見渡せるので、リーダーが座る傾向にある。またCやGにはリーダーの補佐役が座ることが多い。

丸テーブル

丸テーブルは、どこか一点に注目が集まることがないため、それぞれのメンバーから意見が出やすくなる。

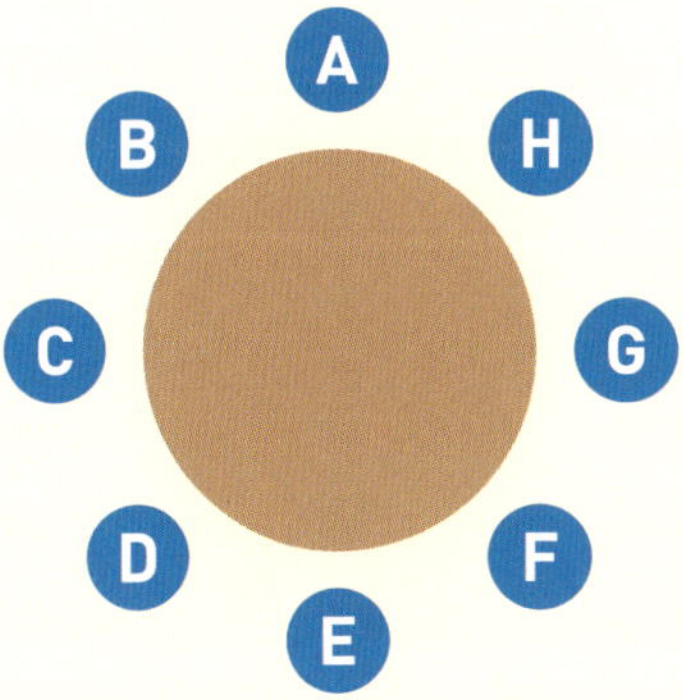

八方美人では得るものなし？

空腹のロバがいます。ロバから3メートル離れた位置に、
水がたっぷり入った桶と、えさが山盛りになった桶が置いてあります。
水桶とえさも3メートル離れています。さて、ロバはどちらに行くでしょうか。

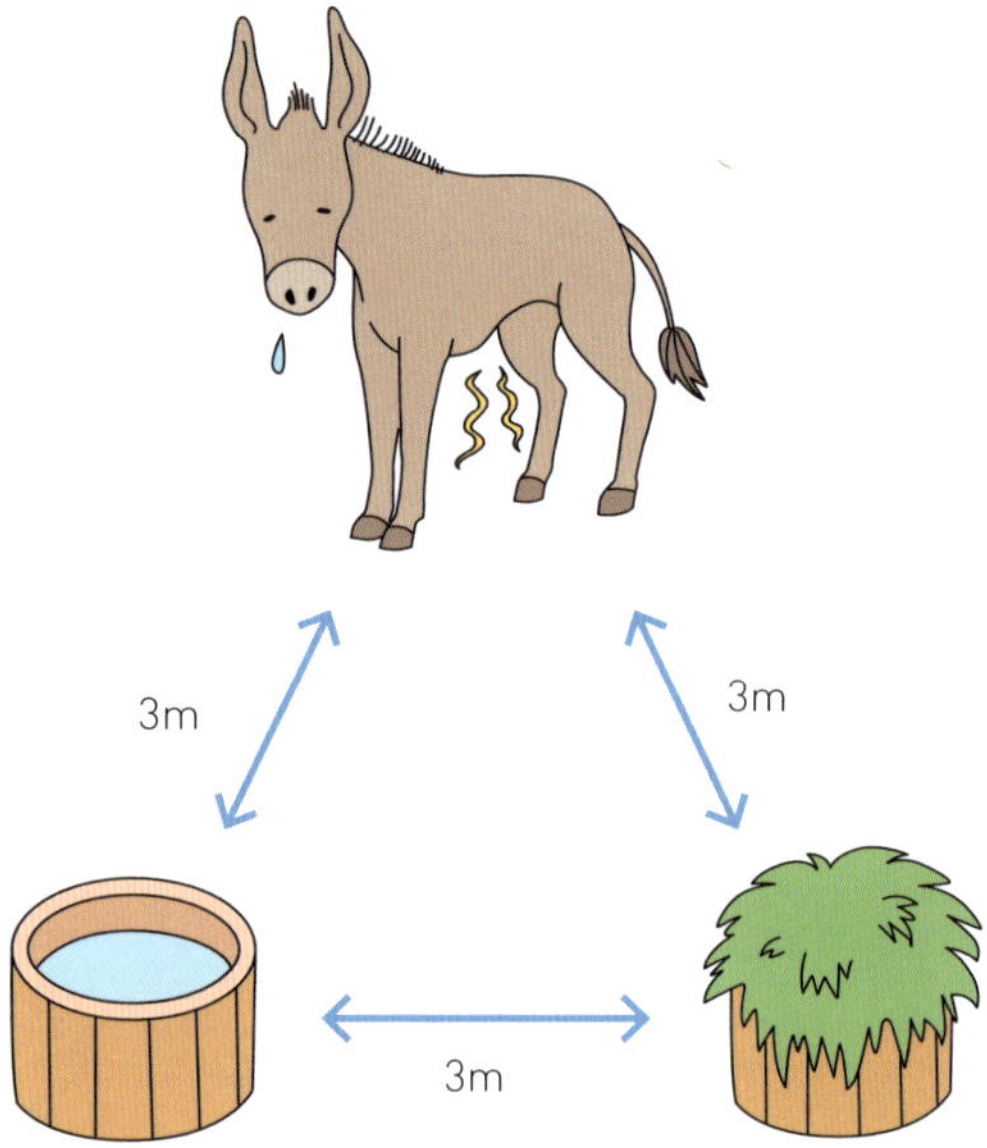

➡ **解答**

答えは、なぜかロバは立ち往生してしまい、水もえさも選ばず、ついには餓死してしまいます。

これは、「ブリタンのロバ」という逸話です。ブリタンのロバは、どちらも欲しいけれども、どちらに手をつけていいか手がかりがなく、結局選べないまま、餓死してしまうのです。

これは、人間の「迷い」の元型を表しています。AさんとBさん、どちらもいいなと八方美人に対応して、結局どちらも得られず、恋が終わってしまうこともあるでしょう。

人生は、二者択一の連続。人生の岐路に立ったら、どちらを選んでも後悔することを肝に銘じておきましょう。

PART 6

元気をなくしたときの心理学

ストレス 01

ストレスがたまりすぎると病気になってしまう

ストレスを感じない人はいないのではないでしょうか。ストレスとは、**心身に負荷がかかった状態**です。カナダの生理学者ハンス・**セリエ**（1907～1982）は、ストレスを引き起こす要因を**ストレッサー**、それによって起こる心や身体の変化を**ストレス反応**と呼びました。

ストレスは、**刺激に対する反応**ともいえます。つまり、生きている限り、ストレスから逃れることはできません。ストレスには、**よいストレス**と**悪いストレス**があります。前者は自分を奮い立たせてくれたり、勇気づけてくれたりする刺激と、その状態です。後者は、悪い人間関係や不安、過労など、自分の心身に悪い影響を及ぼす刺激と状態です。

長い間悪いストレスを受け続けたり、非常に強いストレッサーを受けると、私たちの心は疲れ果て、その結果、病気になってしまうこともあります。職場での人間関係に悩んだり、厳しい仕事状況で肉体的に疲れてストレスがたまるなどして**うつ病**（➡P184）に陥ったり、イライラが募って拒食症や過食症といった**摂食障害**（➡P194）になることもあります。また、突然冷や汗が出て呼吸ができなくなる**パニック障害**（➡P192）なども

心理学の巨人たち

ハンス・セリエ

天才的な生理学者といわれます。ストレス学説を発表したのは28歳のとき。「生物には、どんな刺激によっても引き起こされる共通の反応があるのでは」という仮説から研究が始まり、ストレス学説を導き出しました。

これも知っておこう

汎適応症候群

セリエが提唱したGAS（General Adaptation Syndrome）のことで、いわゆるストレス反応を表す言葉。ストレッサーに適応しようとして起こす生理的反応のことをいいます。生物は寒さ、湿度、光、痛み、疲れ、恐怖、不安などさまざまなストレッサーに直面すると、以下のような三段階の生理的反応を経ることがわかっています。

①警告反応期（混乱）……ストレ

ストレスが要因と考えられます。

　ストレッサーは、大きく分けて**内部的ストレッサー**と**外部的ストレッサー**があります。内部的ストレッサーには**心理的ストレス**（人間関係や経済的な不安などから生じる感情的な歪み）と**生理的ストレス**（肉体疲労や病気など）が、外部的ストレッサーには**物理的ストレス**（暑さ寒さ、騒音など）、**科学的ストレス**（酸素の過剰・欠乏、薬物、栄養不足など）、**生物的ストレス**（病原菌、炎症など）があります。

スを受けたショックからいったん抵抗力が弱まるものの、再び抵抗力を高める段階。

②**抵抗期（適応）**……ストレスに対抗して身体の抵抗力が高まる段階。

③**疲憊《ひはい》期（衰退）**……防御反応が限界を超え、再びストレスに対する抵抗力が弱まる段階。

CHECK

ストレスが起こるしくみ

ストレッサーを長期にわたり受け続けることで、心身が疲労状態となり、さまざまな病気を引き起こすことになる。

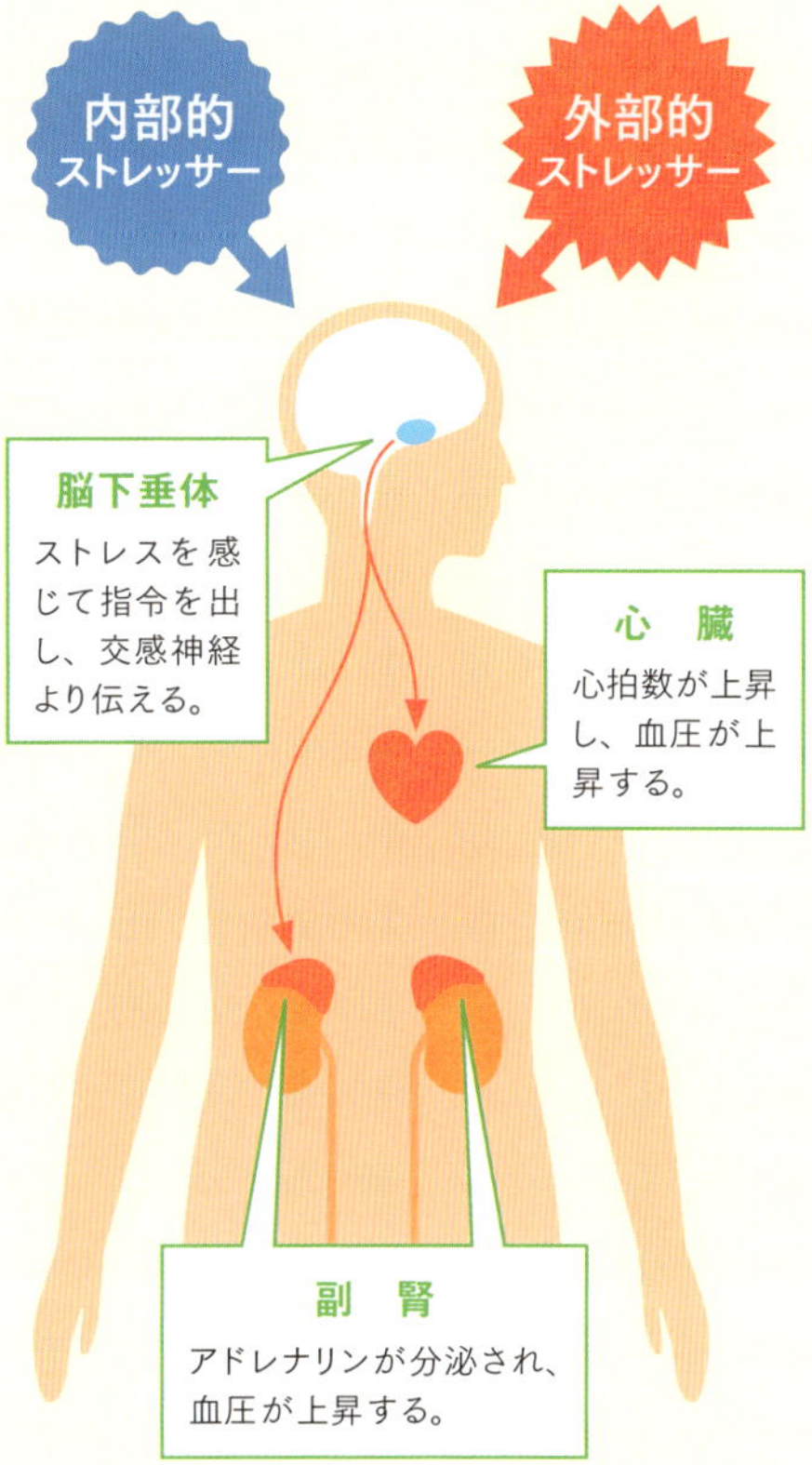
内部的
ストレッサー
外部的
ストレッサー
脳下垂体
ストレスを感じて指令を出し、交感神経より伝える。
心　臓
心拍数が上昇し、血圧が上昇する。
副　腎
アドレナリンが分泌され、血圧が上昇する。

ストレッサーとは

内部的
ストレッサー
外部的
ストレッサー

徹夜、不規則な食事、出産、対人関係などで受ける心労。

毒素、騒音、異臭、暑さ、寒さなど物理・科学・生物的な刺激。

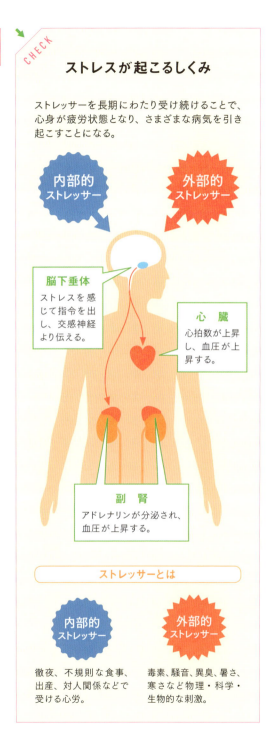

ストレスを軽くするための対処法を知っておこう

ストレスに苦しめられる人と、笑顔で乗り切れる人の違いはどこにあるのでしょうか。アメリカの心理学者**リチャード・ラザルス**（1922～2002）は、早稲田大学で次のような実験を行いました。被験者を四つに分け、オーストラリア先住民の割礼《かつれい》式の映像を見せて心理状態を分析したのです（⬇左図）。その結果、「この儀式は少年にとっては喜びなのだ」「学問として未開文化を観察するのだから、冷静に」と前置きを与えたグループと、何も前置きを与えないグループとでは、前者のほうがストレス反応が少ないということがわかりました。

つまり、**ストレスとは受け止め方次第で軽減させることが可能**ということです。ラザルスは、ストレスに対して行われる具体的な行為、つまり**コーピング**（対処法）があるとしました。たとえば、仕事において努力して解決法を見出したときに、今まで感じていたストレスが解消されたと感じることもあるでしょう。また、ストレスを克服できたと感じて爽快感を得ることもあります。過重なストレスを抱えることは問題ですが、適量のストレスであれば逆にやる気の原動力にもなります。

これも知っておこう

ストレス・マネジメント

ストレスを生み出さないため、あるいは軽減するためのさまざまな方法をいいます。

たとえば**セリエ**（⬇P176）が提唱した**ストレス―反応説**では、ストレス反応を生み出さないようにすることでストレスを防ごうとしました。また心理学者**ホームズ**は**ストレス―刺激説**を唱え、ストレッサー（刺激）となる環境を調整すればストレスが防げるとしました。ラザルスが提唱した**ストレス―関係説**では、ストレッサーとなる環境を認知・調節し、ストレスに対処する方法を見直すことで短・長期にわたるストレス反応を軽減しようとしました。

ここから生まれてきたのが**コーピング**の概念です。この言葉の元となるコープ（cope）は「対処する」という意味です。

CHECK

受け手によってストレスの度合は異なる

ラザルスは、四つのグループにオーストラリア先住民の割礼《かつれい》式の衝撃的な映像を、事前に異なる説明をしたうえで見せ、それぞれのストレス反応の違いを観察した。

実験結果

	グループA	グループB	グループC	グループD
事前説明	「割礼は少年に苦痛を与える」と説明。	「これは未開文化を観察するための映像である」と説明。	「割礼の儀式は少年にとっては喜びなのだ」と説明。	何の説明もせずに、そのまま映像を見せる。
ストレス度	高い	低い	低い	高い

↓

ストレス反応の度合は、前置きのしかたによって変わる

割礼式とは
オーストラリアなどの先住民が、宗教上の理由から、成年男子への通過儀式として性器の一部を切除する儀式。女性は女性器が切除される儀式もある。

ラザルスの八つのコーピング ～ストレスに対して自分でできる対処法～

①ストレスに正面から取り組み、状況を変化させようと積極的に行動する。
②ストレスをつくる状況から距離を置き、ストレスを最小限に抑えようとする。
③ストレス状況に対する自分の感情や行動をコントロールする。
④ストレス解消のため、情報収集やカウンセリングなどの支援を求める。
⑤ストレス状況における自分の責任を認識し、物事を調整していく。
⑥ストレスを感じる状況から逃避しようとする。
⑦ストレスを解消するために考える努力をする。
⑧ストレスを感じる環境を変え、自分を成長させようとする。

ストレスを受けやすいタイプ、受けにくいタイプ

ストレスを受けやすい人と、そうでない人がいます。アメリカの医学者**マイヤー・フリードマン**と**レイ・ローゼンマン**は、心臓疾患の患者にはいくつかの共通した行動パターンがあることを突き止め、その性格を**タイプA**と**タイプB**に分類しました。タイプAは、野心的、攻撃的で、血圧の上昇や心臓疾患の発症を招きやすい性格とされます。タイプBは、非攻撃的で、病気にかかりにくい性格です。さらに、アメリカの心理学者リディア・テモショックは、ガンになりやすい人に共通した性格を**タイプC**と呼び、自己犠牲的で、周囲に気をつかい、我慢強い人としました。

タイプAは、自らストレスの多い生活を選び、ストレスに対しての自覚があまりない生活をしている人たちです。タイプBは、あくまでマイペースです。そして、タイプAの人は、タイプBの人よりも二倍も心臓疾患になりやすいことが報告されています。またタイプCは、人間関係から非常にストレスをためやすいといえます。

このように、同じようなストレスを経験した場合でも、その人の性格によってストレスの感じ方や対処法が異なります。

サイコロジーQ＆A

Q **夫は残業で深夜帰宅が続いています。仕事だからしかたないと言いますが、大丈夫でしょうか。**

A 典型的な**ワーカホリック**（仕事中毒）の状態にあるといえます。**燃え尽き症候群（バーンアウト・シンドローム**➡P198）とも関係しますが、この状態には過度の仕事量を抱え、休息も取らずに働き続けるという特徴があります。

仕事中毒に陥る要因としては、「仕事は何よりも大事」という価値観を刷り込まれていること、そのため仕事以外のことをすることが不安になることが考えられます。上記の**タイプA**の行動を取る人に多く見られます。

家庭や自分の健康を顧みず、最悪なことには過労死という事態になる危険もあります。すぐにでも現状を会社に訴え、状況を改善すべきです。

CHECK

あなたはタイプA、B、Cのどれ?

ストレスを受けやすい性格をタイプA、逆に受けにくい性格をタイプB、また、ガンにかかりやすく、人間関係で落ち込みやすい性格をタイプCと呼ぶ。それぞれ以下のような特徴がある。

- □ てきぱきした行動を好み、仕事中毒。
- □ 競争を好み、目標達成願望が強く、野心的。
- □ 早口、早足、早食い。
- □ 他人からの評価を気にする。

タイプA

オレが一番
頑張ったのに！

ストレス度 高い

- □ 仕事を過剰に抱え込まない。
- □ 家族や趣味などプライベートを大切にする。
- □ 穏やかな性格。
- □ 他人からの評価を気にしない。

タイプB

そうカリカリ
せずに…

ストレス度 低い

- □ 負の感情をため込みやすい。
- □ 対人関係で傷つきやすい。
- □ 周囲に従順で、あまり自己主張をしない。
- □ 人のために自分を犠牲にする。

タイプC

もうダメだ～

ストレス度 高い

適応障害は、環境の変化によるストレスが原因

人は人生の節目節目で環境の変化を体験します。社会人として会社に就職することや異動、転勤もそうです。**適応障害**とは、こうした環境の変化から発生する**ストレス**によって心身に障害が現れ、社会生活に支障を来《きた》す状態をいいます。症状としては、抑うつ気分や不安を伴い、身体症状としては摂食障害、けいれん、頭痛など、行動としては無断欠席や虚偽発言など、極端な変化が起こります。

新入社員や新大学生などに見られる**五月病**はその代表例といえます。これまでとはまったく違う環境に飛び込み、右も左もわからない中で働くことによって心身共に非常にエネルギーを奪われます。また、社会人一年目は、「自分ができること」と「自分がやれること」の差を思い知らされる時期でもあります。そうした環境に適応するため**防衛機制**（防衛反応⬇P136）が働きますが、ストレスが限度を超えるとその機能が働かなくなります。その結果、五月病という形で現れるのです。

適応障害は、**うつ病**をはじめとする病気の入り口となることがあり、軽く考えるのは危険です。

これも知っておこう

主人在宅ストレス症候群

定年になった夫が常に家にいるようになったことで、妻が強いストレスを感じ、身体に変調を来す状態を、心療内科医の黒川順夫《のぶお》が主人在宅ストレス症候群と名づけました。中には夫が脱サラして自宅で仕事を始めたというケースもあるといいます。

それらに共通しているのは、夫が家でテレビばかり見ている、三度の食事の用意が大変、細かく干渉されるなどで、今までにない強い束縛感を感じていることです。

こうした妻たちは、今まで亭主関白型だった夫に従ってきた女性が多く、夫に自分の気持ちを伝えられずに抑うつ気分となり、身体的にも胃潰瘍や高血圧、過敏性腸症候群、脱力感などの症状が現れてくるといいます。

これも一つの適応障害といえるでしょう。

CHECK

適応障害になりやすい時期

進学、就職、結婚など、人生の節目で経験する環境の変化に対応しきれず、そのストレスから適応障害が引き起こされることがある。

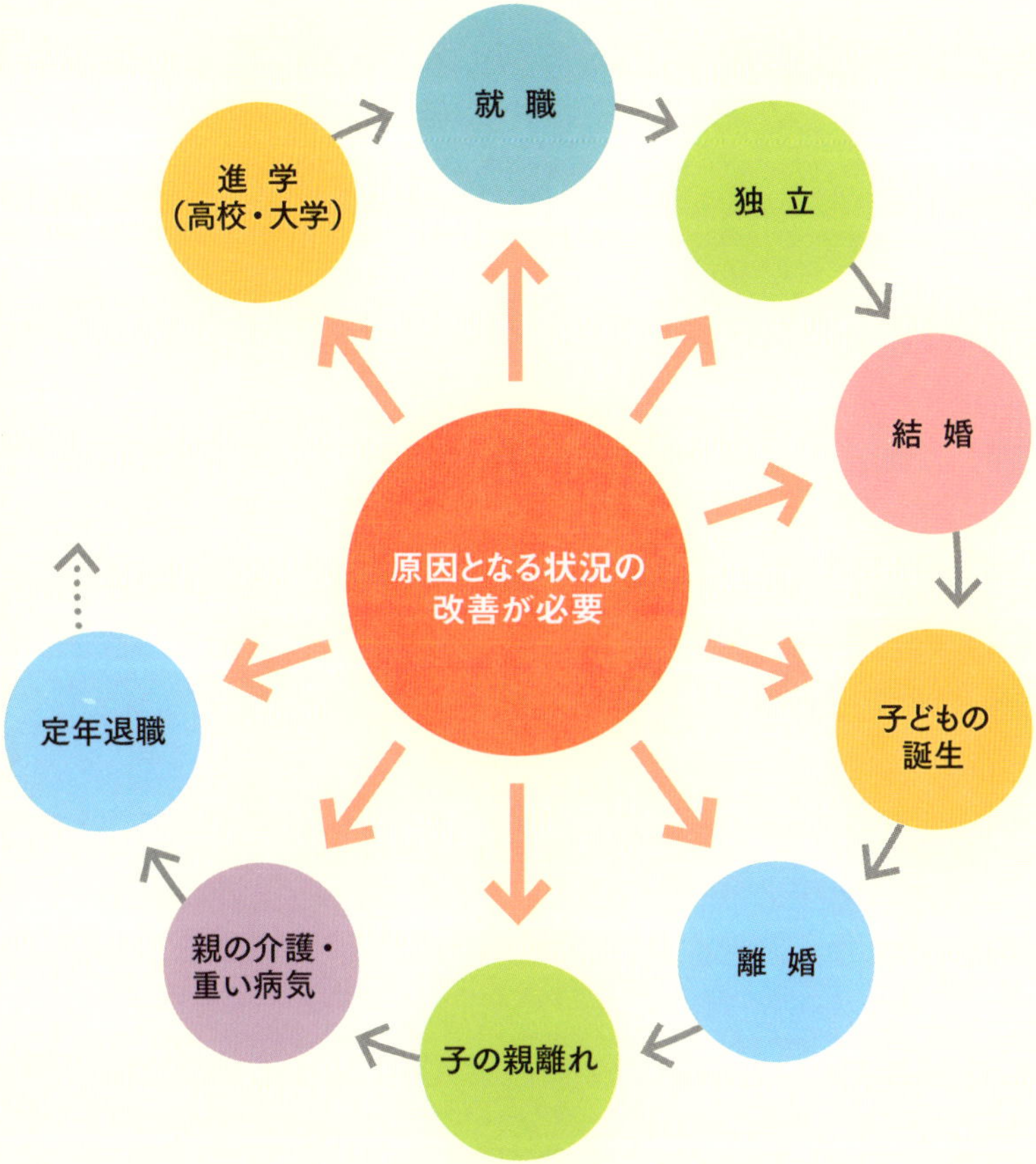

ストレスが限度を超えると、防衛機制が働かなくなる

誰がなってもおかしくない病気、うつ病

うつ病とは、憂うつ、おっくう、イライラするなどの**気分障害**（↓左図）が継続し、主観的に強い苦痛を感じる病気です。その症状は、精神面では気分が落ち込む、興味が湧かない、集中力の低下、自信喪失、自殺願望など。身体的には睡眠不足、食欲減退、体重減少などが現れます。

わが国では、10～15人に1人は生涯にうつ病を経験したことがあるといわれています。しかも、医師を受診していない人も入れればその数はさらに多くなります。つまり、誰がなってもおかしくない病気といえます。また、**自殺はうつ病と大きな関係**があります。そこで、厚生労働省は都道府県・市町村向けの対策マニュアルも策定しています。

うつ病の原因ははっきりとはわかっていませんが、**ストレスなどの外的要因**が大きいと考えられています。たとえば妻（あるいは夫）との死別、離婚、退職などといった人生の重大な出来事、昇進、転居、出産などの日常の出来事などがストレスとなることが多いようです。そして、**神経伝達物質（セロトニン、ノルアドレナリン）の調節障害**が関与しているという説も有力視されています。

これも知っておこう

双極性感情障害

気分が落ち込み、活動性が減少するうつ状態と、反対にテンションが高くなり、活動性が増大する躁状態とが交互に現れる精神障害で、一般的に躁うつ病と呼ばれています。**気分障害**の一つです。

双極性感情障害は、躁とうつの状態がはっきりと分かれて発現する**I型**と、大半はうつで、まれに躁が軽度に現れる**II型**の二種類があります。うつ病が食欲低下、不眠などの傾向があり、完治することも多いのに対し、双極性障害はI型、II型、共に過食や過眠に陥りやすく、慢性化しやすいという特徴があります。躁とうつを繰り返すサイクルには個人差があり、数か月～数年のレベルから数日単位で繰り返す場合もあります。周囲の人は注意深く見守る必要があるでしょう。

性格的には、①几帳面、勤勉、良心的、周囲に気づかいをする人、②悲観的で細かいことが気にかかる人、③自己愛が強く、精神的に未熟な人がかかりやすい傾向にあります。

周期性の病気で、数か月~数年で改善する病気ではありますが、発見が遅れ、医師によっては胃炎や**更年期障害**などと診断されることもあります。憂うつ感を感じ、こうした状態が数週間継続するような場合は、早めに専門医に相談するなど対処することが大切です。

認知の歪み（妄想性認知）

物事に白黒つけなければ気がすまない全か無か思考（all-or-nothing thinking）、一度や二度の失敗で次もそうなると考える一般化のしすぎ（overgeneralization）など、物事のとらえ方が極端になっていることをいい、うつ病の人に多く見られます。

CHECK

気分障害とは

気分の変動を長期間コントロールできなくなり、強い苦痛を感じるようになって社会的活動が困難になる状態。精神疾患の主要な分類法であるICD-10では、気分障害は大きく躁病、双極性感情障害、うつ病、反復性うつ病障害、持続性気分障害、他の気分障害、特定不能の気分障害の7項目に分類されている。

気分障害

躁病

気分が異常に高揚して、イライラしたり、怒りっぽい気分が最低1週間以上続くような状態。

双極性障害

躁うつ病、双極性感情障害ともいう。躁状態とうつ状態を繰り返す。いったん回復しても再発することが多い。

うつ病

軽症、中等症、重症などに分類される。一般的に、わずかに頑張ったあとでもひどく疲労を感じる。

反復性うつ病性障害

うつ病を繰り返す障害で、抑うつ気分、興味や喜びなどの感情を失ったり、活動性が低下したりする。

持続性気分障害

身体の変調や気分の乱れがかなり長期間にわたって持続する気分障害。

心の病気 03

自分勝手と見られがちな非定型うつ病が増えている

近年、新しいタイプのうつ病、**非定型うつ病**（**新型うつ病**）が増えています。はっきりとした定義はまだないため、便宜上こういう呼び方をされていますが、アメリカの精神医学会がつくった**DSM-5**（2013年の指針）ではうつ病と同じく**気分障害**の一つとして紹介されています。

症状としては、気分が沈んだり、不安になったり、イライラしたり、頭痛や吐き気を催すなど、従来のうつ病と似た状態が現れます。特徴的なのは、**自分にとって好ましいことや都合のよいことがあると、気分がよくなる**ということです。たとえば、仕事や学校に行く前にはうつ症状が現れ、仕事が終わると急に元気になったり、休日も元気に遊びに出かけたりします。また、**過食**や**過眠**になるのも非定型うつ病の特徴です。そして、他人から拒絶されることに対しては敏感になります。つまり、社会不安（対人恐怖）の傾向が出てきます。

こうした独特の症状から、非定型うつ病の人は周囲から自分勝手な人だ、あるいはそういう未熟者がかかる病気だと偏見を受ける可能性があります。しかし、本人にとっては本当につらい、どうしていいかわから

これも知っておこう

ディスチミア親和型うつ病とメランコリー親和型うつ病

ディスチミア親和型うつ病は、**気分変調症**ともいい、やはり**新型うつ病**の一つといえます。以前は抑うつ神経症と呼ばれていました。**自己愛性パーソナリティ障害**に近く、他罰的で逃避的な性格が見られます。30代までの若者に多いのが特徴です。過保護に育てられてきたことなどから、自分らしさを形成できず、そのため他者とコミュニケーションを取るのが苦手になり発症するともいわれています。

一方、**メランコリー親和型うつ**は、ドイツの精神科医**テレンバッハ**が古典的・定型的な**うつ病**にかかる人の性格には共通性があるとして名づけたもので、中年期以降の几帳面で勤勉な人がかかりやすいとしました。

ない病気なのです。

うつには一般的なうつ病（**大うつ病**）だけではなく、このようなタイプのうつ病もあることを知っておきましょう。そして、「怠けている」と思い込んで頭ごなしに叱るのではなく、相談にのったり、医師に相談するなどしたいものです。ちなみに非定型うつ病は圧倒的に女性に多くみられ、特に10～30代の女性の多くのうつ病がこのタイプではないかといわれています。

アレキシサイミア

失感情言語化症ともいい、コミュニケーションが取れない、融通が利かない、想像力が乏しい、人間関係を築くのが不得手、物事を細かく機械的に説明するといった特徴があります。アレキシサイミアの人はうつ病になりやすいといわれています。

CHECK

怠けていると誤解されやすい非定型うつ病

非定型うつ病は従来のうつ病とは異なる症状がいくつかあり、そのため病気だと受け止められず、見過ごされることも多い。

	従来のうつ病	非定型うつ病
食生活	 食欲がなくなる	 過食になる
睡眠	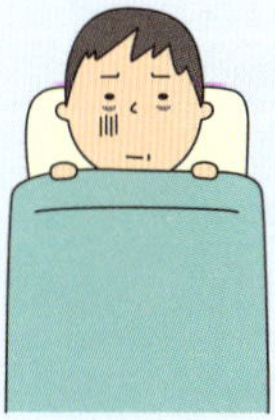 不眠になる	 過眠になる
気分の状態	 ずっと気分が落ち込む	 好きなことをしていると気分がよい

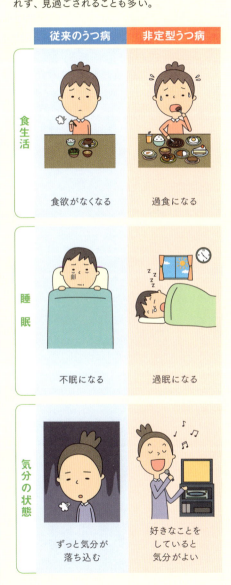

心の調和が取れなくなったとき、神経症が現れる

過剰なストレスや疲労が引き金になって、心身に起こるさまざまな症状を**神経症**（**不安障害**）と呼びます。昔は**ノイローゼ**と呼ばれ、精神病と混同されることも多かったようです。もちろん精神病ではなく、健康な人が普段体験するような心や身体に対する感覚や感情が度を超えた状態になるものといえます。たとえば、何度も手を洗わなくては気がすまない**不潔恐怖症**もその一つです。

神経症にはおもに、社会状況や行為を避けたくなって、その結果社会生活に支障を来してしまう**社会不安障害**（**恐怖症**→P190）のほかに、特定の状況に限定されず不安が現れる**パニック障害**（→P192）、**強迫性障害**（**強迫神経症**→下段）、**非定型うつ病**（→P186）、**解離性障害**（**ヒステリー性神経症**）、**心気症**（→P200）、**離人性《りじんせい》障害**（**離人神経症**→下段）、**気分障害**（→P184）などがあります。

一般に神経症の人は内省的性格が強いといわれます。また、理知的で執着性、感受性が強く、上昇志向がある人がなりやすいようです。それらの方向が偏りすぎたとき、調和が取れず神経症となってしまうのです。

もっと詳しく

強迫性障害（強迫神経症）

ある思考やイメージが浮かび、頭から離れない強迫観念、ある行動を繰り返し続けなければ落ち着けない強迫行動が特徴です。強迫観念に伴う不安を打ち消すため、自分でも馬鹿馬鹿しいとは思いつつ、繰り返さずにはいられないのです。

戸締まりを繰り返し確認する確認強迫、整理整頓強迫など、さまざまなものがあります。

離人性障害（離人神経症）

離人症ともいいます。自分が現実に生きている実感がなくなる症状で、自分のことを外界から眺めているような感覚、夢を見ているような感覚、風景をスクリーンを通して見ているような感覚があります。人に囲まれていても孤独を感じるという特徴があります。

CHECK

神経症になりやすい人は?

神経症は、ストレスや疲労から引き起こされるさまざまな精神障害のこと。
どんな性格の人がなりやすいのだろうか。

自己内省的、理知的、意識的

長所 真面目で、責任感が強い。自己反省もできる。

短所 小さな欠点も見逃さず、それが劣等感につながる。

執着性が強い

長所 物事にこだわり、粘り強く、何でも頑張れる。

短所 こだわりすぎて、融通が利かなくなる。

感受性が強い

長所 人の世話を焼くのが好き。細やかで、よく気がつく。

短所 心配性で、ちょっとしたことで不安を抱く。

向上心が強い

長所 目標に向かって努力を惜しまない。

短所 完璧主義であるため、少しでも完成されていないと落ち込む。

子どものころの体験が影響する対人恐怖症

対人恐怖症（**社会恐怖**）は、日常生活もままならないほどに、人と接するときに緊張し、震えたり、電話が取れなくなったりなどする病気です。この症状に悩む人は女性に多く、男性の約二倍もいるといわれています。特に20～30代は、就職して社会に出て新しい環境に戸惑ったり、結婚・出産などで母親同士の人間関係に悩まされる時期でもあります。そのため、今まで感じたことのない苦痛やトラブルに見舞われることになります。

対人恐怖の背景には、幼いころの体験も影響しているといわれています。たとえば、もともと神経質な性格の子が、学校で先生に叱られた友人を見て人前に出るのが怖くなったり、発表会で大失敗して笑われて、それ以来人前で話すことができなくなったなど、人それぞれのつらい経験があったと考えられます。

こうした症状は、以前は「気持ちの持ちようだ」などと言って相手にされない場合が多かったようですが、現在は**社会不安障害**（**恐怖症**）として、助力が必要とされています。とはいえ、本人がなかなか助力を求

これも知っておこう

社会不安障害評価尺度

社会不安障害（SAD＝Social Anxiety Disorder）の重症度を評価するのに使われます。一般に**LSAS**（Liebowitz Social Anxiety Scale：**リーボビッツ社会不安障害評価尺度**）と呼ばれます。

LSASには24項目の質問があり、その回答を「恐怖感・不安感」は0～3点、「回避」も0～3点の4段階で点数化します。そして、健常者、境界域、軽症、中等症、重症と評価します。

LSASの質問には以下のようなものがあります。

①人前で電話をかける
②少人数のグループ活動に参加をする
③公共の場所で食事する
④人と一緒に公共の場所でお酒(飲み物）を飲む
⑤権威ある人と話をする
⑥観衆の前で何か行為をしたり話

めないことが多いのも事実です。そのため、**引きこもり**（➡P196）につながっていく可能性もあります。そこで、周囲がそのような状態を病気と気づき、悩んでいる人が前向きに生きられるように治療に意識を向けさせ、手助けしてあげることが大切です。

治療方法には**薬物療法**と**認知行動療法**（➡P216）がありますが、実際にはこの二つを併用する場合が多いようです。また、同時に他の精神疾患を併発する割合も高いので、なるべく早く受診したいものです。

をする
⑦パーティーに行く
⑧人に姿を見られながら仕事（勉強）をする
⑨人に見られながら字を書く
⑩よく知らない人に電話をする
などです。

CHECK

対人恐怖症のタイプ

対人恐怖は、他者の存在を気にしすぎることから起こると考えられ、真面目で完璧主義の人間ほどかかりやすいといわれる。対人恐怖には以下のようなタイプがある。

赤面恐怖

人前に立つと顔が赤くなる。

スピーチ恐怖

会議や披露宴などでスピーチする際、強いプレッシャーを感じる。

視線恐怖

人に観察されている気がするなど、他人の視線が怖くなる。

会食恐怖

食べているところを他人に見られると食べられなくなる。

電話恐怖

電話が鳴ると動悸が激しくなり、電話が取れなくなる。

書痙（しょけい）

人前で字を書こうとすると手が震える。

強い恐怖に突然襲われるパニック障害

パニック障害は、ある日突然、激しい不安とともに**パニック発作**（**不安発作**）が起こる病気です。激しい動悸、息切れ、発汗、吐き気やめまいなどのパニック発作は30分（長くても1時間）程度で治まりますが、発作が起こっているときは、自分はこのまま頭がおかしくなってしまうのではないか、死んでしまうのではないか、などと強い恐怖に襲われて苦しみます。

パニック発作は、反復性があります。頻度は個人差があり、1日に何度も起こる人もあれば、1週間に1回程度の割合で起こる人もいます。そして、発作を何度も経験しているうちに、またあの苦しみが襲ってくるのではないか、人前で発作が起きたらどうしようという**予期不安**に苦しめられます。自分で症状をコントロールできないという恐怖がこの疾患の大きな特徴といえるでしょう。

また、**広場恐怖**（逃げられない場所にいるという恐怖）を伴う場合も多く、エレベーターや電車、タクシーの中など容易に逃げ出すことができない場所で、突然パニック発作に襲われます。そのため外に出ること

これも知っておこう

暴露療法

パニック障害やPTSD（心的外傷後ストレス障害➡P202）の治療法の一つで、その人にとって苦痛となる対象にあえて触れさせることで、心の状態を正常に戻していくというもの。PTSDでいえば外傷体験（肉体的、精神的ショックを受けたことで、長い間心の傷となってしまうこと）、パニック障害でいえば、パニック発作の元となった刺激や状態に少しずつ慣れさせていきます。たとえば、人前でパニックを起こす患者は、少しずつ人ごみに連れ出すようにします。

サイコロジーQ&A

Q **姉が数年前にパニック障害を発症しました。家でできる症状の改善法はありますか。**

A 心身をリラックスさせる効果のあるトレーニング、自

を嫌がるようになり、そのために行動範囲や生活環境が狭められて**うつ状態**になってしまうのです。

パニック障害は女性に多い病気といわれています。原因としては、パニック障害を発病しやすい体質（親が患者の場合、発症率が高まる）、ストレスや過労が発作の誘因となる、中枢・末梢神経の調節障害が関与している、幼いころに親と死別または生別したなどの環境要因が挙げられています。

律訓練法があります。まず椅子に座るか仰向けの状態で、手足が重い、次に温かいという自己暗示をかけます。さらに心臓が規則正しく波打ち、呼吸が楽などと暗示をかけます。これらの暗示により、自律神経系を正常にする効果があります。

CHECK

死ぬのでは、という恐怖に襲われるパニック障害

パニック障害の最初の発作は、何の前触れもなしに訪れる。文字どおりパニックとなり、救急車を呼ぶ事態になることもある。

パニック発作

発作は通常、30分～1時間程度で治まるが、反復性があり、また起こるのではないかという予期不安に襲われる。

広場恐怖

混雑していて逃げ出しにくい場所、電車やエレベーターの中などが怖くなり、外出できなくなる。

心の病気 07

肥満を恐怖し、極端な食事制限に走る摂食障害

思春期や青年期に多く見られるのが**摂食障害**で、文字どおり摂食することに問題が出る病気です。症状によって、**神経性大食症**（**過食症**）と**神経性無食欲症**（**拒食症**）に分けられます。

過食症は食べることをやめられなくなり、一度に大量のものを食べる行為を繰り返します。しかし、そんな**自分に対する自責の念もあり**、肥満になることに恐怖を覚え、絶食したり、嘔吐をしたり、下剤や浣腸を使うなどして太るのを避けようとします。こうした行動が度重なると、食道炎や歯の損傷、低カリウム血症などを起こす危険があります。

拒食症は、**自分は太っているという思い込みが強く**、やせていても減量を続けてしまいます。そして、無月経、低体温などになり、最悪の場合、餓死に至る危険もあります。

いずれもダイエットがきっかけになって発症することが多く、性的に成熟することへの葛藤や拒否感から起こることもあります。また、性格的には真面目で完璧主義傾向が強い女性がかかりやすく、環境面では、人間関係の問題による**心理的ストレス**が考えられます。特に**母親との関**

これも知っておこう

家族療法

摂食障害の治療では、患者本人だけではなく、患者の家族も同じ問題を抱える存在として心理療法が行われることがあり、これを家族療法と呼びます。家族療法の対象となる家族は、一般に家族神話に支配されていることが多いといわれます。

たとえば、名門一家に生まれた子どもが人生に失敗し、挫折感にさいなまれて拒食症になるような場合、「〇〇家の人間はこうあらねばならない」という家族神話にとらわれていると考えられます。家族療法では、暗黙のうちに子どもに影響を与えているこれらの家族神話を家族全員に気づかせ、家族間の葛藤を解消させる方法を採ります。

心身症

摂食障害と同様にストレスがき

係が問題とされます。母親の言うことを聞いて忠実に育ったため、成長してそれに耐え切れなくなり、ダイエットをきっかけとして摂食障害となるケースや、逆に愛情に恵まれずに育った場合、その反動が自分の肉体を極度にコントロールしたい願望になったというケースもあります。

治療方法としては、**行動療法**、**認知療法**、**精神分析的心理療法**、**家族療法**（↓下段）などがありますが、何を治療目標にするか、そして摂食障害をどんな観点からとらえるかによって治療法は変わってきます。

っかけとなって起こるさまざまな内科的疾患のことを総称して、心身症といいます。

心身症には、過敏性大腸炎、偏頭痛、気管支ぜんそく、高血圧症、糖尿病、円形脱毛症、メニエール病など多くのものがあり、症状の出る部位は全身にわたっています。

CHECK

摂食障害の進行過程

過食症も拒食症も、ダイエットがきっかけとなって、さまざまなストレスが加わり、引き起こされると考えられる。

過食症	拒食症
食べすぎてはその罪悪感から吐く行為を繰り返す。	いくらやせても自分は太っていると思い込み、食べ物を口にできない。

過食症	拒食症
食べたいという強い衝動	ストレスによる食欲低下、またはダイエット
↓	↓
短時間で大量の食物をとる	意図して食べない
↓	↓
絶食、または嘔吐・下剤などで浄化行動	食べようにも食べられない

社会や家族を拒否する社会的引きこもり

うつ病（➡P184）や**神経症**（➡P188）を患う人の中には、強い不安感や恐怖感から家に引きこもってしまう人がいます。**引きこもり**とは、ほとんどの時間を自室、あるいは自宅にこもって過ごし、社会的な活動を避けている状態をいいます。最近では、精神的な疾患が認められないにも関わらず引きこもる人も増えてきました（**社会的引きこもり**）。現在では引きこもりといえば、社会的引きこもりを指すようになり、その数は内閣府の調査によると、15～39歳の引きこもりは全国で推計約54万1000人（2016年『若者の生活に関する調査報告書』による）で、引きこもりの長期化・高年齢化の傾向があることがわかりました。

日本の精神科医**齋藤環**《たまき》（1961～）は、社会的引きこもりについて「二十代後半までに問題化し、6か月以上、自宅に引きこもって社会参加をしない状態が持続しており、ほかの精神障害が第一の原因とは考えにくいもの」と定義しています。また、**不登校**が長引いた結果、そのまま引きこもり生活へとつながるケースも多く見られます。

引きこもり期間が長引くにつれて、親との会話も避けるようになり、

これも知っておこう

回避性パーソナリティ障害

パーソナリティ障害のC群に分類される（➡P210）パーソナリティで、他人からどう思われているかが非常に気になり、傷つきやすいという特徴があります。

この障害を持つ人は、不登校、引きこもり、出社拒否、うつ病などになりやすくなります。背景には母子密着型で過保護な幼児・児童期があるのではないかとされています。

家庭内暴力とDV

ストレス、引きこもりなどの内的要因から家庭内暴力が起こることがあります。文字どおり、家族に対してふるわれる暴力です。また、家庭内に限らない家族への暴力をDV（ドメスティック・バイオレンス）といいます。

この場合、特に夫婦間や恋人間、親から子に対する暴力を表すとき

CHECK

引きこもりの家庭事情

社会的引きこもりは、無気力で怠けているように見えるが、自尊心が傷つき、強い劣等感や焦りを感じている。引きこもりの背景には以下のようなことが考えられる。

本人

- いじめられた経験がある。
- 不登校だった。
- 引きこもるまでは真面目で成績もよく、手のかからない“いい子”。

親

- 経済的、文化的に世間並以上。
- 両親が揃った家庭が多い。
- 父親は存在感が薄い。単身赴任などによる不在も多い。
- 母親は真面目で几帳面。子育てに熱心だが、世間体を気にする。

家庭環境

- 個室があり、マンガ、ビデオ、ゲーム、パソコン、冷暖房、冷蔵庫など、引きこもりを支える環境がある。

ゲームやパソコンなどを相手に**昼夜逆転**の生活を送るようになります。

また、**退行**（➡P94）が起こることがあります。退行は、壁を叩く、大声で騒ぐ、窓ガラスを割るなどの暴力行動をしばしば引き起こします。

一般的に、引きこもり期間が長ければ長いほど自力での復帰が難しくなります。家族だけによる問題解決も困難です。精神科を受診することが大切ですが、その前に**精神保健福祉センター**など公的機関に問い合わせてみるのもよいでしょう。

によく使われます。親から子への暴力の場合は、**児童虐待**という言葉も使われます。

家庭内暴力をふるうのは高校生が最も多く、一般的に「よい子ども期」「だんまり期」「反抗期」「強要・暴言期」「暴力・破壊期」という経過をたどります。

突然やる気を失ってしまう燃え尽き症候群

何の滞りもなく仕事をしてきた人が突然やる気を失い、まるで燃え尽きたかのようになってしまう。これが**燃え尽き症候群**（**バーンアウト・シンドローム**）です。この言葉を最初に用いたのはアメリカの精神心理学者**ハーバート・フロイデンバーガー**（1927〜1999）で、その後アメリカの社会心理学者**クリスチーナ・マスラック**が、その重症度を判定する**MBIマニュアル**を考案しました。

MBIによると、バーンアウトは、**情緒的消耗感、脱人格化、個人的達成感の低下**の三つの症状があると定義されています。情緒的消耗感とは、仕事を通じて情緒的に力を出し尽くし、消耗してしまった状態をいいます。激務がたたって心にゆとりがなくなってしまったと感じたり、身も心も疲れ果ててしまったなどの感情です。

そうした消耗感への**防衛機制**（防衛反応➡P136）として、相手との**情緒的コミュニケーション**をできるだけ避けるようになります。その行き着く先が**脱人格化**です。そのような人は他者に対して紋切り型で対応してしまうようになるため、相手への気配りなどを面倒に感じたり、仕事

これも知っておこう

感情労働

アメリカの社会学者**アーリー・ホックシールド**（1940〜）が提唱したもので、サービスする相手に笑顔で接し、感謝の気持ちを伝えることを仕事上管理されている労働のことをいいます。接客業などの**サービス業**のほか、**看護師や介護士、教師**など、人に優しく接することが求められる仕事に多く見られます。

感情労働では、たとえその人の体調が悪いときでも笑顔で接することが要求されます。笑顔は本来人為的につくるものではありませんが、中には強制的に笑顔になってしまう人もいます。そして本来持っている感情を失い、**燃え尽き症候群**になってしまう人もいます。

労働にはほかに身体を動かして作業などを行う**肉体労働**、頭を使う**頭脳労働**がありますが、感情労働に疲れた人が肉体労働などに転

の結果などはどうでもいいと感じるようになります。

そうなると仕事の成果は落ち込み、これまでその仕事で得てきた達成感は著しく低下してしまいます。個人的達成感の低下は、時に人を休職や離職に向かわせることもあります。

また、大きなスポーツ大会で選手たちが人生最大の目標を終え、**虚脱感**を覚えて引退するときなどにも燃え尽き症候群ととらえられることが多いようです。

職するケースもよく見られます。

サンドイッチ症候群
中間管理職に多く見られる症状で、上司と部下との板挟みに苦しみ、うつ病（➡P184）や心身症（➡P194）を発症してしまうものです。

CHECK

仕事熱心な人に多い燃え尽き症候群

マスラックは燃え尽き症候群の特徴には以下の三つがあるとした。

1 情緒的消耗感

心身共に疲れ果て、きれいなものを見ても無感動になる。

2 脱人格化

対人関係が煩わしくなり、突き放すような態度を取ることもある。

3 個人的達成感の低下

達成できそうもないと予期し、仕事に対するモチベーションを失ってしまう。

美容整形でも満足できない 美醜へのこだわり

思春期や**青年期**になると、女性も男性も外見を非常に気にするようになります。特に女性は早いうちからファッションやメイクに興味を持ち始めますが、最近は男性用メイク用品も受け入れられています。

見た目に気を配るのはマナーとして大切なことですが、自分の容姿を気にしすぎるのも考えものです。「自分の外見は醜い」との思い込みから逃れることができず、他人の目に自分の姿が映るのを怖れるあまり、人間関係や仕事に支障を来してしまうのが**身体醜形《しゅうけい》障害**（**醜形恐怖**＝Body Dysmorphic Disorder：**BDD**）です。一種の**心気症**や**強迫性障害**（**強迫神経症**➡P188）ともいわれます。

思春期に発症することが多く、長引けば10年以上続くケースも見られます。自分は醜いという**強迫観念**から鏡を見ることが怖くなったり、逆に何度も鏡で自分の姿を確認せずにはいられなくなるのが特徴です。自分は醜いという思い込みから繰り返し**整形手術**を行う人、人前に出る恐怖から**引きこもり**（➡P196）へとつながってしまう人、偏ったボディ・イメージから**摂食障害**（➡P194）になる人もいます。また、人間関係がうま

これも知っておこう

身体表現性障害

ストレスが元になって身体や行動に異変が起きる症状の総称で、上記の身体醜形障害も含まれます。

おもな**身体表現性障害**には次のようなものがあります。

身体化障害……頭痛、腹痛、下痢など身体のあちこちに不調を訴えるものの、内科的に見て異常が見つからない状態。

転換性障害……ストレスが原因で突然歩けなくなるなど、ストレスが身体の不調へと転換されている状態。

心気症……わずかな身体の不調から、重い病気ではないかと不安になる状態。

疼痛《とうつう》性障害……身体にうずくような痛みを感じてはいるものの、内科・外科的に異常が見つからない状態。

CHECK

見かけが気になる身体醜形障害

自分の顔、鼻、骨格、スタイルなど、外見が醜いと思い込み、人と会うことを避けるようになる心の変化。気になる部位は一つとは限らず、顔や体型の全体に及ぶこともある。

スタイル
顔
毛
目
額
唇
鼻
頬
耳
歯
皮膚
あご
胸
肩
腹
腕
腰
手首
脚
性器
お尻

美容外科などで手術を受けても、結果に満足できない。精神科での治療が必要。

くいっていないとき、「自分は醜いから、人とうまくつき合えないのだ」と問題をすり替えてしまうこともあります。

さらに、自分の容姿で気になる箇所を、家族にどう感じるかと確認する**家族巻き込み型**が多いのも特徴です。そこから家庭内での関係が崩れ、**家庭内暴力**（➡P196）に発展することもあります。この場合、本人は病気だとは思っていません。本人の言いなりになって美容整形に一緒に行くよりも、精神科などの専門医に相談するほうがよいでしょう。

ロール・プレイング（役割演技）
心理療法の一種。身体醜形障害などの症状により、現実に他人と会話するのが怖くなっている人のために、実際に会話する場面を想定してグループ内で会話を行うなど、現実に直面させる一歩手前の段階を経験させます。

忌まわしきトラウマが発症させるPTSD

PTSD（心的外傷後ストレス障害）は、日本では1995（平成7）年に起きた阪神淡路大震災以降に注目を浴びるようになり、アメリカでは1980年代に、ベトナム戦争から帰還した兵士の症状として注目され始めました。PTSDとは**不安障害**の一種で、犯罪や戦争、災害や事故、暴力や虐待など、死と隣り合わせの危険を体験したり、ショッキングな出来事に出会うと、それが**トラウマ（心的外傷）**となって発症するとされています。多くの場合すぐに発症しますが、時にはそうした体験の数年後に突然何かのきっかけで発症することもあります。

　PTSDを発症すると、トラウマとなった出来事に関連することを回避しようとしたり、その出来事の重大な部分だけを思い出せなくなったりします。また、神経が高ぶって怒りっぽくなり、集中力がなくなる、過剰な警戒心、睡眠障害なども現れます。

　PTSDの症状として特徴的なのが**トラウマの再体験**です。突然、目の前に思い出したくもないトラウマがよみがえる**フラッシュバック**や、その出来事に関連した悪夢を繰り返し見たりします。症状のつらさから、

これも知っておこう

解離性障害

　解離とはバラバラになること。**解離性障害**は、**トラウマ**への自己防衛手段として解離という方法を選んだ状態をいいます。つまり、自我を成立させている記憶、意識、運動、視覚、触覚などの感覚が損なわれ（解離）、正常に機能しなくなるのです。

　解離性障害には、症状別に以下のようなものが挙げられます。

解離性健忘……数時間～数日間の記憶が失われる。空間移動しているような気分。

解離性遁走《とんそう》……家庭や職場から突然失踪し、その間自分の名前や職業、家族のことなどを忘れる。

解離性同一性障害（多重人格障害）……複数の人格が存在する。

解離性混迷……長時間座ったり、横になったままで、音や光などの刺激にも反応しない。

憑依《ひょうい》障害……霊や神などに取り憑《つ》

離婚や失職、対人不安やアルコール依存、薬物依存などで逃避したり、最悪のケースでは自殺に追い込まれることもあります。

PTSDは、極端な経験から感じるストレスが原因ですから、その人のペースで治療を進めていくことが大切です。治療法としては、同じトラウマを持つ人々が話し合うグループセラピーや、**行動療法**（➡P212）、**催眠療法**、**EMDR**（Eye Movement Desensitization and Reprocessing：眼球運動による脱感作と再処理法）などがあります。

かれていると確信する。

解離性運動障害……手足の運動能力が失われ、介助なしで立つことができなくなる。

解離性知覚麻痺……皮膚の感覚がなくなり、視覚、聴覚、嗅覚の障害も現れる。

CHECK

PTSDはこうして起こる

PTSDは過去のショックな体験がよみがえることで起こるさまざまな障害を指す。責任感が強く、精神的に強い人がかかりやすい。

殺人事件の現場に居合わせた
自然災害に遭った
離婚を経験した
近親相姦、レイプなどの性犯罪に遭った
虐待を受けた
戦争を体験した
ショッキングな出来事

PTSDを発症

フラッシュバルブ記憶（➡P241）、悪夢、フラッシュバックとして悲惨な体験が繰り返しよみがえり、PTSDを発症する。

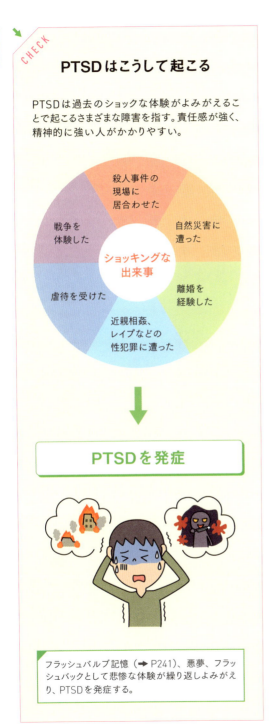

アディクションは心が現実逃避している状態

ある特定の刺激や快楽を強く求めてしまう性向を**アディクション**（**嗜**《し》**癖**《へき》）と呼びます。わかりやすい言葉では「のめり込む」「はまる」といった状態です。アディクションを大きく分けると、**物質嗜癖**、**プロセス嗜癖**、**人間関係嗜癖**の三つがあります。これらを自分自身でコントロールできなくなり、精神疾患として発症してしまうのが**依存症**です。

アルコール依存症は物質嗜癖（気分を変えてくれる物質へののめり込み）から生まれる代表的な依存症です。薬物依存や過食もこれに当てはまります。これらにのめり込むと、それが切れたときに手が震えるなどの禁断症状が起こります。

ギャンブル依存症はプロセス嗜癖（高揚感を与えてくれる行動へののめり込み）から起こります。ひどくなると生活費まで使い込み、借金をしてまでやるようになります。仕事、ショッピング、借金、リストカット、インターネット、ストーキング、強迫的なダイエットなどもプロセス嗜癖の対象です。

人間関係嗜癖は、人間関係にのめり込むもので、相手との関係性に過

これも知っておこう

振戦せん妄

せん妄とは、意識が混濁して、幻覚や錯覚が見られる状態をいい、振戦《しんせん》せん妄は、アルコール依存症を治療している過程で見られる禁断症状のことです。

断酒をすることにより、中枢神経系が興奮し、離脱症状（発汗、手の震え、吐き気など、身体機能がコントロールできなくなる状態）を起こしますが、それが重症化した状態です。振戦とは手の震えのことです。

振戦せん妄は4、5日で治まりますが、肝不全や消化管出血など飲酒に関連した疾患が潜んでいる可能性もあるため、放っておくとそのうちに事故を起こしたり、昏睡状態になって死に至ることもあります。

機能不全家族

アメリカの社会心理学者クラウ

剰に依存する**共依存症**（➡P206）などがこれに当たります。

アディクションが起こる背景には、自分が抱えているつらさから逃れ、自分で自分を癒そうとしていることが考えられます。しかし、この**自己治療**は、次第にコントロールが利かなくなり、一つのアディクションから次のアディクションへ移行したり、複数のアディクションを抱えてしまうこともあります。自己コントロールができない状態ですから、専門医や周囲の力を借りて治療する必要があります。

ディア・ブラックが提唱したもので、家族機能を果たしていない家族のこと。つまり、家庭内に**虐待**や**ネグレクト（育児放棄）**などがあり、家庭崩壊している状態です。**アダルト・チルドレン**は機能不全家族の中で育ち、成人しても**トラウマ**（➡P202）を持ち続けている人を指します。

CHECK

特定の物事がやめられなくなる依存症

依存症（嗜癖《しへき》、アディクション）は大きく以下の三つに分けられる。

① 物質嗜癖

物質を摂取することに依存する。

- アルコール依存症
- ニコチン依存症
- 過食症（食べ物への依存 ➡P194）
- コカインなどの薬物

② プロセス嗜癖

仕事やギャンブルなど、特定の行為に依存する。

- ギャンブル依存症
- 買い物依存症
- 仕事依存症（ワーカホリック）
- 自傷行為（リストカットなど）
- 盗癖
- インターネット依存症

③ 人間関係嗜癖

親子、夫婦、恋人など、限られた人間関係に依存する。

- 共依存症（人間関係に過剰に依存する ➡P206）
- 恋愛依存症
- セックス依存症

暴力を受けてもNOと言えない共依存症

依存症（⬇P204）の中でも人間関係嗜癖《しへき》（アディクション⬇P204）に類するのが共依存症です。モノやある行為に依存するのではなく、特定の人間関係に依存し、身近な人（配偶者、親族、恋人、友人など）の問題ばかりに気を向けてその問題の後始末に夢中になります。

典型的な例が、暴力的な男性でも好きになってしまう女性です。彼女はDV（ドメスティック・バイオレンス⬇P196）を受けても、お金をむしり取られても「あの人にもいいところはある」などと言って、決して別れようとしません。それどころか「あの人には私がいないとダメだ」と自分を納得させて相手に尽くそうとします。そのようにふるまう原因は、相手との関係性を維持することに自分の生き証を見出していることにあります。

このように、共依存症の人は、周りの感情や行動に過剰なまでの責任を感じます。自分の欲求を表現することが苦手で、強い不安感を抱えています。常に他者の評価を必要として、それをもって「優れた自分」「愛される自分」という認識を自分の中に取り入れようとします。

これも知っておこう

DVサイクル

アメリカの心理学者レノア・ウォーカーが提唱したもので、DVは左図のように三つのサイクルを繰り返すことで次第に被害が拡大していくとしました。

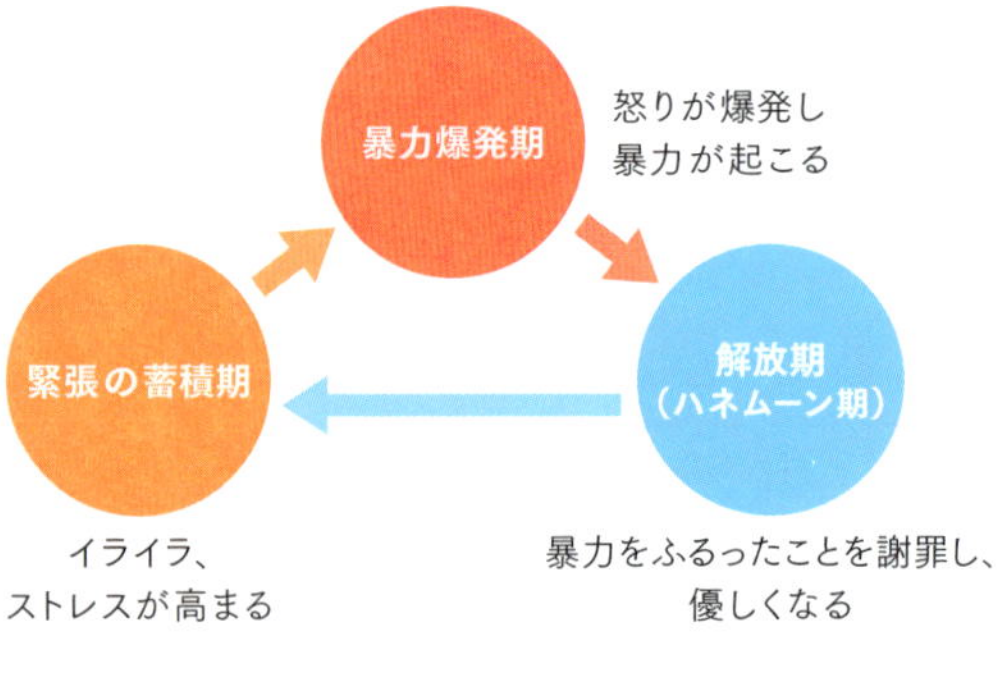
暴力爆発期
怒りが爆発し
暴力が起こる
解放期
（ハネムーン期）
暴力をふるったことを謝罪し、
優しくなる
緊張の蓄積期
イライラ、
ストレスが高まる

CHECK

相手に尽くすことで自己確認をする共依存症

家族や恋人など、特定の人間関係に依存しようとすることを共依存症という。

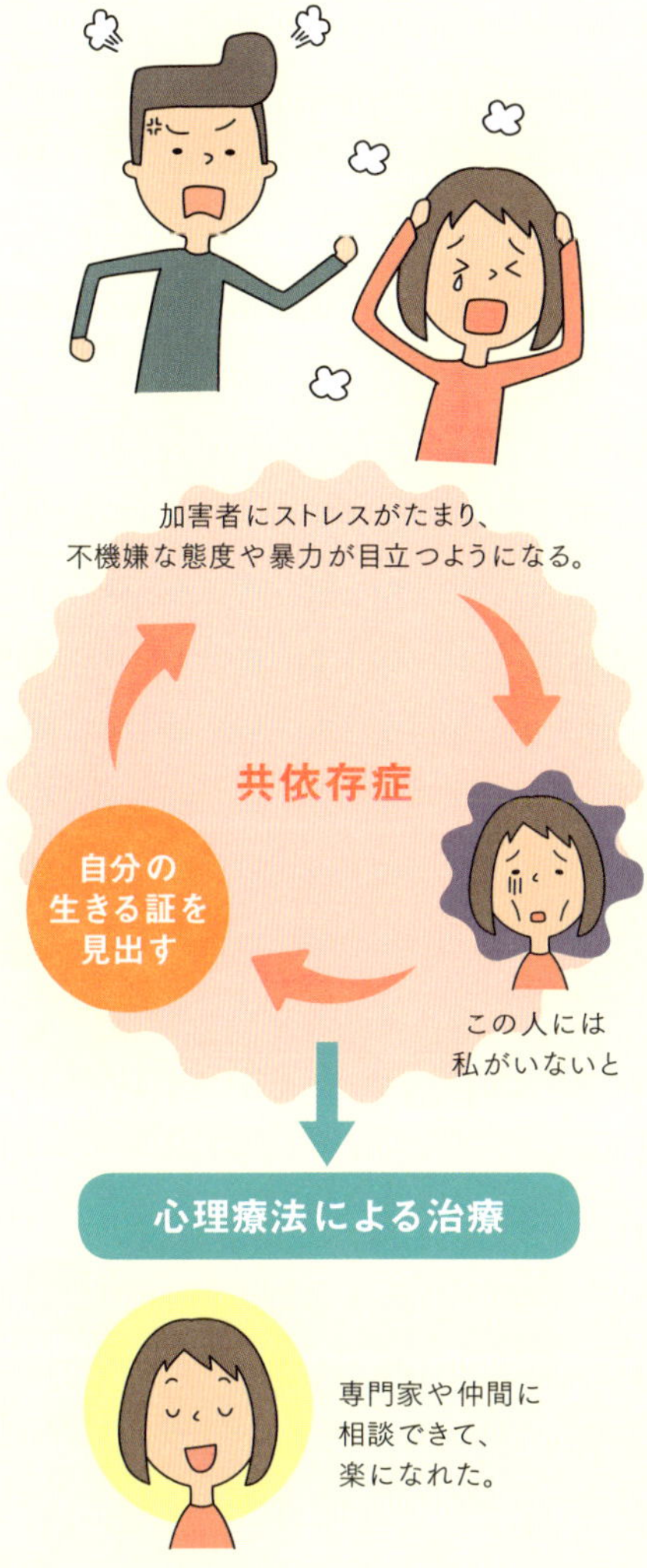
加害者にストレスがたまり、不機嫌な態度や暴力が目立つようになる。
共依存症
この人には私がいないと
自分の生きる証を見出す
心理療法による治療
専門家や仲間に相談できて、楽になれた。

共依存症を断ち切るには、治療を受け、自分と相手との人間関係を客観的に見つめられるようになることが重要。

時には甘えることも必要でしょうし、助け合って生きることは、幸せな人生を過ごすための必要条件でもあります。しかし、依存しすぎると、健全な人間関係を築くにはかえってマイナスになってしまいます。

アディクション全般に言えることですが、まず治療のためには**周期性を断ち切ること**が大切です。刺激を受けることを阻害し、アディクションを進行させる回路を破壊するのです。望ましくない人間関係を断ち切るためには、共依存を自覚することが必要といえるでしょう。

三段階のサイクルが現れる周期は人によって異なりますが、一度始まってしまったDVは次第にエスカレートしていき、その周期もだんだん短くなっていくのが一般的です。

被害者は、ハネムーン期の優しさを本物と思い込み、耐えてしまう傾向にあります。

相手の気持ちが理解できないストーカー

人を好きになるというのは人間にとって自然な感情です。しかし、相手の気持ちとは関係なく「好きです」「つき合ってください」と執拗につきまとう人がいます。それが**ストーカー**で、その行為を**ストーカー行為**、あるいは**ストーキング**と呼びます。

ストーカーという言葉が日本で一般的になり始めたのは１９９４（平成６）年前後です。最近はストーカーによる被害や殺人事件なども多発するようになり、２０００（平成12）年にストーカー規制法（↓下段）が施行されました。ストーカーがようやく犯罪として認知され、取り締まられるようになったのです。

ストーカーのパターンとしては、**拒絶されるパターン**（ある程度の親密な関係があって、その関係を破棄されたときに起こる。親密度はストーカーの独りよがりの場合も多い）、**恋愛関係を望むパターン**（一方的に恋愛関係を強要する）、**親密な関係を望むパターン**（親密な関係を強要する）、**恨んだり妬んだりするパターン**（相手に恐怖心や混乱を与えたいと欲求し、そこに自分の存在意義を見出す）、**欲望のために強行**

これも知っておこう

ストーカー規制法

正式名称は「ストーカー行為等の規制等に関する法律」です。**つきまとい等**と**ストーカー行為**が規制対象になりました。つきまとい等とは、待ち伏せ、無言電話、汚物やわいせつ物の送付など。ストーカー行為とは、同一人物に対し「つきまとい等」を繰り返すことで、それを行った場合1年以下の懲役または100万円以下の罰金が科せられます。

ストーカーの5タイプ

福島章（1936〜）は、ストーカーの心理を次の五つに分類しました。

①**精神病系**……恋愛妄想などで自分に無関係のスター、芸能人などに執着する。

②**パラノイド系**……妄想でストーキングしているとき以外は正常。自分と無関係の相手につきまとう。

するパターン（自分の空想や妄想を実現し、満足を得るためにつけ狙う）などがあります。

ところで、なぜ人はストーカーになるのでしょうか。日本の精神医学者**福島章**（➡下段）は、「ストーカーの行為には、未熟な心性を持ったまま大人になった人間の心理が典型的に認められる」と述べています。つまり、人間としての未熟さが、**妄想性認知**（➡P185）を生み、ストーカー行動へと向かわせるといえます。

---

③**ボーダーライン系（境界性パーソナリティ障害）**……人格の成熟が未熟で、性格は外向的。相手を支配しようとする。

④**ナルシスト系**……自負心が強く、拒絶された相手につきまとう。

⑤**サイコパス系（反社会的人格障害）**……自分の欲望を一方的に押しつけ、相手を支配する。

CHECK

つきまといとはどんな行為？

ストーカー行為とは、つきまとい等を繰り返し行うこと。自分の感情・欲求を満たすために以下のような行為を行う。

つきまとい、待ち伏せ、押しかけ	● 尾行して、ずっとつきまとう。 ● 通学、通勤途中など、行く先々で待ち伏せする。 ● 自宅や職場、学校などに押しかける。
監視していると告げる	● 自宅を監視し、帰宅直後に電話してくる。 ● メールに、他人が知り得ない内容を書いて送ってくる。
面会、交際の要求	● 拒否しているのに、交際や復縁を迫ってくる。 ● しつこく会う約束を取ろうとする。 ● プレゼントを受け取るよう強要する。
乱暴な言動	● 大声で「バカヤロー」「死ね」などの言葉を浴びせる。 ● 車のクラクションを鳴らし続けるなど、嫌がらせをする。
無言電話など	● 携帯電話や会社・自宅の電話に頻繁に電話してくる。 ● 無言電話をかけてくる。 ● メールを多量に送信してくる。
汚物などの送付	● 動物の死体を送りつける。 ● 精液のついたティッシュをポストに入れる。
名誉を傷つける	● インターネットの掲示板に、誹謗中傷など不名誉なことを書き込む。 ● 近所に、悪口を書いたビラを撒く。
性的羞恥心の侵害	● 電話でわいせつな言葉を言って嫌がらせをする。 ● わいせつ写真などを送りつける。 ● インターネットに対象者のヌード写真などを載せる。

偏った考え方や行動をするパーソナリティ障害

物事のとらえ方や行動が一風変わっており、そのために社会生活を送ることが難しくなってしまうのが**パーソナリティ障害**です。たとえば、責任感がある人は周りから信頼されます。しかし、あまりにも責任感が強すぎても、逆に無責任でも周りは迷惑なものです。ドイツの精神病理学者**クルト・シュナイダー**（1887〜1967）は「性格の偏りのために、自分も苦しみ、なおかつ周りも苦しむ」と定義していますが、こうした偏りがパーソナリティ障害の特徴といえるでしょう。パーソナリティ障害は、アメリカ精神医学会発表のDSM－5では、①あり得ない考えにはまりやすい**A群パーソナリティ障害**、②感情の表し方が過剰すぎたり、周りを振り回したりする**B群パーソナリティ障害**、③人間関係に著しい不安を抱える**C群パーソナリティ障害**の三つに分けられます。

原因としてよく言われるのが親の影響です。乳児期に安定した愛着を形成することができなかった子どもは、周りの世界や人に対しての恐怖感を心に刻みつけており、それが大きく影響するともいわれています。また遺伝的な要因もあるとされています。

これも知っておこう

行為障害

残虐な少年犯罪の加害者などに多く見られる精神障害です。人や動物を傷つけるなど、法律に触れるような事件を起こすのが特徴です。**AD/HD**（Attention Deficit/Hyperactivity Disorder＝**注意欠陥/多動性障害**）を持つ子どもが自尊感情を喪失し、劣等感を積み重ねることで発症するともいわれています。

AD/HDの子どもは反抗的で否定的な態度を過剰に取り続ける**ODD**（Oppositional Defiant Disorder＝**反抗挑戦性障害**）を合併症として抱えていることが多く、これが進行して**CD**（Conduct Disrorder＝**行為障害**）へと症状が悪化していきます。このAD/HD→ODD→CDという進行過程を**DBD**（Disruptive Behavior Disorder＝**破壊的行動障害**）**マーチ**と呼びます。

CHECK

パーソナリティ障害の分類

パーソナリティ障害は、DSM（アメリカ精神医学会が定めた指針）で以下のように分類されている。

A郡 パーソナリティ障害

風変わりで奇妙な性格。妄想を抱きやすい

妄想性パーソナリティ障害	他人の言動に悪意を疑ってしまい、信じることができない。
統合失調質パーソナリティ障害	非社交的で、孤立しがち。他者への関心が希薄に見える。
統合失調型パーソナリティ障害	思考が曖昧で、しばしば脱線する。感情表現に適切さを欠く。

B郡 パーソナリティ障害

感情の起伏が激しく、演技をする。ストレスに弱い

反社会性パーソナリティ障害	法に触れるような反社会的な行動を取る。
境界性パーソナリティ障害	衝動的で感情の起伏が激しい。
演技性パーソナリティ障害	他人の注目を集めていたいために芝居がかった行動を取る。
自己愛性パーソナリティ障害	他人から賞賛されたいと願う。また、共感能力が欠けている。

C郡 パーソナリティ障害

対人関係が苦手で、著しい不安を抱える

回避性パーソナリティ障害	他人から拒絶されるのが怖くて対人関係が築けない。
依存性パーソナリティ障害	誰かに依存したい欲求が強く、誰かと離れることを恐れる。
強迫性パーソナリティ障害	とらわれが強い完全主義で、柔軟性がない。

壊れた心を治療する四つの心理療法

心理療法とは、心理的な原因からくる疾患や心的障害を治療する方法です。医療の現場では、外科療法や物理療法、薬物療法と対比させる意味で**精神療法**と呼ばれます。パーソナリティ障害（➡P210）や重度の神経症（➡P188）、うつ病（➡P184）などの疾患に対して多く用いられます。心理療法を行う人を心理士、心理療法家、（サイコ）セラピスト、カウンセラーなどと呼びます。

心理療法の技法は大きく分けて以下の四つに分けられます。

①**面接相談法**……論理療法（➡P216）、クライエント（来談者）中心療法（➡P214）など、治療をする者と患者が1対1で行う方法です。

②**表現活動**……箱庭療法（➡P29）、音楽療法（➡P218）、遊戯療法などクライエント（患者）自身による表現活動から治療を目指すもの。

③**行動療法**……系統的脱感作法（➡下段）、自律訓練法（➡P192）、催眠療法（➡P272）など学習理論に基づき行動を改善させます。

④**折衷的技法**……さまざまな理論や技法を使って治療していきます。内観療法（➡下段）や森田療法（➡P220）などが代表例です。

これも知っておこう

系統的脱感作法

南アフリカ共和国の精神科医ジョセフ・ウォルピ（１９１５〜１９９７）によって提唱された行動療法で、不安に思う事柄に徐々に慣れさせ、不安を取り除いていくものです。

ウォルピは、アメリカのベトナム戦争帰還兵に見られたPTSD（➡P202）の症状に接するうちに、この療法を編み出しました。

内観療法

浄土真宗の僧侶吉本伊信《いしん》（１９１６〜１９８８）が考えた内観法を応用した心理療法。身近な人に対して、①してもらったこと、②してあげたこと、③迷惑をかけたこと、について繰り返し思い出させるようにし、自分や他者への理解を深めていく方法です。１９６０年代から導入され始め、国際的評価も得ています。

CHECK

おもな心理療法

心理療法はクライエント（患者）の症状に合わせ、薬物療法などと組み合わせて行われる。以下は代表的な心理療法である。

1 面接相談法

クライエントとカウンセラーが
1対1で行う。

- 論理療法（➡P216）
- クライエント中心療法（➡P214）

2 表現活動

クライエントの表現活動を通して
治療を行う。

- 箱庭療法（➡P29）
- 音楽療法（➡P218）
- 遊戯療法

3 行動療法

行動を変えることで
治療につなげていく。

- 自律訓練法（➡P192）
- 系統的脱感作法（➡P212）
- 催眠療法（➡P272）

4 折衷的技法

さまざまな理論や技法を用いて
治療を行う。

- 内観療法（➡P212）
- 森田療法（➡P220）

あるがままを受け入れる クライエント中心療法

アメリカの心理学者**カール・ロジャーズ**（➡P50）は、人にはもともと自分で心の健康を回復させ、成長させようとする力があると考えました。それまで主流となっていた**カウンセリング**（**セラピー＝心理療法**）は、解釈、暗示、忠告といったカウンセリング法でしたが、それはクライエント（患者）に依存心を起こさせ、問題が起こるたびにセラピーが必要になってしまうため効果的な援助法ではないとし、治療者は**自己一致**（**純粋性**）、**無条件の肯定的配慮**、**共感的理解**（➡P50）という三つのスタンスをもって傾聴（➡下段）することが大切だとしています。**クライエント**（**来談者**）**中心療法**とは、クライエントが持つ潜在力への絶対的な信頼感に基づくカウンセリング法といえるでしょう。

この療法において治療者はあまり口を挟みません。クライエントの心に寄り添い、じっくりと話を傾聴し、その経験を理解しようとします。その結果、治療者とクライエントの間には**ラポール**（**信頼関係**➡P60）が生まれます。こうした関係を通じて、クライエントはありのままの現実に目を向けることができるようになります。そして、これまでとは違っ

これも知っておこう

パーソンセンタードアプローチ

カール・ロジャーズはカウンセリング法としてクライエント（来談者）中心療法を唱えましたが、その後に個人カウンセリングからエンカウンター（遭遇）を通した世界平和の実現に関心を移すようになり、パーソンセンタードアプローチ（人間中心療法）と改名しました。

もっと詳しく

傾聴

アクティブ・リスニングとも呼ばれ、相手の話を積極的に理解しようとする話の聞き方をいいます。心理カウンセリングでは重要なテクニックの一つです。相づちを打ちながら相手の話を聞くことができる人は「聞き上手」といえます。人は、聞き上手には心を開き、自分の気持ちを包み隠さず伝えることができるようになります。

CHECK

現実の自分に気づかせる

ロジャーズは、心の問題は理想の自分と現実の自分とのズレによって生じるとした。クライエント（患者）の心に寄り添って話を傾聴すれば、クライエントが現実に目を向けられるようになる。

ラポール
（信頼関係）

クライエント
自分で心の健康を回復させ、成長させようとする力を持つ。

傾聴 →
← 発揮

カウンセラー
❶自己一致（純粋性）
❷無条件の肯定的配慮
❸共感的理解

↓

現実自己の認知

クライエントは自分自身をありのままに受け入れられるようになる。

↓

心の変容が始まり、快方へ向かう

た視点で世界をとらえることができるようになるため、心の変容が果たされ、快方へ向かうのだと、ロジャーズは結論づけました。

心の不適応状態は**自己認知の歪み**（➡P185）によって発生します。つまり、**こうでありたい自分**（**理想自己**）と、**ありのままの自分**（**現実自己**）のズレがクライエントを苦しめるというわけです。それを解決するには、これまで認知されることのなかった現実自己を知ることです。そのためにも先の三つのスタンスに基づく傾聴が必要といえます。

傾聴はカウンセリングや治療の場面で有効なだけでなく、ごく一般的な対人関係においても必要なスキルといえるでしょう。

思い込みから人を解放する認知行動療法

コップに半分ある水を見て、「まだ半分ある」と考える人と「もう半分しかない」と考える人がいます。このように、目の前の現実は同じですが、認知のしかた（物事のとらえ方）によって心のあり様は180度変わってしまいます。

心理的問題を抱える人の多くは、この認知のしかたに問題があります。小さな失敗を致命的なものと考えてしまったり、白か黒かで物事を判断するなど、現実への認知が歪んでしまっているのです。

認知行動療法は、そうした認知のあり方を見つめ直し、非合理的な思考パターンや行動の修正を図ることで心理状態の改善を目指します。**パニック障害**（➡P192）や**社会不安障害**（**恐怖症**➡P190）、**軽度のうつ病**（➡P184）、不眠症、**強迫性障害**（**強迫神経症**➡P188）、**パーソナリティ障害**（➡P210）、薬物への依存などの精神疾患の治療や、夫婦関係の改善、慢性的な怒りをコントロールするためなどに利用されます。

認知行動療法の代表的なものに、アメリカの心理学者**アルバート・エリス**（1913〜2007）による**論理療法**（➡下段）があります。

もっと詳しく

論理療法

アメリカの心理学者エリスが提唱した心理療法で、RET（Rational Emotive Therapy）と呼ばれます。論理療法では、不安や悩みをどのように受け止めるかによって問題は解決すると考えます。

ある事柄に関して「〜しなければならない」という考え方（べき思考）に固執している人には、それが無意識の思い込みであることを認識させ、軌道修正します。

この無意識の思い込みをイラショナル・ビリーフ（非論理的な考え方）といいます。つまり、ラショナル・ビリーフ（合理的な考え方）に変えていくのです。

たとえば「今年中に結婚しなければならない」と思い込んでいる人に対しては、「今年中に結婚できたらいいな」と考えられるようにします。

CHECK

認知の歪みを修正する認知行動療法

物事のとらえ方（認知）に極端な偏りがある場合、心の問題を抱えやすい。認知行動療法は、思考パターンを見直すことで認知の歪みに気づかせる心理療法である。

エリスによる論理療法

論理療法はＡＢＣ理論とも呼ばれる。

A Activating event（出来事） → **B** Belief（信念、固定観念） → **C** Consequence（結果）

友人の結婚式に出席し、祝福する。

自分も「今年中に結婚しなければ」と焦る。

「そのうちできたらいいな」と思い直し、解放される。

Ｂを変えれば悩みが軽減し、Ｃが変わる。
つまり、Ｂ（イラショナル・ビリーフ）を検討することが大切。

イラショナル・ビリーフの4つのパターン

ねばならない
仕事をしなければならない

悲観的
世も末、絶望的

非難・卑下的
自分はダメな人間だ

欲求不満低耐性
我慢できない、耐えられない

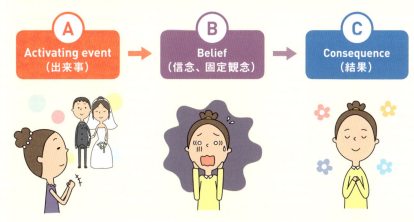

心の奥深い部分を映し出す芸術療法

失恋したとき、すっと心にしみ込んでくるのはどんな曲でしょうか。明るい曲、元気な曲よりは、しんみりしたバラードや、失った恋を切々と歌うラブソングではないでしょうか。それが心理学で**同調の原理**と呼ばれる現象です。確かに、興奮しているときにはアップテンポの快活な曲を聴くと気分が爽快になり、逆に静かな曲を選んで聴くと落ち着きます。これは**気持ちと音楽が同調することによって、心の浄化が図られる**ためといってよいでしょう。

音楽療法においても、クライエント（患者）のそのときの気持ちに合わせた楽曲がまず選ばれます。次にクライエントの心情とは違った曲を聴かせることで治療がなされます。これは音楽だけに限りません。仲間が落ち込んでいるときに、必死に励ますのも一つの方法ですが、それよりは相手の気持ちと同調し、同じ気持ちになって言葉をかけるとうまくいきます。

このように芸術を心の回復のカギとする療法が**芸術療法**（➡左図）です。その他、**箱庭療法**（➡P29）や**心理劇**（➡下段）などがあります。

これも知っておこう

心理劇

オーストリアの精神分析医**ヤコブ・モレノ**（1889〜1974）が提唱した**集団心理療法**の一つで、**サイコセラピー**とも呼ばれます。

10人程度のグループで行い、メンバーを**監督**、**補助自我**（**助監督の役割**）、**演技者**、**観客**に分けます。そして演技者は**舞台**に立ち、即興で**役割演技**（**ロール・プレイング**）を行います。このとき観客も演技者も自由に入れ替わることができ、それぞれがドラマに参加することで**カタルシス**（浄化➡P42）を得ることができます。即興劇のあとで、互いに感想を言い合える**シェアリング**を行います。

心理劇では集団即興劇を通してそれぞれの人の内面を解放し、創造性や自発性を引き出すことが可能になるのです。

CHECK

心を回復させる芸術療法

芸術的アプローチで心に風穴を開ける心理療法を芸術療法という。
以下は代表的な芸術療法である。

音楽療法

単調な作業場や待合室などではストレス緩和剤としてBGMを流す。自閉症児などには合奏式コミュニケーション法を、言語・身体運動障害者にはリハビリに音楽を利用するなど。

箱庭療法（➡P29）

箱の中にクライエントが自由に人形やおもちゃなどを配置し、一つの世界をつくり、自己表現をする。

詩歌療法

詩を作ったり、読んだり、人の詩を聞くなどして、心に日常会話を超えた刺激を与える。詩作で自己との対話や探求もできる。

心理劇

即興劇を通して内面を開放させる。不登校や家庭内暴力を起こしている児童などにも有効な治療法。

日本独自の療法、「あるがままに」の森田療法

森田療法は、精神医学者の**森田正馬**《しょうま》（↓下段）によって創始された日本独自の**心理療法**です。神経症は、内向的、完全主義的などの特徴的性格に特有の心理的メカニズムが加わって発症し、その心理的メカニズムには、不可能を可能にしようとする心の葛藤があると考えました。

治療法は、「**あるがまま**」と呼ばれる態度を養い、必要なこと（なすべきこと）から行動し、建設的に生きることを教え、実践させようとするものです。つまり、治療効果を得るにはクライエント（患者）自身の「治したい」という意思が重要で、その気づきと行動パターンを修正していくことで治療していきます。

最初は個室に隔離され、一日中寝ていなければならないなど、他の療法と比べて厳しく感じられることから敬遠されることもありますが、東洋思想の禅にも通じる側面もあり、現在は日本だけでなく海外でも実施されています。

対人恐怖症（社会恐怖↓P190）や**強迫神経症**（↓P188）、**神経衰弱、神経症**（↓P188）などの治療に用いられます。

もっと詳しく

森田正馬

1874〜1938。1919（大正8）年に森田療法を創始しました。東京慈恵会医科大学精神神経科の初代教授。森田自身もパニック障害を患い、その障害を克服する中から森田療法は生まれたといえます。

これも知っておこう

建設的な生き方

CL（Constructive Living）と呼ばれ、アメリカの文化人類学者ディヴィッド・レイノルズ（1940〜）が提唱した概念。森田療法を実践的にした教育法です。

恐れや不安などの感情を事実として受け入れ、自分が決めた必要な行動を取ること、また、現在と過去に自分が世界から受け取っている支援で生かされている事実を具体的に知ることがポイントです。

CHECK

「あるがまま」を養う森田療法

森田正馬によって創始された森田療法では、
以下の四段階による治療を約40日間かけて行う。

第1期 絶対臥《が》褥《じょく》期

7日間程度

個室に隔離され1日中寝ている（臥《が》褥《じょく》）。トイレと食事以外の活動は一切禁止。退屈を感じ、活動欲が高まってくる。

第2期 軽作業期

4日〜1週間程度

臥褥時間を7〜8時間とし、戸外で庭掃除などの軽作業を行い、活動欲を促す。

第3期 重作業期

1〜2か月程度

大工仕事や畑仕事などを行う。達成感の体験、現実に即した臨機応変の態度の指導がされる。

第4期 生活訓練期

1週間〜1か月程度

社会復帰への準備として外出、外泊も許可される。院内からの通学、通勤を許可されることもある。

やっぱり見た目って大事？

女性が知り合いの男性と話しています。
あなたがその女性なら、相手の男性の何が気になりますか。

① シャツが気になる。　② 靴が気になる。

➡ 解答

①のシャツと答えたあなたは、愛情を大切にする人です。特に、シャツの汚れやしわを気にする女性は、母性が強いといえます。男性の場合は、女性的な傾向が強いようです。②の靴と答えたあなたは、経済的な面を重要視する人です。靴は権威や権力を意味し、男性が靴にこだわる場合は、上昇志向が強いといえるでしょう。女性の場合はぜいたく癖があるようです。
このように、服装の効果が他人や本人に与える影響は大きいようです。服装にはハロー効果（➡P78）が働き、それによって、その人のすべてがよくも悪くも先入観となって判断されます。制服を着ると、人は安心して仕事ができる。スーツを着ている人のほうが信用できる。こういったこともハロー効果が働いているといえるでしょう。

PART

7

心を生み出す脳のシステム

脳と心 01

心は脳の働きによってつくり出される

脳と心の関係については、17世紀にフランスの哲学者**ルネ・デカルト**（1596〜1650）（➡P82）が「脳と心（意識）はそれぞれ独立したものである」（**心身二元論**）を唱えましたが、現在は「心は脳の働きによってつくり出されるもの」という一元論が成立しています。

心の働き（機能）には**思考、感情、情動、注意、意思、認知、認知的意思、自意識、言語、記憶・学習、睡眠・覚醒、運動制御**の12種類があるとされています。これらは大脳にある**大脳皮質**で司られています。

大脳皮質は大脳の表面を形づくっている2〜5ミリの層のことで、**古皮質**（爬虫類《はちゅうるい》脳）、**旧皮質**（旧哺乳類《ほにゅうるい》脳）、**新皮質**（新哺乳類脳）の順に下から重なり合っています（古皮質と旧皮質をまとめて**大脳辺縁系**《へんえんけい》と呼ぶ）。古皮質は食欲や性欲などの本能を、旧皮質は快・不快、怒りなどの情動を、新皮質は言語、芸術などの創作活動など高度な心の働きに関わります。また、**大脳**は機能の違いから**前頭葉、後頭葉、側頭葉、頭頂葉**の四つに分類されます。前頭葉は前頭前野、運動野、運動前野に分かれ、前頭前野は思考や創造性を担い、運動野と運動前野は運動の遂行や

サイコロジーQ＆A

Q 人間やチンパンジーが他の生物よりも進化したといわれるのは脳が大きいからでしょうか。体重だけでいえば人間よりも重い生物はたくさんいますが、脳の重さとは関係ないのでしょうか。

A 生物間で能力に差が見られるのは、単純に身体や脳の大きさに違いがあるからではありません。脳の中に占める前頭葉の割合が大きいほど、また脊髄が小さい生物ほど、その能力は高くなるとされています。

脊髄比率が低い生物ほど能力が発達しているとされる理由は、もともと脳は脊髄が進化してできたものであるため、進化後に脊髄の比率が低くなっているものほど脳が発達したとする考えに基づいています。

たとえば、人間の脳に対する脊髄の比率は2％程度ですが、ゴリラは6％、イヌは23％程度といわ

準備に関わっています。後頭葉は視覚に関わる情報処理を行っています。側頭葉は聴覚、嗅覚、情緒、感情などを司るとともに、言語や記憶にも関わりがあります。頭頂葉は痛みや温度、圧力などの感覚を司っています。そのほか、大脳の働きを制御する**脳幹**、身体の運動機能を調整する**小脳**があります。

このように、生物の中で最も進化した存在である人間の脳からは、さまざまな心の働きが生み出されているのです。

れています。このように、脳と脊髄の比率から能力差を割り出す法則は**規模の法則**と呼ばれ、人間の能力が他の生物に比べて優れていることを証明するものになっています。

CHECK

脳の諸器官が果たす心の働き

心には感情、記憶、認知などの12種類の働きがあり、これらは大脳にある大脳皮質で行われている。大脳のほかにも、脳幹、小脳などがそれぞれの役割を担っている。

脳の構造

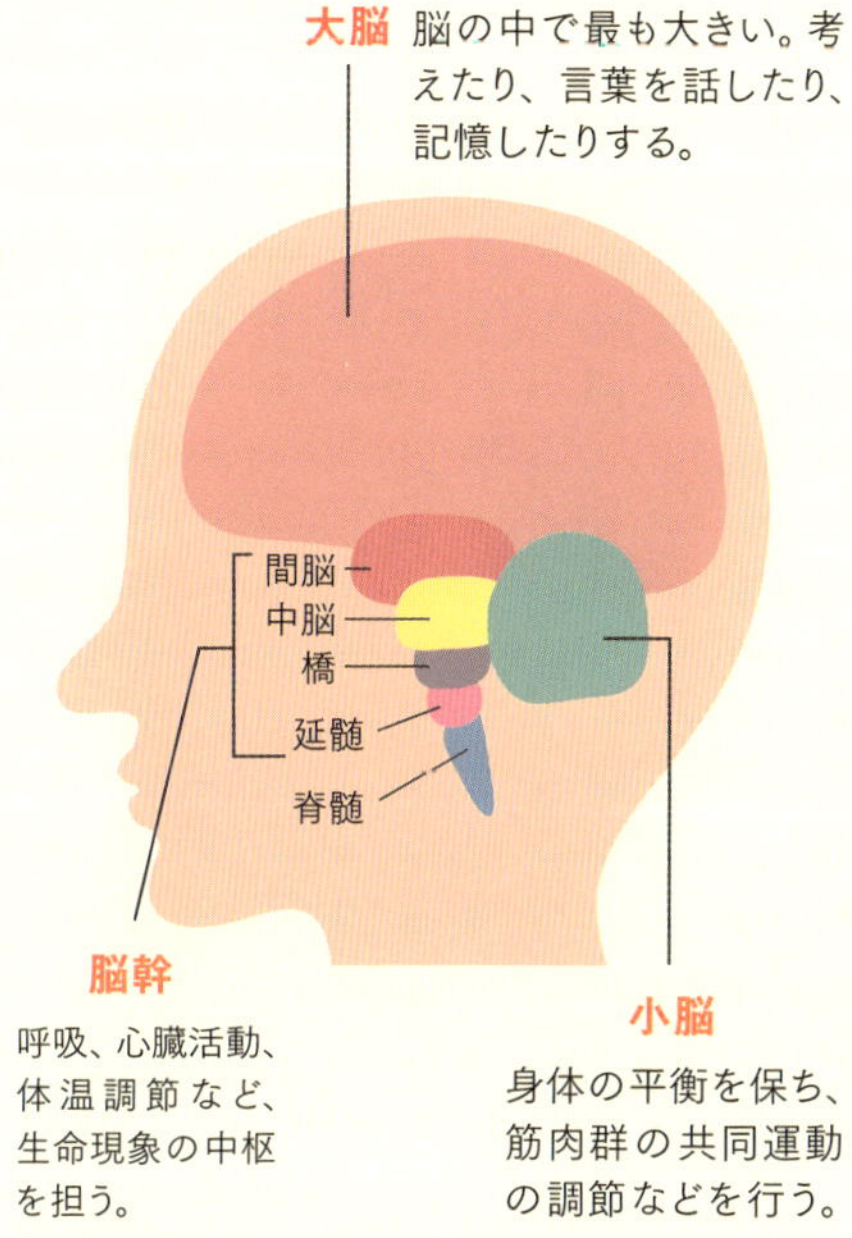
大脳
脳の中で最も大きい。考えたり、言葉を話したり、記憶したりする。
間脳
中脳
橋
延髄
脊髄
脳幹
呼吸、心臓活動、体温調節など、生命現象の中枢を担う。
小脳
身体の平衡を保ち、筋肉群の共同運動の調節などを行う。

大脳皮質の働き

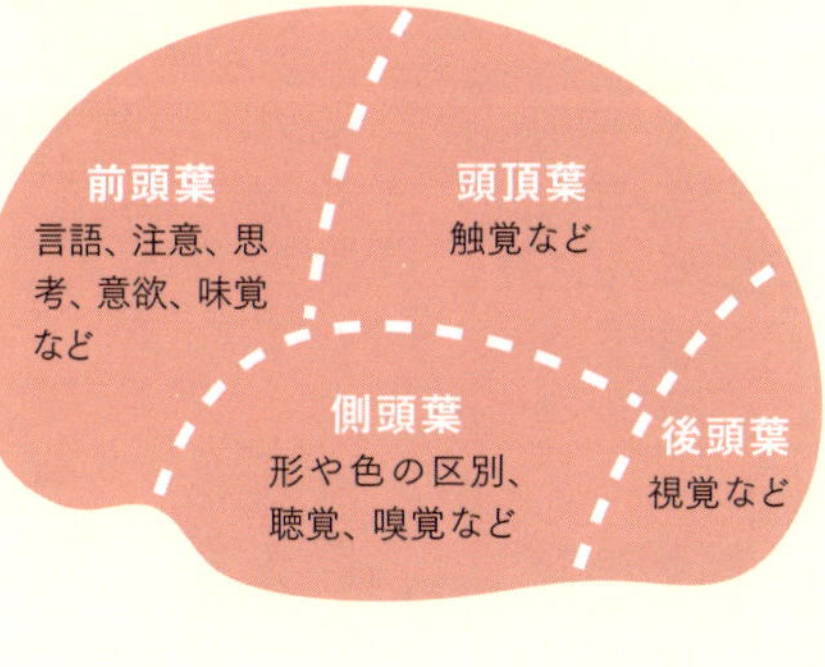
前頭葉
言語、注意、思考、意欲、味覚など
頭頂葉
触覚など
側頭葉
形や色の区別、聴覚、嗅覚など
後頭葉
視覚など

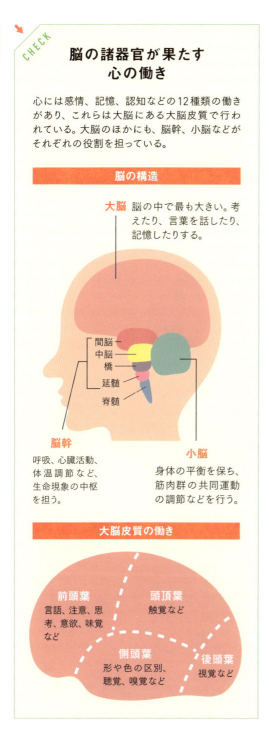

神経と脳の働きから「心」を研究する神経心理学

「心とは何か」という問題について、心理学は長年研究を重ねてきました。その謎を解決するために、人の行動から分析しようとしたり、夢や神話から心に迫ったりというアプローチもありました。中でも研究が進んでいるのが脳の研究を通して心をとらえようとする**神経心理学**です。これは、従来の**脳科学**（**神経科学**）と連係する中で生まれた新しい心理学で、認知や思考、言語活動、記憶などといった高次の機能を解明することを目的としています。

神経組織には神経細胞があり、**ニューロン**（細胞体）とニューロンの接続部分（シナプス）ではさまざまな情報を入出力しています。外部から受けた刺激（光や音、衝撃など）も、**大脳皮質**から発せられた指令も、これら神経組織によって伝達されていくのです。

では、脳の働きはどうなっているのでしょうか。脳にはたくさんのしわがありますが、このしわを広げると、新聞紙1枚分の大きさになります。このしわの数が多いほど脳の働きがよくなるのです。

また、**大脳**は**左脳**と**右脳**に分かれていて、それぞれ別の働きを持ち、

これも知っておこう

左脳と右脳の違い

一般的に、左脳は言語の処理や論理的思考を司り、右脳は直感的に物事を理解したり、創造的な発想を担うとされています。また、右脳のほうが左脳より働く人もいれば、逆の人もいます。

大脳は、大きな溝によって前頭葉、側頭葉、頭頂葉、後頭葉の四つに分かれ、さらに機能によって前頭連合野、側頭連合野、頭頂連合野に分けられます。

左脳の前頭連合野と側頭連合野、頭頂連合野は言語に関わり、右脳の前頭連合野と側頭連合野の一部は音楽に関与しているといわれています。

日本人の脳

日本人の脳は、欧米人や中国人などとはかなり違っているといわれます。たとえば、虫の声や動物の声、風の音などを欧米人は右脳

また協議し合って物事を決定しています。右脳は身体の左半身の運動機能をコントロールし、芸術的な絵を見たり音楽を聴いたりするときに活発に働きます。左脳は身体の右半身の運動機能をコントロールし、言語中枢があり、計算などにも重要な働きをします。喜怒哀楽や、動物の声などに反応するのも左脳だといわれています。しかし、世界中の誰にもこの説が当てはまるものではありません。また、男女でも脳の働きには違いがあります。脳にはまだまだ解明されていない働きがあるのです。

の働きを使って聞きますが、日本人は左脳で聞くとされています。
つまり、欧米人にとってこれらの音は不要な音と感じ、日本人は風情のある音と感じるのです。日本人が感じる「わび・さび」は、こうした脳の働きとも関係すると思われます。

CHECK

左脳と右脳の働き

「あなたは右脳派？　左脳派？」とよく言われるが、この二つが同じ働きをすることもあるし、特定の機能がどちらかに集中していることもある。

左脳と右脳の機能の違い

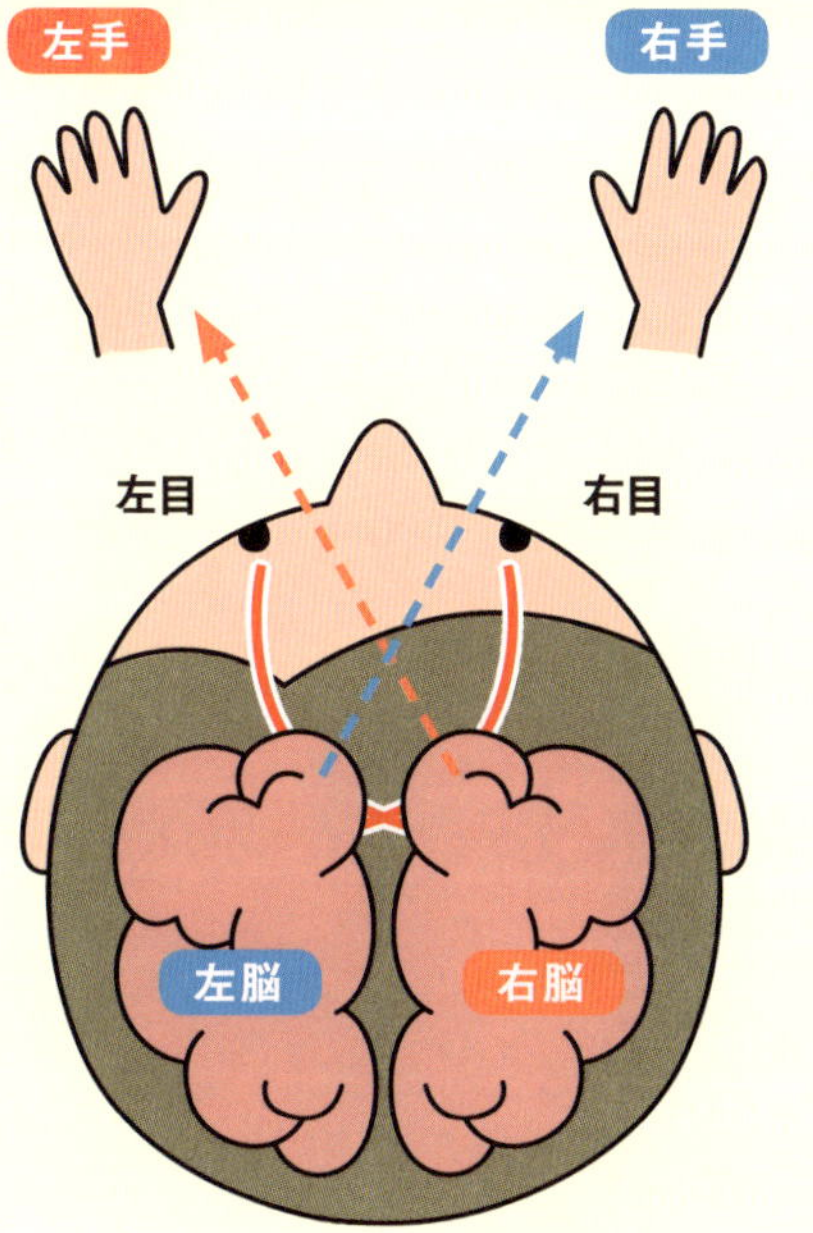

左脳	右脳
● 右手の運動	● 左手の運動
● 論理的な問題の解決	● 感覚的な問題の解決
● 漢字・図形の理解	● 空間（図形）認識
● 言語中枢	● 音楽の理解
● 計算	● 言葉によらない判断

右脳から出る指令は左半身に伝わる。そして、左脳から出た指令は右半身に伝わる。

脳が行う情報処理の過程を観察する認知心理学

人の脳は外界からもたらされる膨大な情報や刺激を取り入れ、その一瞬一瞬で処理し、状況に応じて行動を起こしています。**認知心理学**（↓P36）では、人間の脳が行う**情報処理**の過程を観察することによって心の動きをとらえようとします。認知とは「**物事を知る**」ことで、認知が行われるときには**感覚**、**知覚**（↓P230）などが用いられます。情報処理とは、脳（ハードウェア）において精神（ソフトウェア）が動作して処理しているものとみなされます。

たとえば、デスクワーク中に電話がかかってきた場合、仕事に慣れている人ならパソコンの画面を見ながら、電話の要件をメモしていくことができます。これは一つのことをしながら、ほかのことにも注意が配れるようになっている状態です。また、パソコンのキーボードを見て打っていたのに、訓練すればブラインドタッチができるようになるのは情報処理能力が上がるからです。こうした状態を**制御的処理から自動的処理への変化**といいます。

情報処理には、**パターン認知**（↓下段）、**文脈処理**（↓下段）、**順応**とい

これも知っておこう

カクテルパーティー効果

パーティー会場など雑音の多い場所でも、自分が話しかけている相手の声を聞き分けることができます。これは、脳が無意識に必要な音とそうではない音を情報処理していることから起こる現象で、これを**カクテルパーティー効果**と呼びます。

もっと詳しく

パターン認知

私たちがあるものを認知するときに、すでに記憶として保存してあるパターンに基づいて類推すること。どんなに悪筆でもある程度は推測して読み取れるのは、すでにその文字を知っているからです。

すでに知っている知識を元に**パターン認知**が行われることを**鋳型《いがた》照合モデル**といいます。

う特徴もあります。パターン認知は、外界から与えられる刺激を認識するとき、**感覚記憶**（➡P240）を引っ張り出してくるもの。文脈処理は、ある情報がその前後に与えられた情報によって変わってしまう認知。順応とは、感覚が与えられた刺激や環境に適応していくような働きをいいます。暗いところでしばらく過ごすと目が慣れることや、厳しい部活動に入って委縮していた新入部員が次第に練習にも慣れて頑張れるようになるのも、この順応の働きを通して物事を認知しているからです。

文脈（コンテクスト）
ある出来事はそれを取り巻く環境、状況などから生じます。その出来事の意味を特定したり明らかにするときに必要となるのが、それを取り巻く環境や状況、つまり文脈です。「何を」「いつ」「どこで」「どのように」などは文脈を構成する情報となります。

CHECK

人はどのようにして物事を理解するのか

物事を理解することを認知という。認知の働きには以下のようなものがある。

自動的処理

1本指でキーを探しながら打つ（制御的処理）。

何も見ずに、ブラインドタッチができる（自動的処理）。

パターン認知

どんなに悪筆でも、パターン認識が行われ、推測して読み取れる。

文脈処理

「彼女はやせていて軽い」…体重を示す
「彼女は軽い話し方をする」…性格を示す

「何を」「いつ」「どこで」「どのように」などは文脈を構成する情報となる。

順応

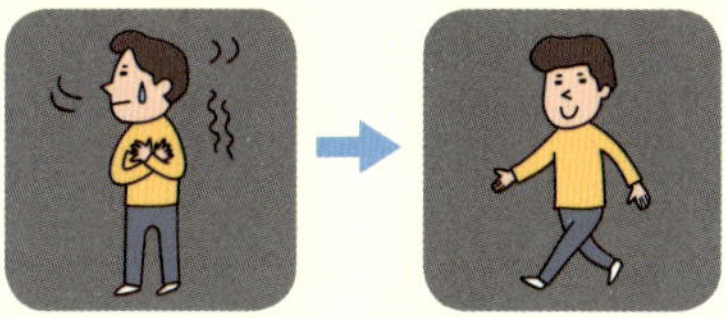

暗いところでしばらく過ごしていると目が慣れてくる。感覚が与えられた刺激や環境に適応していく。

見た目の錯覚は視覚が感知して起こる

知覚のあり方を研究する分野として**知覚心理学**があります。知覚には、**視覚**、**聴覚**、**嗅覚**、**味覚**、**触覚**の五感のほかに、内臓感覚、運動感覚、平衡感覚などもあります。この中で最も研究されているのが視覚です。

私たちの目に映るものはすべて、視覚を通して認知されています。まず、ある形を知覚するときに起きる現象が**図と地の分化**です。有名な**ルビンの杯**《さかずき》の絵（➡左図）では、白い部分が背景の黒い部分によって、自然とそれが杯であるかのように知覚されます。

群化《ぐんか》と呼ばれる現象では、私たちがモノを見るとき、無意識のうちにあるまとまりを持ったものとして見ようとします。**近接・閉合・類同の要因**（➡P84）も**視覚の体制化**といわれています。

錯視といって、現実とは違うもののように目がとらえてしまう現象もあります。俗に「目の錯覚」といわれます。本当は静止しているのに、動いているように見える現象（見かけの運動）は**仮現**《かげん》**運動**（➡P84）といい、これは**運動知覚**の一つです。実際には静止画の連続である映画やテレビを動画と認識しているのも仮現運動のなせる業《わざ》といえます。

これも知っておこう

空間認知

私たちは平面に描かれた絵画などを見たとき、そこに奥行きのある三次元空間を感じることができます。これを空間認知といいます。

重なり……いくつかのモノが重なって見えている場合、覆っているほうが手前にあるように見える。

きめの細かさ……遠くに見えるものほどきめが細かく見える。

遠近法……線路などの平行線が遠ざかっていくのを見ると、遠くで2本の線がくっついて1本になるように見える。

恒常性

見せかけの性質を修正（補正）しようとする作用のこと。

距離が遠くなるにつれ、見かけの大きさは小さくなりますが、その見かけの大きさから実際の大きさを導き出すことができます。

CHECK

視覚の不思議な法則

視ることを通して物事を認知することを視覚という。
視覚の働きには以下のようなものがある。

図と地の分化

『ルビンの杯《さかずき》』の絵では、黒い部分に注目すると、向き合った2人の横顔に見え、白い部分に注目すると杯に見える。

群《ぐん》化《か》

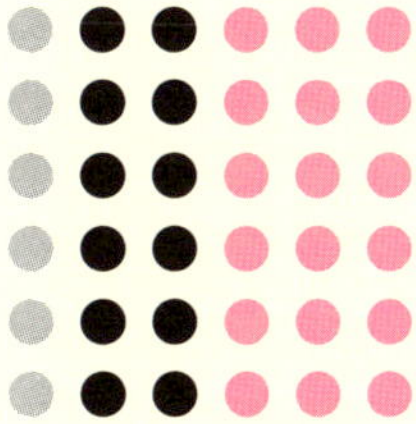

いろいろな色の●が配置されていても、無意識に一つのまとまりとして見ている。ただ、左図の場合、形よりも先に黒、ピンクといった色の認識が先にあり、その後個々の形態の群化となる。

錯 視

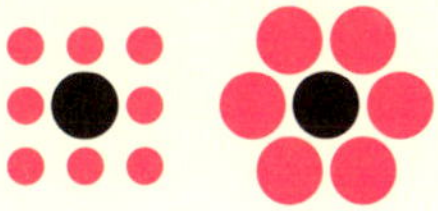

左図のほうが右図よりも中央の円が大きく見えるが、実際は同じ大きさ。

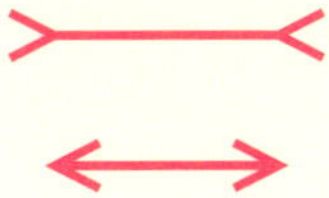

上図のほうが下図よりも横線が長く見えるが、実際には同じ長さ。

仮現《かげん》運動

左図の2点が交互に点滅を繰り返すのを見ていると、実際には動いていないのに、一つの点が左右に移動しているように見えてくる。

脳と心 05

残像効果を狙ったサブリミナル効果

あるモノを見つめたあと、それが視界からなくなってからも目の奥に映像のように残っていると感じることがあります。このような現象を**残像**といいます。

残像が起きる要因は、目が本来持っている生理的な働きによるものです。まず、目から入ってきた情報（刺激）は**視神経**を興奮状態にします。その興奮状態が続いているうちに別の情報が送られてくると、そこに錯覚が生じ、元の刺激と同様の像、あるいは異質の像が現れます。たとえば、動くものを見たあとで静止したものを見ると、前に見たものと反対方向に動くように見えます（**運動残像**）。

こうした残像効果を利用したものに**サブリミナル効果**があります。これは、ある映像を流す合間に視聴者に気づかれないように別の映像を流し、残像現象をつくり出して視聴者の**潜在意識**に訴えかけるというものです。1957年にアメリカのある映画館で、「コーラを飲め」「ポップコーンを食べろ」といった文字や音声をサブリミナル・プログラミング法で挿入した「ピクニック」という映画を上映したところ、売店のコー

サイコロジー Q&A

Q サブリミナル効果にまつわる出来事にはどのようなものがありますか。

A 有名なものとして、ジューダス・プリースト事件（1990年）があります。

これはイギリスのヘビーメタル・バンドのジューダス・プリーストが作った曲の中に、自殺を促す意味とも取れる"Do it"という逆回転のメッセージが含まれていたことで、それを聞いた少年が死亡したとして、遺族がレコード会社とバンドのメンバーを訴えたものです。しかし、判決は無罪となりました。

また、日本では1995（平成7）年、オウム真理教関連の番組内で、教団代表の麻原彰晃《しょうこう》の顔などの画像が何度も挿入され、非難が集中。当時の郵政省はテレビ局に対して厳重注意を行いました。

最近では万引き防止、引きこもり克服、集中力向上などに効果が

ラとポップコーンの売り上げが飛躍的に伸びたという話は有名です。

サブリミナル効果は**聴覚**からも潜在意識に訴えかけます。たとえば、音楽の中にナレーションを聴覚上聞き取りにくい音量、周波数、速度で挿入したものを何度も繰り返し聴かせていると、潜在意識を活性化することができるといいます。こうした効果は、オリンピックのスポーツ選手の精神強化やリウマチなどの慢性疾患、大学生の進級率向上など多方面に利用されています（↓下段）。

あるとされるサブリミナルCDが販売されています。いずれも自然音に混じって閾下《いきか》（認知できる限界である「閾」よりも低い）レベルのサブリミナル音が挿入されているCDで、売れ行きのよいものもあります。

CHECK

残像のしくみとサブリミナル効果

目に強い刺激を受けると、その刺激が網膜に感覚として焼きつくため、続けて別の刺激を受けたときに影響を受けてしまう。これを残像現象という。

脳の構造

ある色をしばらく見つめ、その色から目を離すと、視覚上にはその補色（赤→シアン、緑→マゼンタ、青→イエロー）が残像として現れる。

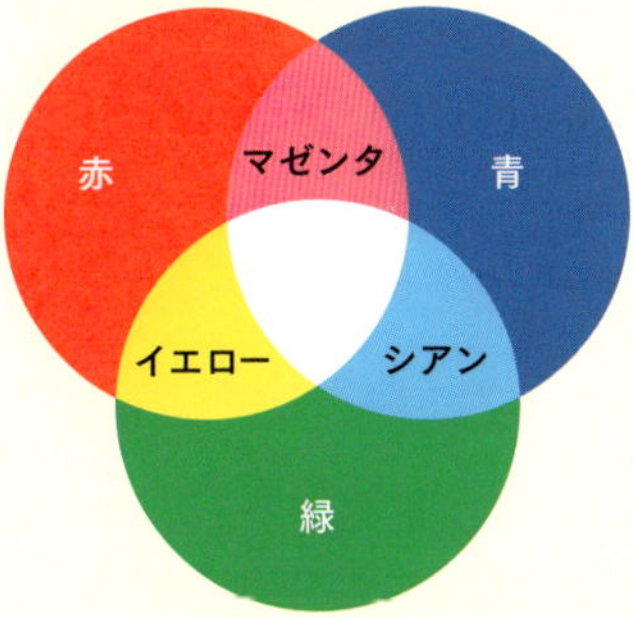

サブリミナル効果

サブリミナル効果とは、ある映像を流す合間に別の映像を流し、残像現象をつくり出して、見る人の潜在意識に訴えかけるもの。

天気予報のニュースが流れている。

↓

一瞬だけ選挙の立候補者の映像をまぎれ込ませる。

↓

視聴者の潜在意識に立候補者のイメージが刷り込まれる。

これからの「頭のよさ」はEQで計られる

「頭がよい」とは、何を判断材料として言うのでしょうか。昔は**IQ**が高い＝頭がよい人と思われていました。IQ（Intelligence Quotient）とは**知能指数**のことで、従来型のIQは生活年齢と精神年齢の比を基準としていました。**知能テスト**で測定し、IQが高いほど知能は高く、低いほど知能が低いとされています。

しかし、最近はIQとは別の「人間性」という価値観が注目されるようになり、情動に関する能力も人間の知性の一部と考えられるようになりました。そこで登場したのが**EQ**（Emotional Intelligence Quotient＝**情動指数**）です。自分の感情を知り、現実的な自己を形成して、それを行動の指針とする能力（**心的知性**）と、周囲の人の気持ちを感じ取って適切に行動する能力（**対人知性**）を合わせた**人格的知性**が重要視されるようになったのです。

EQは、問題処理や事務処理能力、環境に適応する能力、仕事に対するモチベーションをコントロールする能力などの判断基準となるため、採用や昇進の基準としてEQテストを取り入れる企業が増えています。

これも知っておこう

PQ

知性の中心に位置するのが、自我と深く関わる前頭葉にある**前頭連合野**（Prefrontal cortex）です。社会的知性と感情的知性を持ち合わせた**EQ**の能力は自我と深く関係していることから、EQと自我を総合した能力を**PQ（前頭知性）**と呼びます。

PQは、自分の感情を適切にコントロールして社会関係を上手に営み、さらに未来に向けて前向きに、幸福に生きていくための知性といえます。つまり、PQこそが人間の中心にあるべきだという考え方で、幼少期にPQをしっかりと教育することこそ重要だといわれています。

ちなみに前頭連合野は脳のコントロールセンターとしての役割があり、自分の心をコントロールするとともに、相手の心を読む能力も司っているといわれています。

CHECK

IQとEQの違い

IQは人間の資質を表すものではなく、訓練やそのときの体調によっても上がったり下がったりする。EQは、人の心のさまざまな能力を表すもの。

IQ（知能指数）

20世紀初頭にフランスの心理学者アルフレッド・ビネー（1857～1911）が考案し、その後アメリカで手を加えられた。

IQテスト

$$IQ = \frac{精神年齢}{生活年齢} \times 100$$

- いろいろな問題を制限時間内に解いていき、生活年齢と精神（知能）年齢の比を測定する。たとえば、10歳の子どもが、15歳の子どもならば解ける問題のほとんどに正解すれば、IQは150になる。
- 最近は、知能の遅れを判断するために利用されることが多く、IQ値は原則として開示されない。

EQ（情動指数）

1980年代にアメリカの心理学者ピーター・サロベイとジョン・メイヤーらが提唱。1995年にアメリカの心理学者ダニエル・ゴールマンが著した『EQこころの知能指数』で世界中に普及した。

五つの能力構成		
	自己認識力	自分の本当の気持ちを認識して大切にし、自分が納得できる決断を下せる能力
	自己統制力	衝動を抑え、ストレスの元となる感情を抑えることができる能力
	動機づけ	目標に向かって前向きに考え、努力を続けることができる能力
	共感能力	他人の気持ちを敏感に感じ取り、共感する能力
	社会的スキル	集団の中で他人と協調・協力できる能力

たとえ高いIQを備えていても、その能力を使う能力、EQが備わっていなければ意味がない。

喜怒哀楽は、身体、脳と密接に関係している

感情（**情動**）、いわゆる**喜怒哀楽**には、身体感覚に関連した無意識な**感情**（**emotion**）と、**意識的な感情**（**feeling**）があるとされています。前者には**大脳皮質、前頭葉**が関与し、後者には**大脳辺縁系**《へんえんけい》（**扁桃体**《へんとうたい》、**海馬**《かいば》、**視床下部**《ししょうかぶ》）と脳幹、自律神経系、内分泌系、骨格筋などの末梢（脳の外の組織）が関与していると考えられています。

感情は身体と脳と密接に関係していて、たとえば、強い恐怖感を与えると冷や汗をかいたり、動悸が激しくなるなどは、外界からの刺激に対して大脳皮質が認知・判断し、末梢の反応を起こしているのです。

ネコの扁桃体に電気刺激を与えたところ、弱い電気刺激の場合はうなり声を上げたり、瞳孔の散大が見られ、強い電気刺激の場合は、大きなうなり声になり、攻撃や逃避行動が現れました。この実験から、同じ哺《ほ》乳類《にゅうるい》である人間にも共通の機能があり、逆に人間以外の動物にも感情があるとされました。

こうした動物の知能や心を科学的に分析し、人と比較する学問を**比較認知科学**といいます。

サイコロジーQ&A

Q 生まれたばかりの赤ちゃんが、成長するにつれて感情を身につける順番というのはありますか。

A 心理学者K・M・B・ブリッジス（1897～）は、新生児から2歳児までを観察することで、感情（情動的行動）が発達する様子を明らかにしました。それによると、生まれたばかりの赤ちゃんの感情は漠然とした興奮状態にありますが、3か月目に入るとまず不愉快（不機嫌）が、次に愉快（上機嫌）が分化してきます。これが情緒の分化です。

そして、不快からは恐れ、怒り、不快が、愉快からは愛情、喜び、愉快の感情へと分化します。

5歳ごろには恥ずかしがり、嫉妬、失望、嫌悪、親の愛情、子としての甘え、望み、得意などの感情が分化して現れ、ほぼ大人と同等の発達を見せるとしました。

CHECK

感情に関係する脳の部位

無意識な感情（emotion）には大脳皮質、前頭葉が関与し、意識的な感情（feeling）には大脳辺縁系（扁桃体、海馬、視床下部）と脳幹、自律神経系、内分泌系、骨格筋などの末梢（脳の外の組織）が関与していると考えられている。

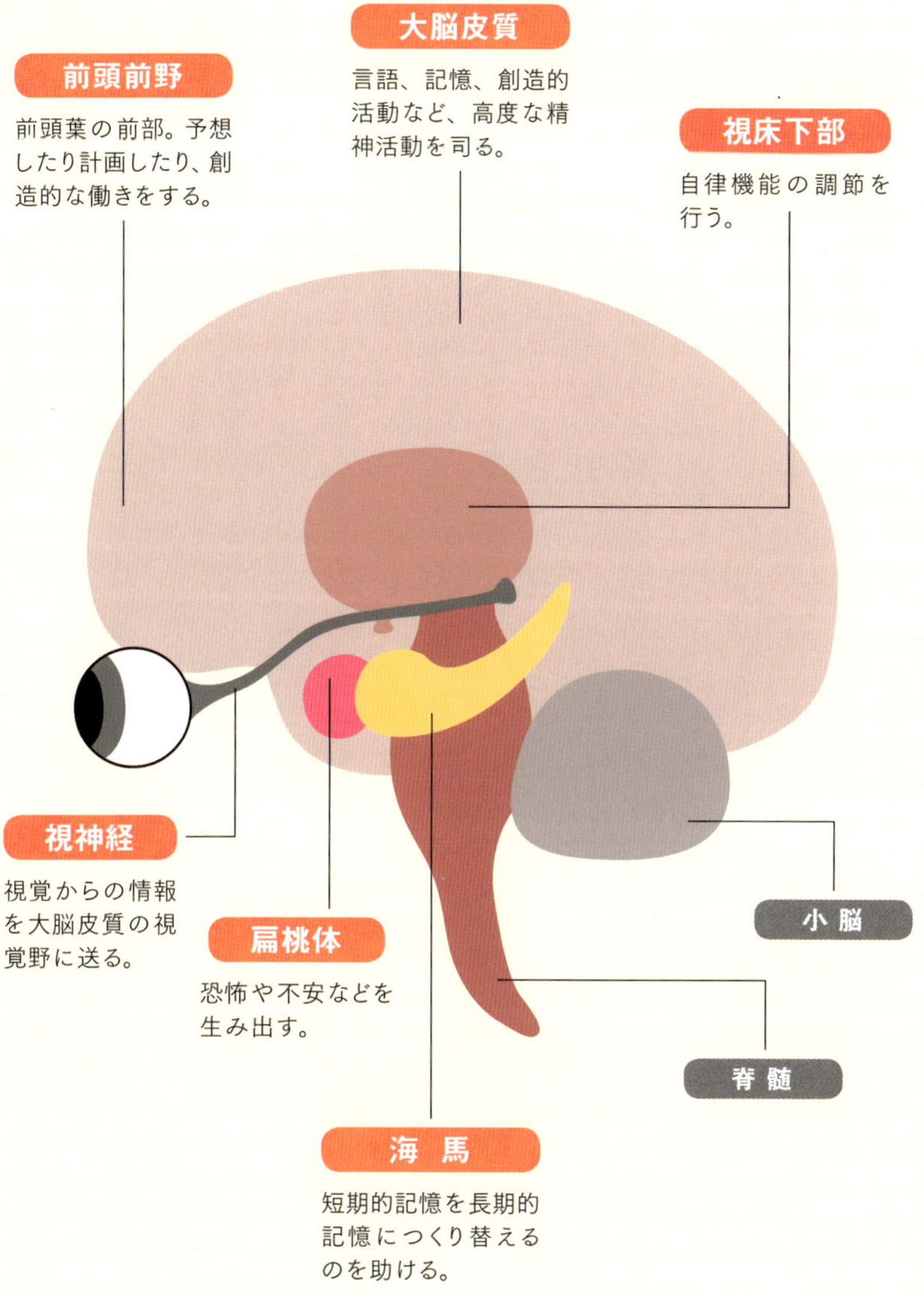
前頭前野
前頭葉の前部。予想したり計画したり、創造的な働きをする。
大脳皮質
言語、記憶、創造的活動など、高度な精神活動を司る。
視床下部
自律機能の調節を行う。
視神経
視覚からの情報を大脳皮質の視覚野に送る。
扁桃体
恐怖や不安などを生み出す。
小脳
脊髄
海馬
短期的記憶を長期的記憶につくり替えるのを助ける。

感動を伴った体験が記憶力を高める

記憶が行われるとき、脳の中では何が起きているのでしょうか。目や耳を通して入ってくる外界の刺激（情報）は、神経細胞間をつなぐ役目をするシナプスを伝わって大脳皮質の後頭葉へと伝わり、**大脳辺縁系《へんえんけい》**にある**海馬《かいば》**へと運ばれ、記憶されます。

一方、**喜怒哀楽**などの感情や本能に関わる情報は大脳辺縁系の**視床下《ししょうか》部《ぶ》**にて感知されますが、その情報は大脳皮質を経由することなく、直接海馬まで到達することがわかっています。そして、大脳皮質を経由する記憶よりも強烈な記憶として残るとされています。

よって、**記憶力を高めるには感動を伴った体験をすること**がポイントになります。振り返ってみても、無味乾燥な受験勉強の中で、密かに好意を寄せていた先生から教わった特定の科目については、多少でも楽しかったのではないでしょうか。そして他の科目よりも記憶している内容は多いはずです。これは、受験勉強という「情報」に、好きな先生を前にドキドキする気持ちである「感情」がプラスされて、結果として**記憶の定着度が高まる**という効果です。

これも知っておこう

ガルシア効果

ある食べ物を食べたあとで具合が悪くなるなどの不快な経験をしたために、そのことが記憶となって、以後その食べ物を受けつけなくなってしまうといった現象（**味覚嫌悪学習**）をいいます。アメリカの心理学者**ジョン・ガルシア**らによって提唱されたことから名づけられました。

エピソード記憶（➡P241）

宣言的記憶（陳述的記憶）の一部であり、ある出来事を一度体験しただけで、それを記憶するものです。その時の出来事の時間や場所、その時の感情が出来事として結びつき、記憶（エピソード）として強化されます。**自伝的記憶**は**エピソード記憶**の一部で、個人が人生において経験した出来事の記憶をいい、物語性、創造性、情動性が特徴として挙げられます。

CHECK

記憶のしくみ

ある刺激を情報として受け取ったとき、
最終的には海馬に運ばれ、記憶として定着する。

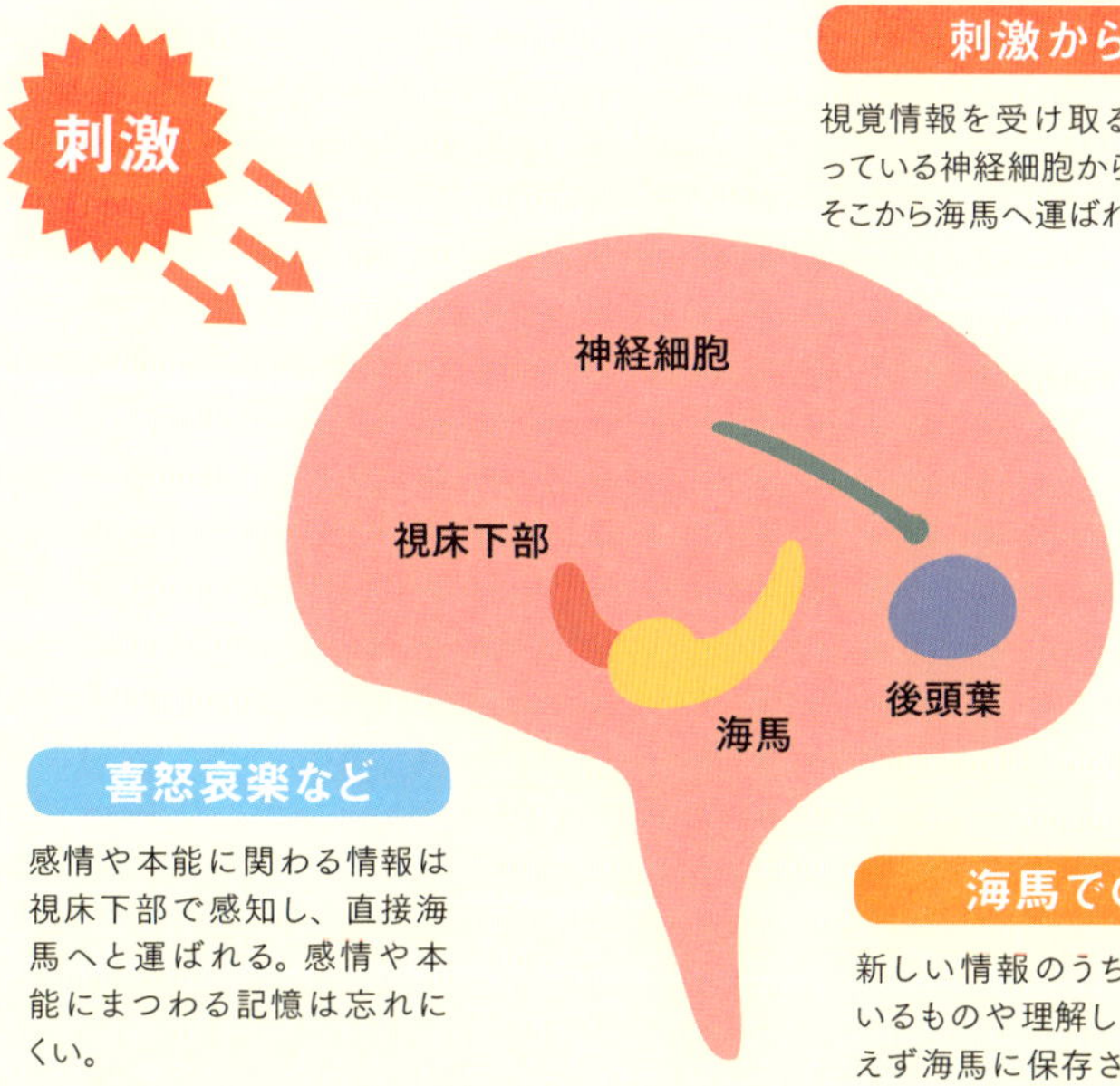

刺激からの情報

視覚情報を受け取ると、大脳皮質を覆っている神経細胞から後頭葉へと伝わり、そこから海馬へ運ばれて記憶が定着する。

喜怒哀楽など

感情や本能に関わる情報は視床下部で感知し、直接海馬へと運ばれる。感情や本能にまつわる記憶は忘れにくい。

海馬での保存

新しい情報のうち、興味を持っているものや理解したことは、取りあえず海馬に保存され、長期に記憶するものと消滅させるものを選別する。

効果的なテスト勉強

先生の教え方に感動した、好きな先生に教えてもらえるなどといった感動（感情）を伴った記憶は、定着率がよい。勉強するときにも感動が必要だ。

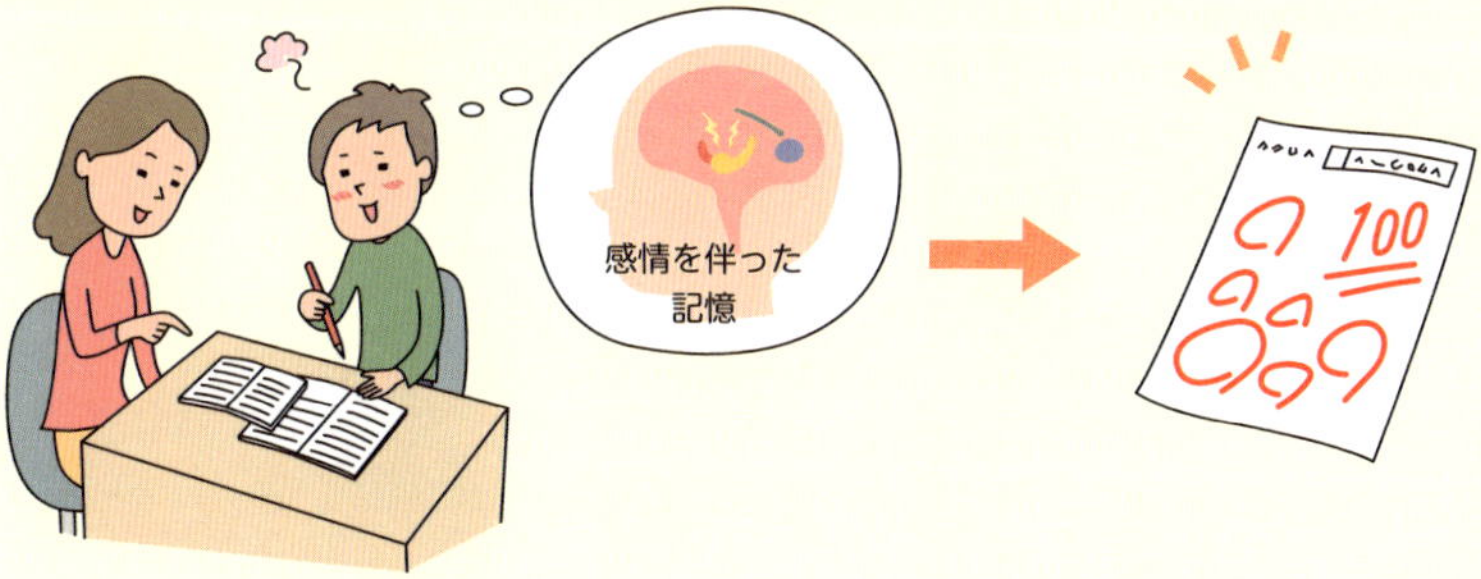

すぐ忘れる記憶もあれば思い出として残る記憶もある

記憶を大まかに分けると**認知記憶**と**運動記憶**（➡P244）があります。認知記憶とは物事を覚えるという意味での記憶で、運動記憶は身体の動かし方を覚えるという記憶です。ここでは、認知記憶について見ていきましょう。

視覚や**聴覚**で情報を認知すると、ほんの一瞬だけ記憶として蓄積されます。そのような超短期の記憶を**感覚記憶**といい、視覚からの情報は1秒程度、聴覚からの情報は数秒で消滅します。

次に、**大脳辺縁系**《へんえんけい》の**海馬**《かいば》へと記憶が移って蓄積されている状態を**短期記憶**といいます。これは1分程度で消滅します。

海馬で一時記憶されているものを**中期記憶**と呼び、1時間〜1か月程度保存され、この期間に**長期記憶**するものと消滅させるものを選別します。そして、重要な記憶として選別されたものは海馬から大脳へと移動し、長期記憶となります。また、記憶している内容を1か月以内に2回以上反復することで長期記憶になる場合もあります。これを**リハーサル効果**といいます。受験勉強などでは、繰り返し問題集を解く、新しい単

もっと詳しく

手続き記憶

長期記憶の一つで、手続き的知識であるノウハウを保持するものです。たとえば、自転車の乗り方の練習やダンスの練習、般若心経《はんにゃしんぎょう》など長い文章の暗唱などが**手続き記憶**として挙げられます。

プライミング記憶は先に取り入れた情報に無意識に作用する記憶で、たとえば「医者」という言葉を聞き、「看護師」のことを思い出すなどがそれに当たります。

古典的条件づけは、**パブロフ型条件づけ**ともいわれます。たとえば、イヌにメトロノームの音を聞かせてから（条件刺激）エサを与えると（無条件刺激）、イヌは自然と唾液を分泌します（無条件反応）。これを繰り返していくと、メトロノームの音を聞かせただけでイヌが唾液を出すようになる（条件反応）のです。

語をノートに書くなどの反復練習が必要ということでしょう。

長期記憶は、言葉で記憶する**宣言的記憶（陳述的記憶）**と動作によって記憶する**手続き記憶**（↓下段）に分けられ、さらに宣言的記憶は特別な出来事として記憶される**エピソード記憶**（↓P238）、知識を記憶する**意味記憶**に、手続き記憶は、すでにある記憶に新しい記憶が影響を受ける**プライミング記憶**、ある技術のノウハウである技能、条件反射として記憶されている**古典的条件づけ**などに分かれます。

これも知っておこう

フラッシュバルブ記憶

アメリカ同時多発テロやマイケル・ジャクソンの死など、世界的に注目された出来事や個人的に重大な出来事が、「カメラのフラッシュをたいた」ときのように鮮明に記憶されること。

CHECK

記憶にはどのような種類があるのか

記憶は、以下のようにさまざまな種類がある。

- **記憶**
  - **運動記憶**　運動感覚を覚えるもの（➡ P244）
  - **認知記憶**　物事を覚えるもの
    - **感覚記憶**　一瞬で忘れる記憶
    - **短期記憶**　1分程度で忘れる記憶
    - **中期記憶**　海馬に1時間〜1か月程度記憶
    - **長期記憶**　長期にわたって定着する記憶
      - **宣言的記憶**　言葉による記憶
        - **エピソード記憶**　特別なエピソードとして記憶されるもの
        - **意味記憶**　知識が記憶されたもの
      - **手続き記憶**　動作による記憶
        - **プライミング記憶**　古い記憶によって影響を受ける記憶
        - **古典的条件づけ**　一定の条件を与えられることで条件反射するようになる学習記憶

1185《いいはこ》作ろう
鎌倉幕府

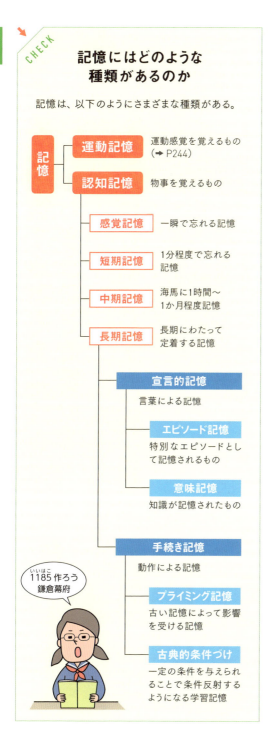

人は記憶するとともに、忘れてしまうことも多い

人の脳には**記憶**するメカニズムがありますが、忘れるメカニズムもあります。つまり、一度記憶したものを忘れてしまうのです。

短期記憶や**中期記憶**（➡P240）は一時的に記憶しますが、必要ないものとして消滅します。消滅する（忘れる）原因としては、興味がないテーマだったり、記憶しにくい内容、集中できない、似通ったものと混同する、緊張や興奮で思い出すことを妨害されるなどが考えられます。

長期記憶として残されているはずなのに、思い出そうとしても思い出せないことがあります（**メモリーブロック**➡左図）。いわゆる**ど忘れ**です。ど忘れは、何かきっかけや手がかりがあれば思い出すことがありますが、どんな手がかりを与えても思い出さない記憶もあります。これが**記憶障害**で、過去に覚えていたことを思い出せない**長期記憶障害**と、新しいことを覚えられない**短期記憶障害**があります。記憶障害のうち、**宣言的記憶**（**陳述的記憶**➡P241）が障害された状態を**健忘**といいます。**エピソード記憶**（➡P238）や**意味記憶**が失われるもので、**物忘れ**から**記憶喪失**まで含まれます。

これも知っておこう

アルコール・ブラックアウト

お酒を飲みすぎて記憶がなくなることです。脳内のアルコール濃度が高まると、記憶中枢となる海馬が麻痺して起こる現象です。

飲酒による酩酊《めいてい》は、以下の三つの段階に分けられます。

①**単純酩酊**……普通に飲酒したときに見られる軽い酩酊。

②**複雑酩酊（量的酩酊）**……興奮して、人が変わったようになる。昏もう（軽度の意識障害）が見られるが、記憶喪失はほとんどない。責任能力が部分的になくなる場合もある。

③**病的酩酊（質的酩酊）**……激しく興奮し、記憶障害、幻聴、妄想が現れ、周囲からはまったく理解できない異常行動を取る。

アルコール・ブラックアウトは、このうち②の段階で見られる現象です。②や③はアルコール依存症の人に多く見られる酩酊ですが、

特に**認知症**ではこの健忘が初期症状から見られます。**アルツハイマー型**では、一時記憶する働きのある海馬《かいば》から脳萎縮が始まることが多いといわれていることから、物忘れの症状が現れると考えられています。

年をとってくると物忘れが多くなるといわれます。確かに脳の細胞は年とともに減り続け、増えることはありません。しかし、細胞同士を結ぶネットワークは年をとっても増やすことができるといいます。新しい刺激を脳へ送ることで、細胞同士の連絡網の発達を促したいものです。

健全な人でも飲みすぎれば見られます。このような状態になると、犯罪にもつながりやすいので注意が必要です。お酒を飲むなら、なるべく①レベルの酩酊にとどめておくようにすることが大切です。そのためには、自分の酒の適量を知っておくとよいでしょう。

CHECK

メモリーブロックとアルコール・ブラックアウト

思い出そうとしても思い出せない状況を、メモリーブロックという。一方、お酒の飲みすぎで記憶がなくなることをアルコール・ブラックアウトという。

メモリーブロック

周辺情報となる記憶を思い出す。

- デパ地下に行った
- 試食した
- 簡単でおいしいものが食べたくなった

神経回路が再生し、記憶がよみがえる。

アルコール・ブラックアウト

海馬の機能が壊れて本能がむき出しになってしまう。

運動が得意になるためには運動記憶を鍛えよう

運動が得意になるために決め手となるのが**記憶力**です。この記憶力は、ものを覚えるための**認知記憶**（⬇P240）とは違い、**運動記憶**と呼ばれ、**記憶中枢である海馬**《かいば》**とは無関係**な記憶のことをいいます。

野球、ゴルフなど、あらゆるスポーツで、それぞれに傑出した選手がいるものですが、彼らがなぜ上達するのかといえば、繰り返し練習しているからです。素振り1000本などという過酷な練習メニューも、運動記憶のしくみを知ると、その効果に納得できるはずです。

運動記憶では、**大脳皮質**から神経回路を伝わって**小脳皮質**へ電気信号が送られることで、運動のやり方に関する指令が筋肉へ出されます。しかし、指令を受けた筋肉は最初からうまく働くことはありません。野球でいえば、飛んできたボールをキャッチできなかったり、ピッチャーが投げたボールを空振りしたりします。このとき、小脳からは間違った**運動指令**が出されているために失敗が起こっているわけです。すると、再び大脳から小脳に「この動きは失敗だ」という信号が送られ、間違った運動指令が抑圧されます。

これも知っておこう

知覚運動学習

見たり聞いたりすることで、ある知覚を何度も繰り返すことにより、運動や動作が効率的にできるようになるような学習をいいます。

知覚運動学習は三つの段階を踏んで行われます。

第一段階　認知……たとえば、野球の練習では、ボールを投げる、打つなどの基本的動作を認知する。

第二段階　連合……飛んできたボールをよく見てバットを振り、ボールを打つまでの一連の動作を覚える。

第三段階　自律……動作を意識することなく行えるようになる。

なお、スポーツにしろ、楽器演奏などにしろ、自分が目標とする動作に到達できた状態を**イメージ**しながら練習を続けることが効果的だといわれています。

英語習得についても、繰り返しによるトレーニングで短期記憶をこれら一連の脳の動きを**フィードバック**といい、フィードバックを繰り返すうち、次第に小脳に正しい運動を行うための指令を出す電気信号回路が強化され、運動能力が向上していくのです。

そこで、運動が得意になるためには、何度も失敗することによって少しずつ正しい感覚を身体になじませていくことが大切です。これはスポーツに限らず、演奏、演技など、身体を使って何かを行うときにはすべて共通するコツです。

長期記憶に変えることが大切です。耳（聞く）、目（読む）を使って知的記憶とし、指（書く）、口（話す）という感覚機能を使って運動記憶として覚えるというトレーニング方法が実際に教材に取り入れられています。

CHECK

運動記憶は繰り返しの練習で高まる

身体の動かし方を覚えることを運動記憶といい、海馬で記憶するのではなく、小脳から筋肉へ指令を出すことで覚えていく。

失敗

野球を始めたばかりのころは、小脳から間違った運動指令が出されるので、空振りしてしまう。

フィードバック

練習を繰り返すことで、失敗したときの動きを大脳がとらえ、小脳に正しい指令が出せるよう訂正させる。

成功

次第に小脳は正しい運動指令が出せるようになり、空振りではなく、ヒットが打てるようになる。

運動、演奏、演技など、身体を使って行うことを上達させたいときには、すべて運動記憶を鍛えることが大切。

記憶 05

記憶力はどこまで高められるか、関心の的

人間の**記憶**力には差があるといわれていますが、本来人間の脳が持つ記憶の容量は膨大なものです。ハンガリーの数学者でコンピュータを発明した**フォン・ノイマン**（1903〜1957）は、その量を**10の20乗ビット**程度と試算しました。ビットとは、コンピュータで使われるデータの最小単位であり、8ビット＝1バイトに相当します。1バイトはアルファベット1文字分ほどのデータ量です。また、パソコン1台が持つハードディスクのメモリで考えてみると、たとえば、100ギガバイトのハードディスクの容量は、ビットに換算すると約8600億ビットになります。ノイマンの試算した10の20乗ビットはこれをはるかに上回る量になり、100ギガバイトの容量を持つパソコン台数でいうと約1億台分に相当します。

この説に対し、人間がものを忘れる機能を差し引くと記憶量はもっと少ないはずだとする説もありますが、いずれにしても人間の脳の記憶量はとてつもなく大きいといえます。

さて、人間の脳が記憶を行うときの構造を表したのが**意味ネットワーク**です。左図のように、ある概念が記憶されるとき、関連し合うもの同

これも知っておこう

記憶法

頭がよい人は、自分なりの記憶術を身につけているものです。以下は代表的な**記憶法**です。

場所法……実際にある場所や架空の場所を思い浮かべ、それらに番号をつけ、覚えたいものを番号順に頭の中で置いていく方法。場所と覚えるもののイメージを組み合わせて、できるだけ普通ではあり得ないイメージを思い描くと、より印象的に覚えられる。

物語法……物語を考え、そこに覚えたい対象を置いて記憶する方法。場所法同様、印象づけるのがポイント。

語呂合わせ法……歴史上の年号を言いやすい語句に変えて記憶する。たとえば「1333年に鎌倉幕府が滅亡した」であれば「イチミサンザン」のように記憶する。

頭文字法……記憶したい対象の頭文字を取り出して記憶する。たと

士が網の目のように結ばれていきますが、より関連の大きいもの同士が近接することがわかっています。このように、関連性のあるもの同士が近接しながら情報が整理されていくことを**プライミング効果**（➡P240）といいます。

このように、プライミング効果を利用して記憶力をアップさせるなど、今後さらに記憶力開発の手法が研究されていくはずです。

えば、品川、蒲田、五反田であれば「シカゴ」のように覚える。

チャンキング……覚えたい対象をある程度のくくりにして記憶する。たとえば、元素記号を覚える際には頭文字をつなげ、「水兵リーベ、僕の船、七曲がり、シップスクラークか」のようにする。

CHECK

近い関係の情報を整理するプライミング効果

記憶の構造を図式化したのが意味ネットワーク。ある概念に関連性の高い概念は、その近くに結びつくが、関連性が低くなるほど遠くに結びつけられ、判断するのに時間がかかってしまう（プライミング効果）。

意味ネットワーク

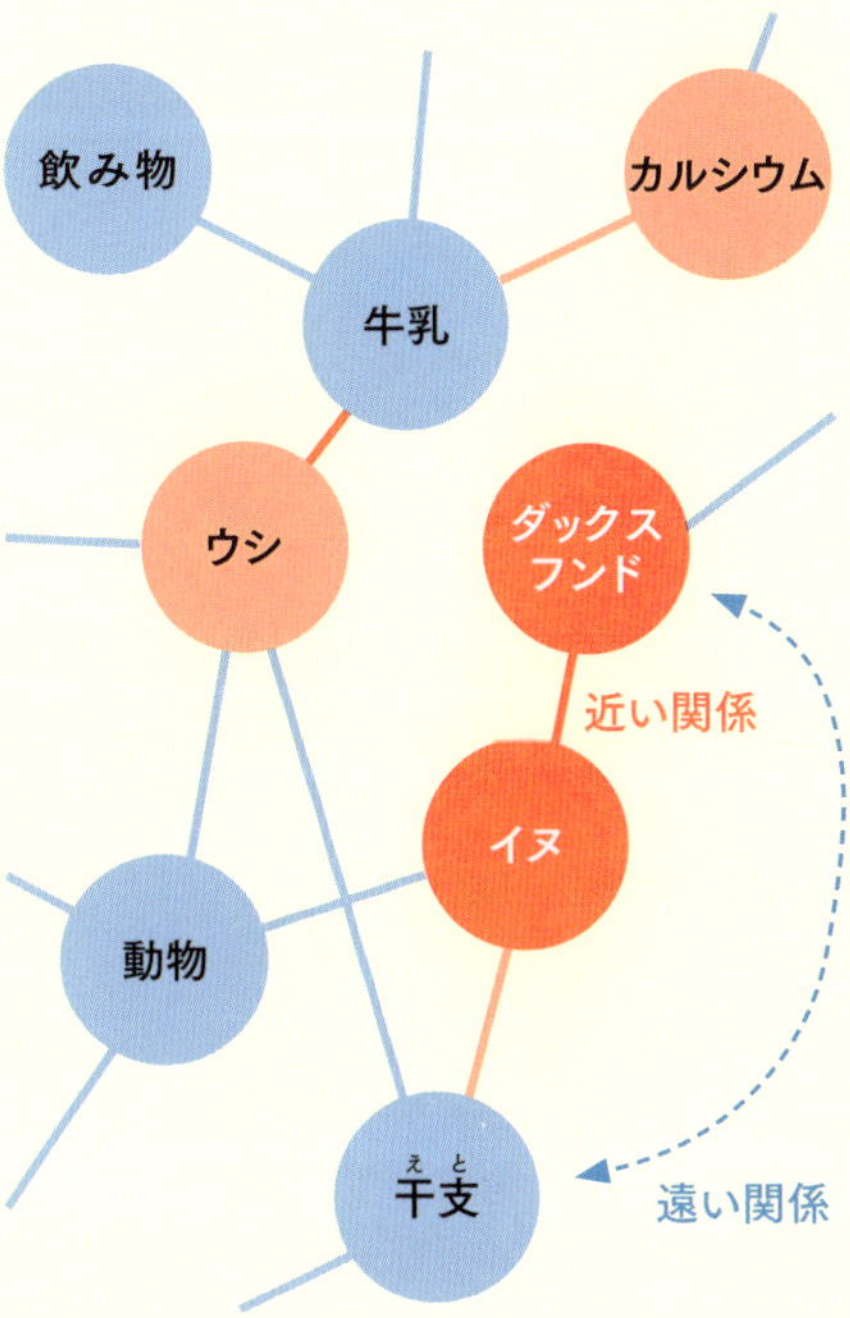

- 「ダックスフンドといえばイヌ」というように関連度が高いため、**近い関係**にある。
- 「ダックスフンドといえば干支」とは即座に判断できない。「干支」の種類に「イヌ」が含まれていることを思い出して初めて認識できる。つまり関連度が低いため、**遠い関係**にある。
- 同様に「ウシといえばカルシウム」と判断するには「牛乳」を介する必要があるため、時間がかかってしまう。

逆境を乗り越えられる度胸はある？

箱に入れられて子犬が捨てられていました。かわいそうに思って家に連れて帰ると、親に「捨ててこい！」と言われました。さて、最も度胸のある人の対応はどれでしょうか。

①

誰か飼ってくれる人を探す。

②

元いた場所に戻し、えさをやるために通う。

③

飼ってもらえるよう必死に親を説得する。

④

しかたないので捨てにいく。

➡ 解答

答えは③です。意志が強く、逆境にあってもそれを乗り越えようとする実力がある人です。周囲からも頼りにされるでしょう。
①は、周囲の空気を読みながら、自分の意志を通そうとし、駆け引きが上手です。
②は、問題を先送りするタイプ。その優しさゆえに、人の意見を聞きすぎて、自分の意志が見えなくなってしまいます。④は、最も度胸がないタイプといえます。優柔不断で、人の言いなりになってしまいます。

PART 8

性格と深層心理の分析

性格は生まれる前とあとの両方で決まる

性格とはいったい何でしょうか。古くから心理学では**性格をキャラクター**（**性格**）と**パーソナリティ**（**人格**）という二つの言葉で定義してきました。キャラクターとは、人が生まれたときから持っている資質、いわゆる遺伝的なものと解釈され、逆にパーソナリティは生まれたあとの育った環境の影響から培われたものとされています。

性格が先天的要素、後天的要素のどちらに色濃く影響を受けるのかについては、現代においてもまだ結論が出ていません。

一般的に、人の考え方や行動は後天的な環境での経験や学習で身につけられるとされますが、**一卵性双生児**を観察したデータからは、違った環境で育った場合でも性格が似ているケースがよく見られることがわかっています（➡P252）。となると、生まれながらのキャラクターに、成長していく間に身につけたパーソナリティが加わって性格ができていると理解するのが妥当でしょう。性格は、キャラクターとパーソナリティの相互作用によって形づくられているようです。

性格と同じように使われる言葉に**個性**があります。たとえば、人の性

これも知っておこう

場の理論（トポロジー心理学➡P84）

アメリカの心理学者クルト・レヴィン（1890〜1947）が提唱した理論で、人間は個人のパーソナリティや欲求だけでなく、その人が置かれた「場」に影響を受けて行動するものという説です。

つまり、会社などの組織においては、ポジションが人をつくるという考え方です。その理論からは、環境の開発を行うことで、期待に応える行動が現れるともいえます。

サイコロジーQ&A

Q 知人は皮肉屋で、周囲からも煙たがられています。人の性格は変わらないのでしょうか。

A 性格には、生まれつきの気質と、その後の環境によってつくられる性格があります。環境によってつくられる性格には、社会によってつくられた社会的性

CHECK

性格を形成するものは何？

性格は、遺伝と環境により影響を受けると考えられているが、それがどの程度なのかはまだ解明されていない。

格に暗い、明るいなどがあるのも個性ですし、服装や色などの好みも個性といえます。つまり個性とは、他の人と区別されたその人独自の特徴のこと。もともと**個**（**individual**）という言葉には「分割できない」「他と置き換えられない」という意味があり、性格はもちろんのこと、その人の能力や外見についても広く使われています。また、感情面の個性として、**気質**（**temperament**）があります。気質は性格の基盤となっており、遺伝の影響を大きく受けているといわれます。

格、現在の役割に応じた役割性格があります。生まれつきの部分の気質は変わりにくいですが、あとから出来上がった性格は変えやすいといえます。知人の皮肉な性格も環境から生まれたものであれば直すことができるでしょう。

性格 02

性格と知能は遺伝と環境、どちらの影響？

性格は、**遺伝**と**環境**のどちらに、より影響を受けるかを、一卵性双生児、二卵性双生児を比べることで研究する方法を**双生児法**といいます。

一卵性双生児のきょうだいは、同じ受精卵から生まれてくるため、遺伝子は100％同じです。一方、二卵性双生児のきょうだいは、別々の卵子から生まれてくるため、遺伝子は一般のきょうだいと同じです。ということは、もし一卵性双生児のきょうだい間の性格の差が二卵性双生児のそれよりも小さければ、性格は遺伝によって影響を受けるということになります。また、一卵性双生児と二卵性双生児の差があまりなければ、性格は環境によって、より影響を受けるということになります。

一方、アメリカの心理学者**アーサー・R・ジェンセン**（1923〜）は**環境閾値《いきち》説**を提唱しました。これは、ある人間が遺伝の影響を受けて才能を開花させるためには、それが現れるのに必要な環境が一定水準（閾値）与えられていることが前提であるという考え方です。体型や知能などは遺伝の影響を受けやすいのですが、外国語を習得したり成績を伸ばしたりするためには環境が閾値を越えていなければならないというものです。

サイコロジーQ&A

Q **両親が頭がよい場合、その子どもも頭がよい子が生まれるのでしょうか。**

A ドイツの心理学者**ラインエール**が親と子の知能の相関関係を調べました。評価は、A＝優秀、B＝普通、C＝優秀でない。

両親ともA―Aの場合
子A：71・5％、B：25・5％、C：3・0％

両親ともB―Bの場合
子A：18・6％、B：66・9％、C：14・5％

両親がC―Cの場合
子A：5・4％、B：34・4％、C：60・1％

親が頭がよくない場合でも、5％の子どもが頭がよくなることから、知能は遺伝的影響をかなり受けるものの、トンビがタカを生むような現象も起こり得ることがわかります。

CHECK

性格と知能は遺伝するか

性格は、遺伝＋環境で決まるといわれる。双生児の研究では、同じ環境で育てても性格に違いが出るし、離れて暮らしても似ていることもある。生まれてから脳の使い方などによっても性格や知能に違いが出ることもある。

双生児法

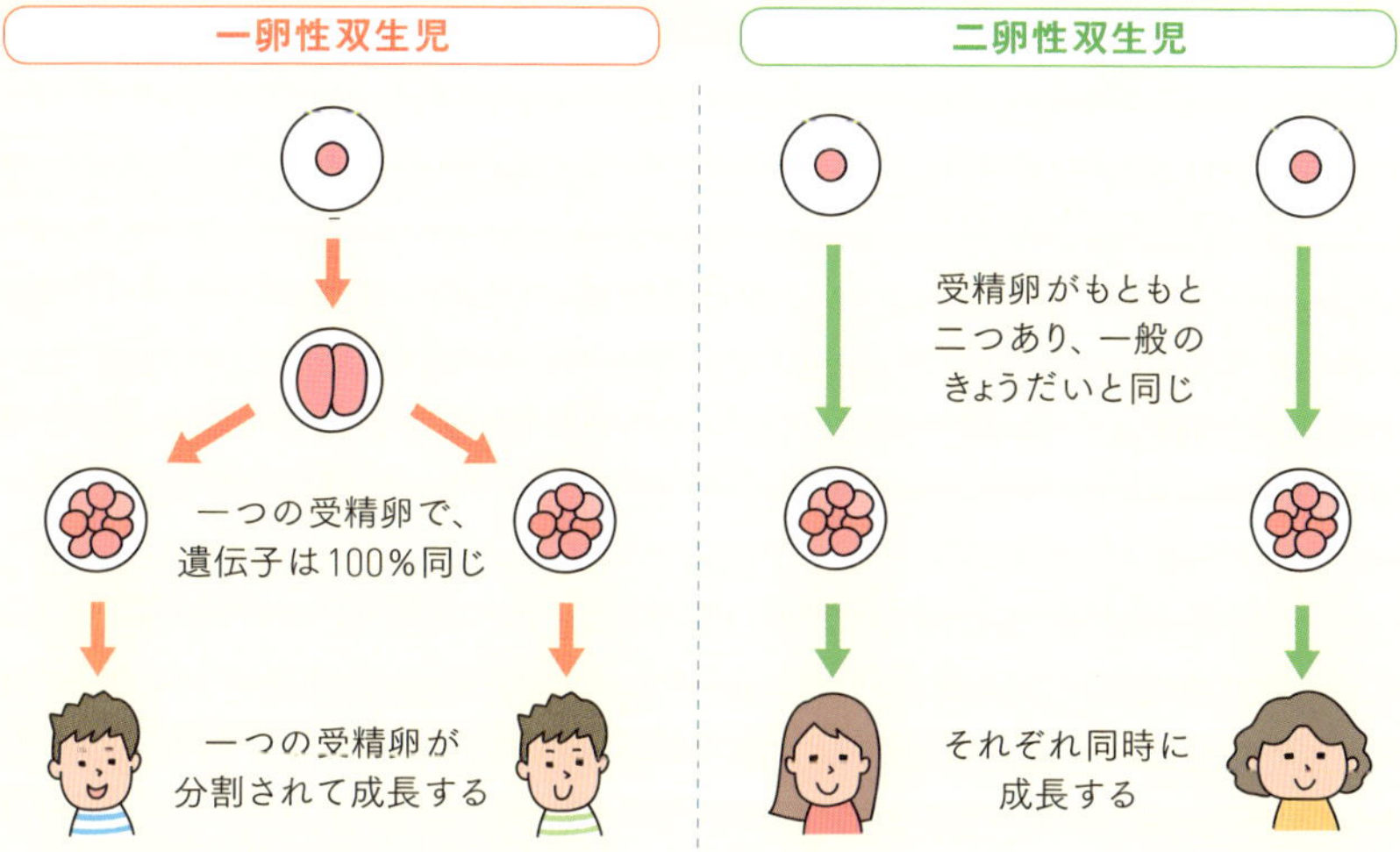
一卵性双生児
一つの受精卵で、
遺伝子は100％同じ
一つの受精卵が
分割されて成長する
二卵性双生児
受精卵がもともと
二つあり、一般の
きょうだいと同じ
それぞれ同時に
成長する

双生児の知能指数の相関関係（不一致＝0　平均＝50　完全一致＝100）

- 92　同じ環境で育った一卵性双生児
- 87　違う環境で育った一卵性双生児
- 55　二卵性双生児（同性）
- 56　二卵性双生児（異性）

ジェンセンの環境閾値説

遺伝の影響を受けるには、そのために必要な環境が一定水準（閾値《いきち》）与えられることが前提であるというもの。たとえば、学習環境を親が整えてあげれば子の成績が伸びるのは、それを証明している。

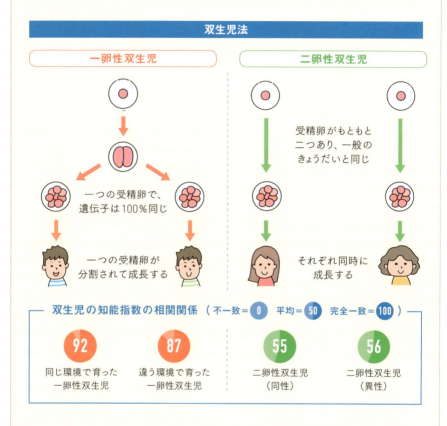

性格 03

失敗を他人のせいにする人、自分のせいにする人

人生には失敗はつきものですが、その失敗の受け止め方は人によって異なります。ある事態が生じたとき、その原因をどこに求めるかという概念を**ローカス・オブ・コントロール**（**LOC＝統制の位置**）といいます。LOCは、失敗の原因などを外的環境にあると受け止める**外的統制型**と、失敗は自分の内面に問題があるととらえてしまう**内的統制型**に分けられます。

たとえば、出張で新幹線に乗ろうとしたとき、接続する電車に遅れが出て、予定の新幹線に乗り遅れてしまった場合、外的統制型の人なら「不可抗力だからしかたがない」と考えます。逆に内的統制型の人なら「もっと早めに家を出てくればよかった」と考えます。このように同じ失敗であっても両者の受け取り方はまったく異なります。

外的統制型は、失敗した原因を自分ではなく、外に求めます。仕事上であれば、一緒に組んだ相手の実力が足りなかったとか、責任を他に転嫁します。あるいは自分には運がなかった、悪かったと思う場合もあります。このようなタイプの人はクヨクヨ悩んだり、後悔したりはしませ

これも知っておこう

原因帰属

人間の行動の原因を推測することをいいます。帰属には内的帰属と外的帰属があります。前者は、本人の性格など内部にあるものに理由を求めます。後者は、状況や運など、外部にあるものに理由を求めます。アメリカの心理学者バーナード・ワイナーが発表した、成功・失敗に関するモデルによると、内的帰属の中には変動しにくい要因（能力等）と、変動する要因（努力等）があり、外的帰属にも変動しやすい要因（運等）と変動しにくい要因（課題の困難度）があるとしました。

セルフ・サービングバイアス

自分に対して好ましいように結果を解釈する傾向のこと。成功したときには自分の能力に帰属し、失敗したときは環境などに帰属します。

んが、反省しないため、同じ失敗を繰り返すことが多くなります。場合によっては無責任な人とレッテルを貼られることもあります。

逆に**内的統制型の人は、失敗の原因を常に自分に求めます。**そのため落ち込んだり、ストレスをため込む傾向がありますが、失敗の原因を突き止めて反省し、それを次の機会に生かすことができます。失敗するのも成功するのも自分次第だと考えるため、結果として自己の能力を高めていけるのです。

コントロール幻想

自分がコントロールできないことを、あたかもコントロールできていると思い込む状態。たとえば、「自分で選んだくじは当たる」など、偶然による事象を自分の能力や意思で何とかできると思い込むことです。

CHECK

外的統制型と内的統制型

失敗の理由を自分以外のもののせいにする人を外的統制型、失敗を人のせいにしないで自分で受け止める人を内的統制型という。

外的統制型

失敗を反省することなく、都合のよい言い訳をする。

僕のせいじゃない

- 自分のせいではない。
- ハードルが高すぎたから。
- 運が悪かったから。
- ほかにやることがあったから。

内的統制型

失敗の原因を分析し、反省することで、次の機会に生かすことができる。

今回、失敗したのは…

- 自分の不注意だった。
- 努力不足だった。
- 次は頑張ろう。
- ピンチはチャンスだ。

性格をある基準で分類すると、とらえやすい

性格の分類法には大きく分けて**類型論**と**特性論**とがあります。類型論は性格をいくつかの基準によって類型に分ける方法で、特性論は人間の性格をいくつかの特性の集まりだと考えて分ける方法です。

代表的な類型論にはドイツの精神医学者エルンスト・**クレッチマー**（1888～1964）が提唱した**体型別性格分類法**があります。クレッチマーは人の体型と性格にはある一定の関係があると考え、体型を三つに分け、それぞれの特徴を以下のように説明しました。

①肥満型（躁うつ気質）……社交的で明るく、楽しい性格だが、気分にバラつきがある。

②やせ型（分裂気質）……神経質で控え目。周囲と関わるよりは自分の世界で過ごすことを好む。また些細な他人からの言動に敏感に反応するが、他人には意外に鈍感である。

③筋肉質型（粘着気質）……正義感が強く、頑固で自分の意見を押し通す。また気に入らないと急に怒り出すことがあるが、礼儀正しく、几帳面なところもある。

これも知っておこう

ギリシャ時代からあった類型論

類型論は、古くは古代ギリシャの医師**ヒポクラテス**（前460～前377）が唱えた**四大体液説**にまでさかのぼり、以後もさまざまな説が唱えられました。

四大体液説……古代ギリシャの医聖ヒポクラテスが提唱。人間の身体を血液、粘液、黄胆汁《たんじゅう》、黒胆汁という四種類の血液別に分け、そのバランスが取れていれば健康を維持できるとした。

体液理論……古代ギリシャの医学者**ガレノス**（129ごろ～200ごろ）が提唱。人間の身体を**多血質**、**粘液質**、**胆汁質**、**憂うつ質（黒胆汁質）**の四大気質に分類した。

ユングの類型論……ユング（➡P100）は、人の基本態度から性格を**外向性**と**内向性**に分けた。さらにそれぞれを思考型、感情型、感覚型、直観型に分けた（➡P258）。

CHECK

代表的な類型論

性格類型論にはクレッチマーの体型別性格分類法、アメリカの心理学者ウィリアム・シェルドン(1899 ～ 1977)の発生的類型論、ドイツの心理学者エドゥアルト・シュプランガー(1882 ～ 1963) の価値類型論などがある。

クレッチマーの分類

肥満型

躁うつ気質。外向的で親切。時には激しく怒ったり泣いたりする。

やせ型

分裂気質。生真面目で、社交的ではない。神経質だが、温和。

筋肉質型

粘着気質。几帳面で、秩序を好み、物事に熱中する。

シェルドンの分類

内胚葉〈ないはいよう〉型

消化器や呼吸器系などが発達し、丸みを帯びた体型。食べることが好きで愛情欲求が高い。

外胚葉型

神経や表皮などが発達し、細長い体型。繊細で疲れやすい。

中胚葉型

骨や筋肉などが発達し、どっしりとした体型。自己主張が強く活動的。

シュプランガーの分類

理論型

理論好き、客観的、冷静沈着。

経済型

財力至上主義。

審美型

感覚重視で美しいものに価値を置く。

権力型

権力欲が強い。

宗教型

聖なるものを尊ぶ。

社会型

他と協調して社会生活を送る。

性格 05

性格を要素に分けてとらえるユングの類型論

ユング（➡P100）は、**フロイト**（➡P88）が使った**リビドー**（性的エネルギー➡P92）が外界の物事や人に向かう**外向型**の人と、心の世界に向かう**内向型**の人に分け、この二つをさらに、**思考型、感情型、感覚型、直観型**という人間の心が持つ力（**心理機能**）ごとに分類しました。これが**ユングの類型論**です。

どんな人も心の中にこの外向性と内向性の二つを持ち合わせており、より強いものが表面に出ているにすぎません。しかし、片方の**性格**のみが過度に表面に現れることで、対立するもう片方の性格が**無意識**の中から出現することがあるとユングは考えました。また、心理機能のうち、**思考と感情は対立関係**にあり、逆に**感覚と直観は同類関係**にあります。外向性、内向性と同じく、人は誰でもこれら四つの心理機能を持ち合わせており、そのうちの一つがほかよりも強く発達することで意識に影響を与え、現れることでその人の性格が形成されるということです。

たとえば、外向的な人の中でも思考型の人は、何事も客観的事実に即して考えるため、周囲からは冷たい人と思われがちです。一方、内向的

これも知っておこう

ビッグ・ファイブ説

性格特性論の中でも、1990年代ごろから広まったのが性格五特性説（ビッグ・ファイブ説）で、人間の性格には共通して五つの基本的な特性因子があるという考え方です。

従来の特性論では、各々の研究者により特性論が細分化されすぎて、人間の性格の全体像をとらえることができませんでした。これに対し、ビッグ・ファイブ説によると、人間には民族の違いを超えて普遍的な五つの共通する特性があるとしました。

①外向性……人づき合いがよいか悪いか。この傾向が高いと社交的な性格である。

②協調性……他人に合わせた行動ができるかどうか。この傾向が高いと協調性がある性格。

③誠実性……物事に対して誠実に取り組む姿勢があるか、ないか。

な思考型の人は、事実よりも主観を重視して考えますから、頑固で強情な人と受け取られがちです。

ユングが分類した八つのタイプは、常に固定化しているものではなく、世の中との関わり方、環境などによって機能の配置転換が行われます。これを**個性化の過程**（➡P106）といいます。ユングの類型論は、後にアメリカの心理学者らによって外向性・内向性を測定する内性検査へと発展し、**性格特性論**の概念へと変化していきました。

この傾向が高いと勤勉な性格。
④**神経症傾向**……細かいことを気にするか、しないか。この傾向が高いと情緒不安定な性格。
⑤**開放性**……さまざまな物事に興味を持ち、それを受け入れるかどうか。この傾向が高いと好奇心旺盛な性格である。

CHECK

ユングが分類した8パターンの性格

ユングは以下のようなステップを踏み、人の性格に八つの特性を見出した。

性格

外向的 × 内向的

心理機能

思考 ↔ 感情
対立
判断を司る機能

感覚 ≒ 直感
同類
背後にある意図を取り入れる機能

性格／心理機能	外向的	内向的
思考	**外向的思考タイプ** 何事も客観的事実に即して考える。他人には不寛容。	**内向的思考タイプ** 事実よりも主観を重視。頑固で強情。哲学者肌。
感情	**外向的感情タイプ** 流行好きで、深い思考性はない。対人関係が豊か。	**内向的感情タイプ** 感受性が強く、自己の内面を充実させたいと願う。
感覚	**外向的感覚タイプ** 現実を受け入れる力がある。快感を楽しみ、享楽的。	**内向的感覚タイプ** 物事の奥にあるものを感じ取れる。独自の表現力。
直観	**外向的直観タイプ** 実業家に多いひらめき型。可能性を追求する。	**内向的直観タイプ** 非現実的なひらめきによって行動する。芸術家に多い。

性格テストで人の性格、行動を分析する

人の**性格**は、生まれながらにして持っている**遺伝**や**気質**を基盤として、後天的に受け入れる**環境**やさまざまな経験などを認知しつつ段階的に形成されていくものです。そして、日常的には、性格はその人らしさを表す行動であり、特徴と解釈されます。そこで、その人の性格や性格から現れる行動が、学習活動や企業など、さまざまなシーンにおいてふさわしいかどうかを見極めるための判断基準、すなわち**性格テスト**が必要とされるようになりました。

性格テストは検査方法によって違いがあり、大きく以下の三つに分けられます。

①質問紙法……アンケートと似ており、質問事項に対して、「はい」「いいえ」や、「どちらでもない」といった答えを出して性格を探る方法。

②作業検査法……ある特定の検査場面を設定し、それによって作業した結果や経過から性格の特徴を判断するもの。

③投影法……その人にある刺激を与え、その反応から**深層心理**を探り、性格を判断するもの。

これも知っておこう

バーナム効果

どんな人にも当てはまるような性格記述であっても、それを当人に向かって言うことで、その人が信じてしまうような心理的効果をいいます。

バーナム効果で引き合いに出されるのが血液型占いなどの占いです。現在の心理学では、血液型と性格との因果関係は実証されていません。にも関わらず、大多数の人が血液型占いを信じているのは、あたかも自分の性格を言い当てられているように思い込んでしまうためでしょう。中には、そのうち血液型占いの結果に基づいた行動を取るようになる人もいますが、これは自己成就予言（➡P74）の一種と考えられます。

ちなみにバーナム効果の由来は、アメリカのサーカス興行師バーナムが行った心理操作から1956年に命名されました。

CHECK

目的に応じて使い分けられる性格テスト

深層心理や性格の特徴などを読み取る性格テストには下記のような種類がある。一般的な性格を知りたいときや特定の分野での性格を知りたいときなど、目的に応じて使い分けられる。

質問紙法

Y・G（矢田部・ギルフォード）性格検査	120項目の質問に「はい」「いいえ」「どちらでもない」の3択で答えさせることによって性格を読み取る。
MMPI（ミネソタ多面的人格特性目録検査）	550項目の質問に「はい」「いいえ」「どちらでもない」の3択で回答する。「どちらでもない」が多い場合、信頼度が落ちる。
エゴグラム	50の質問に「はい」「いいえ」「どちらでもない」で回答。心を強さ、思いやり、冷静さ、自己中心性、順応性の領域に分ける。

作業検査法

内田クレペリン精神検査	隣り合った1桁の数字同士を1分ごとに改行して足し算をさせ、各行末の点を線で結ばせてできる作業曲線から性格を読み取る。

質問紙法

P-Fスタディ（絵画欲求不満検査）	日常で起こり得る欲求不満の生じる状況が描かれた絵を見せ、どのように返答するかを調べて深層心理を探る。
ロールシャッハ・テスト	左右対称のインクのシミから自由に連想させ、深層心理を読み取る。スイスの精神科医ロールシャッハが考案した。
バウム・テスト	樹木の絵を描かせて、構図や木の様子（実や葉の有無、枝や根の形など）から深層心理を読み取る。
SCT（文章完成法テスト）	「私はよく人から…」のような60項目の穴埋め文章を完成させて深層心理、心の歪みを読み取る。

性格 07

前向きになるためには自尊感情が大事

人によって人生に前向きな人と後ろ向きな人がいるのはなぜでしょうか。アメリカの心理学者**ウィリアム・ジェームズ**（1842〜1910）は、その違いを**自尊感情**（**自尊心**⬇P124）によるものとしました。自尊感情とは自分自身を肯定的に感じることで、ジェームズによると**自尊感情＝成功÷願望**という公式で表せます。

たとえば、よい成績を取ることを成功とするなら、「そうなりたい」と願う気持ちが強ければ強いほど分母の願望値が高まるので、失敗したときには自尊感情は低くなります。逆に、失敗ばかりしている人でも、願望値が高くない場合には自尊感情が低くなることはありません。何をもって成功と見なすのか、その基準は人それぞれです。試合やテストで散々な結果になっても、この失敗が次につながるのだと考え、それをある種の成功ととらえることができれば自尊感情は高くなります。

また、アメリカの心理学者**ローゼンバーグ**が提唱した自尊感情を測定するテスト、**自尊感情尺度**では、10項目の質問に「いつもそう思う」「ときどきそう思う」「あまりそう思わない」「まったくそう思わない」で答

これも知っておこう

学習性無力感

アメリカの心理学者マーティン・セリグマン（1942〜）が提唱した概念。回避できない厳しい状況に長期にわたって置かれると、その状況に立ち向かおうとする行動を取れなくなるというものです。

セリグマンは、2匹のイヌに別々のやり方で電気ショックを与えました。1匹にはボタンを押せば電気ショックが止まるような装置をつけ、もう1匹にはその装置をつけず、電気ショックを与え続けました。その後、飛び越えられる高さの仕切りがついた部屋で2匹のイヌに同様に電気ショックを与えたところ、前の実験でショックを避けることを学習したイヌは電気ショックを避けるために仕切りを飛び越えましたが、装置を与えられなかったイヌは何も行動を取ろうとせず、電気ショックを受け続けました。

え、その人の自尊感情の高さを割り出します。

このテストを被験者に行わせる中で、ローゼンバーグは、自尊感情の高い人は自分自身を「これでよい（good enough）」と考えているとしました。これは、自分自身を「非常によい（very good）」と考えることが自分を他人と比べて評価しているのに対し、「人は人、自分は自分」と考えていることを表しています。つまり、自尊感情が高い人は、自分で自分に価値を見出すことができるということです。

これらの実験からセリグマンは、無気力状態は学習によって身につくものと結論づけました。人も、どうにもならない状況が続けば、同じように**学習性無力感**を持つようになると考えられます。**自尊感情**を高めることと同様、学習性無力感を回避する努力が必要でしょう。

CHECK

自尊感情をチェックできる自尊感情尺度

自尊感情とは、自分自身を基本的に価値あるものとする感覚。

ジェームズによる自尊感情の公式

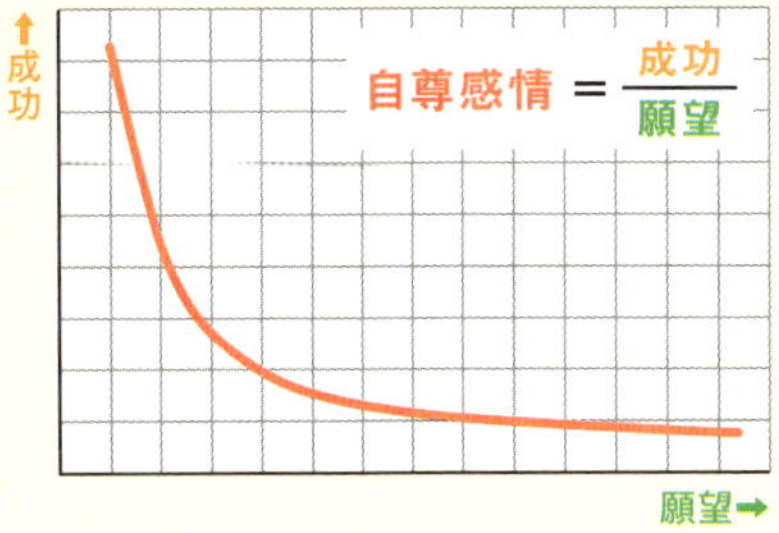

願望が強ければ強いほど、失敗したときには自尊感情は低くなる。願望が低いと、失敗しても自尊感情は高いまま。

ローゼンバーグの自尊感情尺度

10問の肯定的な質問と否定的な質問に「いつもそう思う」「ときどきそう思う」「あまりそう思わない」「まったくそう思わない」の4択で答える。それぞれ4点、3点、2点、1点とし、合計点が25点までが自尊感情が低い人（very good）、26点以上が自尊感情が高い人（good enough）。

1. 自分に満足している。
2. ときどき自分はダメだと思う。
3. いくつか見どころがある点がある。
4. 友だちと同じくらい、いろいろなことができる。
5. 得意なことがあまりない。
6. 「役に立っていない」と感じることがある。
7. ほかの人と同じくらい価値ある人間だと思う。
8. もっと自分を尊敬できたらと思う。
9. 何をやっても失敗するのではと思ってしまう。
10. 自分は前向きである。

自分では気づかない自分に気づく「ジョハリの窓」

自分自身の**性格**について、自分で思っているのとはまったく異なる印象を他人が持っていることはよくあります。それを図で表したのが、アメリカの心理学者**ジョセフ・ルフト**と**ハリー・インガム**が発表した「対人関係における気づきのグラフモデル」です。後にこの二人の名前を組み合わせて、**ジョハリの窓**（➡左図）と呼ばれるようになりました。

これは、人間の自己の領域を格子《こうし》窓のようなものだととらえ、四つの窓（領域）に分けたものです。つまり人間には、他人と自分の両方が知っている部分（**開放領域**）、自分は知らないが他人は知っている部分（**盲点領域**）、自分は知っているが他人は知らない部分（**秘密領域**）、どちらも知らない未知の部分（**未知領域**）の四つがあるとされています。

自分の性格に悩む人にとっては、**自己開示力**を高めることによって開放領域を広げたり、秘密領域を少なくしたりすることが大切です。また、盲点領域を指摘してくれる他人の存在を大切にしたり、未知領域を通して可能性を広げることもできます。悩んだときにはジョハリの窓を書いて心を整理してみるとよいでしょう。

サイコロジーQ＆A

Q **上司はとにかくポジティブシンキングです。彼がそれほど優れていると思えないことに対しても「これは自分の特技」と自慢します。このようにポジティブでいられる人は、ほかの人と何が違うのでしょうか。**

A 過度に自己を肯定的にとらえ、本来の実力以上に自分を過大評価してしまう心理状況を**ポジティブ幻想**（➡P140）といいます。

ポジティブ幻想には、①自分自身を非現実的なまでにポジティブ（肯定的）にとらえる、②外界に対する自分の統制力を現実以上に大きいと考える、③自分の将来をバラ色に描くといった特徴があります。

この幻想が過ぎると病的になりますが、社会に適応して生きるためには、ある程度持っていたほうがよい幻想といえます。

CHECK

ジョハリの窓で知らなかった自分に気づく

人には四つの自己があるとし、図式化したものがジョハリの窓である。

	自分：知っている	自分：知らない
他人：知っている	**開放の窓** 自分も他人も知っている部分。公開された自己。	**盲点の窓** 自分では気がついていないが、他人には見える部分。
他人：知らない	**秘密の窓** 自分は知っているが、他人には見えない部分。	**未知の窓** 自分も他人も知らない部分。無限の可能性を秘めている。

性格 09

性役割から生まれた「男らしさ」と「女らしさ」

いわゆる**男らしさ、女らしさ**とはどのようなことを指すのでしょうか。私たちは、男の肉体を持つ人には男らしさを、女の肉体を持つ人には女らしさを、無意識のうちに期待します。

性差心理学においては、脳の性差やホルモンバランスなどからの性差が論じられ、また、能力差においては**性役割（ジェンダー）**の差という観点から語られることもあります。

原始より男は外に出て食糧を確保し、女と子どもを外敵から守ってきました。そして女は、男に守られながら子どもを産み、育てる役割を果たしてきました。女は守られ大切にされる性、男は女や子どもを守る性ということから、男らしさ、女らしさが生まれたとも考えられます。

一般的に男らしさ、女らしさと言うとき、肉体がたくましいなど物理的特徴を表現する場合と、包容力など精神的特徴で表現する場合があります。社会で普遍的に語られる男らしさ、女らしさは、この精神的特徴のほうが多いといえるでしょう。しかし性差は、職業の適性、価値志向の違い、社会的・心理的な違いから考えるべきものといえます。

これも知っておこう

男女の性差

男女の性差は次の側面から見ることができます。生物的側面では、女性は卵子の担い手、男性は精子の担い手です。心理的側面では、女性は対人関係を重視し、男性は物質や機械を好み、対人関係は目標達成のための手段と考えます。社会的側面では、女性は集団主義で助け合いを好み、男性は個人主義で、自立心が強いとされます。

ステレオタイプ

無意識に他者をカテゴリーで分けて判断する心の働きで、**紋切り型態度**ともいいます。「江戸っ子はせっかち」など。ステレオタイプのうちでも「男は〇〇」「女は〇〇」のように考えることを**ジェンダー・ステレオタイプ**といい、これがネガティブに作用すれば偏見となって、相手を傷つけてしまいます。

CHECK

男らしさ、女らしさのイメージ

人々は男、女にどんなイメージを持っているか。外見から見た男らしさ、女らしさ、内面から見た男らしさ、女らしさを集めてみた。

「男らしさ」、「女らしさ」に関する調査

有効回答数：1,002人（10代～60代の男性562人、女性459人）

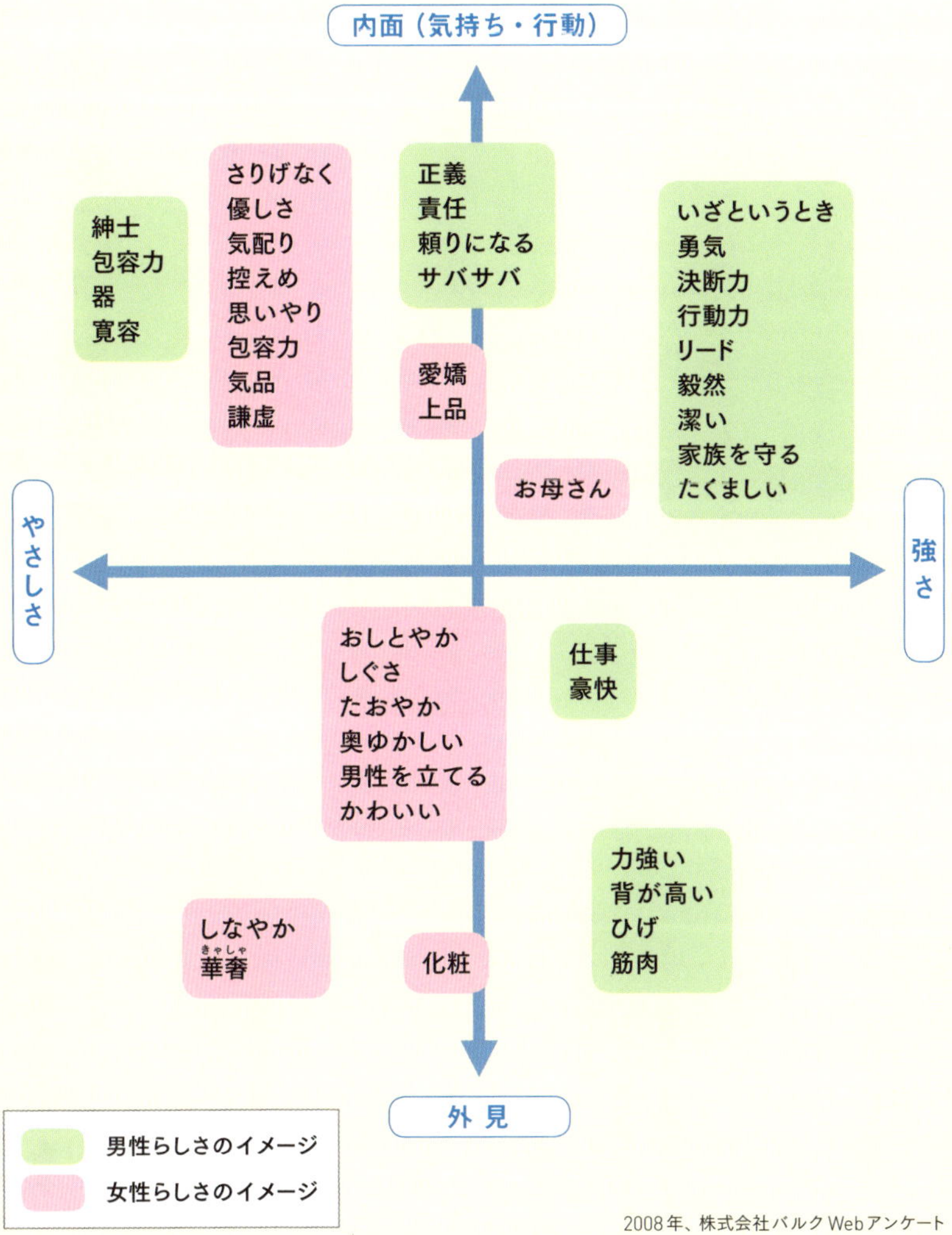

2008年、株式会社バルクWebアンケート

人間を成長させてくれる マズローの欲求五段階説

人間の欲求には限りがなく、どんなに裕福な暮らしをしていても、それに満足できず、また次の欲求が起こってきます。しかし、欲求不満が生じるのは悪いことではありません。それは人間が進歩する原動力になるからです。

アメリカの心理学者アブラハム・**マズロー**（↓下段）は、人間の**基本的欲求**を四つに分け、一つの欲求が実現されると、さらに上位の欲求（**成長欲求**）が生まれるとしました。

基本的欲求の一番目が**生理的欲求**です。飢えを満たすための「食べる」、喉の渇きを満たすための「飲む」、そのほかに「排泄する」など生きるために最低限必要となる欲求です。二番目が身の安全と生活の安定を確保するための**安全欲求**です。三番目が**親和欲求**で、自分が所属する集団に受け入れてもらいたい、愛する人が欲しいなどの欲求です。最後が他人から認められたい、尊敬されたいと願う**自尊欲求**です。これら四つの欲求は、一つずつ満たされるごとに階層的に次の欲求へと進みます。また、一つの欲求をクリアするごとに人は成長していきます。

心理学の巨人たち

アブラハム・マズロー

アメリカの心理学者（1908〜1970）。人間性心理学の生みの親とされ、その人格理論は自己実現理論（欲求五段階説）と呼ばれ、経営学など、他の分野でも評判となりました。1967年にはオーストラリア・ヒューマニスト・ソサエティより「今年のヒューマニスト」に選ばれました。

これも知っておこう

実存的欲求不満

オーストリアの精神医学者ヴィクトール・フランクル（1905〜1997）は、第二次世界大戦時に強制収容所で過ごした経験から、生きる意味を見出すことができないような欲求不満があることを見出し、実存的欲求不満と名づけました。

実存的欲求不満になると生きる気力をなくしてしまいます。毎日たとえば、衣食が満たされれば安定して住める家を求め、それができれば次にはよい仕事をしたい、結婚して幸せな家庭を築きたいと望み、最終的には人から尊敬される人間になりたいと思うようになります。

基本的欲求のすべてが満たされると、さらに上位の欲求である成長欲求（**自己実現欲求**）へと進み、自分の能力を最大限に発揮し、自己の可能性を高めたいと願うようになります。この欲求に従って行動できるようになると、人生に手応えを感じることができるといいます。

を何の目的もなく過ごし、すべての責任から逃れて生きるようになります。そして無力感に支配されます。

またコンプレックス（➡P136）やトラウマ（心的外傷➡P202）などの原因にも、この実存的欲求不満が多く関わっているとされます。

CHECK

マズローの欲求五段階説

人間の欲求は五段階のピラミッドのようになっている。一段階目の欲求が満たされると、その上の欲求を志す。

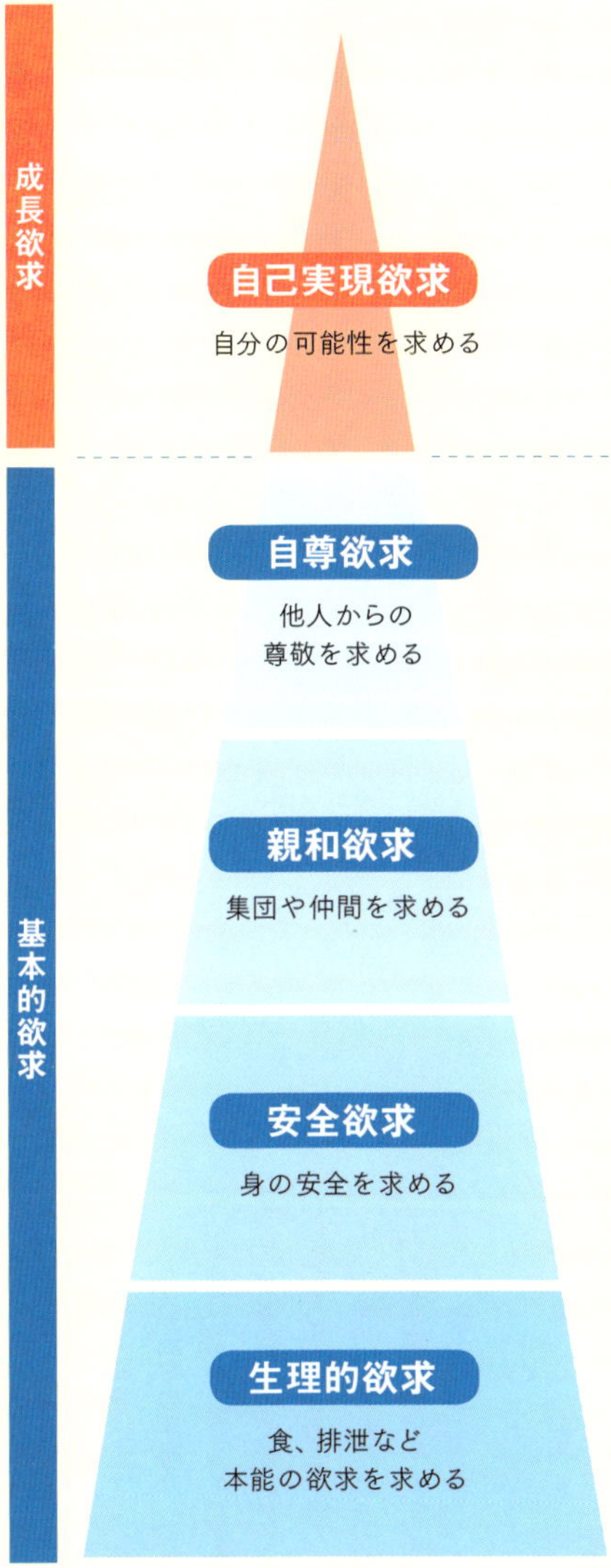
成長欲求
自己実現欲求
自分の可能性を求める
基本的欲求
自尊欲求
他人からの尊敬を求める
親和欲求
集団や仲間を求める
安全欲求
身の安全を求める
生理的欲求
食、排泄など本能の欲求を求める

欲求が満たされないときに起きるフラストレーション

人生においては、思ったように事が運ばないこともあります。そのようなときに、欲求を持つ人の心にはどのような現象が起こっているのでしょうか。

心理学では実現したい欲求があってそれが満たされないことを、**欲求阻止状況**と呼びます。たとえば、自分が将来やりたいことがあるのに、親から勉強しろと言い続けられるような場合（欲求阻止状況）、自分の夢の実現という欲求がかなえられないことに不満を持つことから**フラストレーション**が起きます。フラストレーションは欲求阻止状況と欲求不満が同時に起こっていることをいいます。このフラストレーションに耐えるための力を**フラストレーション耐性**といい、この力を持てるようになることが強く生きるためには必要です。あまりにフラストレーションがたまると、そのストレスから**防衛機制**（防衛反応➡P136）などの問題行動を引き起こしてしまいます。

一方、二つ以上の欲求が同時に存在し、どちらの欲求を充足させるかを迷う現象を**コンフリクト**（**葛藤《かっとう》**）といいます。

サイコロジーQ&A

Q 夫婦でお互いにストレスをため込むのが嫌なため、すぐに夫婦げんかになってしまいます。心理学的に見て夫婦げんかの効用というのはありますか。

A 夫婦げんかには**フラストレーション耐性**を高める効果があると考えられています。フラストレーション耐性がきちんと育っていなければ、我慢に我慢を重ねたうえ、ついにはキレて離婚という筋書きも考えられます。

日ごろから夫婦げんかをしてうっぷんを晴らしておけば、気持ちに風穴を開けることになるので、ストレス解消には打ってつけです。ただし、夫婦げんかの背景には根本的に相手を信頼しているという前提が必要で、「相手にこれくらいなら言っても大丈夫だろう」という安心感があってこそ言いたいことが言えます。夫婦関係が冷めている場合は、陰湿な夫婦げんアメリカの心理学者クルト・レヴィン（1890～1947）は、コンフリクトを以下の三つの型に分類しました。①**接近―接近型**、②**回避―回避型**、③**接近―回避型**で、①は二つのやりたいことがあって、どちらにしようか迷うような状況で生じる葛藤、②は二つの避けたいことがあって、どちらかを選ばなくてはならないような状況で生じる葛藤、③はある一つの事柄にメリットとデメリットがあるような場合、どちらを選択すべきかを迷うような状況で生じる葛藤です。

かから離婚や家庭内別居につながる溝が生まれてしまうかもしれません。

このことは夫婦関係のみならず、親子関係にもいえます。つまり、けんかできる間柄になることで家族の絆を深めることも可能です。

CHECK

欲求阻止状況とコンフリクト

欲求が満たされない状況（欲求阻止状況）では、フラストレーションが起きる。また、二つ以上の欲求があって、どちらの欲求をかなえるか迷うことをコンフリクトという。

欲求阻止状況

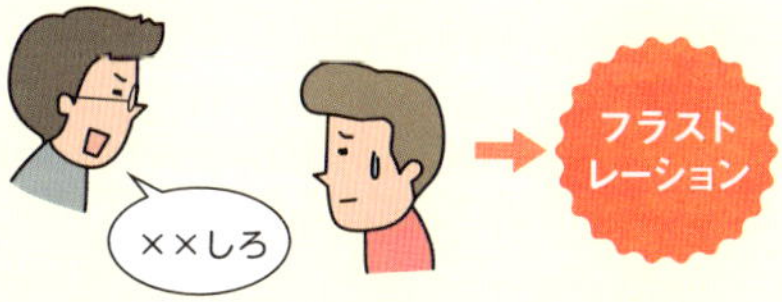

欲求阻止状況からフラストレーションが過度に高まるとストレスを引き起こす。

コンフリクト（葛藤）

好みのタイプ2人の間で迷う。

好みではないタイプ2人の間で迷う。

好みではないが、資産家の娘なので迷う。

催眠療法で無意識に働きかけ、コンプレックスを克服

人は**深層心理**において自分は何かが劣っていると思う（**コンプレックス**）と、それを乗り越えようと努力します。人はコンプレックスを持つことで成長していくことができるのです。たとえば**防衛機制**（➡P136）などはコンプレックスがプラスに作用した結果といえるでしょう。

しかし、過度にコンプレックスを持つと自信を喪失し、さまざまな精神疾患を引き起こすこともあります。コンプレックスを克服する手段として有効なものに**催眠療法**（**心理療法**の一つ）があります。催眠には**他者催眠**（催眠者が被催眠者に働きかける）と**自己催眠**（自分で催眠法を行う）があります。

他者催眠の場合、催眠状態（半覚醒状態）になると、周囲の音は聞こえていても気にならなくなり、催眠者の声だけに注意が向くようになります。そして、**意識脳**（意識して考えるときに働く**左脳**）よりも**潜在意識脳**（無意識に働く**右脳**）が働く割合が高まります。催眠療法を受けるときは、ゆったりした気持ちで素直に誘導の声に耳を傾けることが大事です。

これも知っておこう

さまざまなコンプレックス

シンデレラ・コンプレックス……女性が男性から守られたいと願う。

ロリータ・コンプレックス……成人男性が未成熟な少女に対して性的な愛情を持つ。

マザー・コンプレックス……成人男性が母親からいつまでも独立できず、依存する。

カイン・コンプレックス……親の愛情を独占したいため、他のきょうだいと対立する。

白雪姫コンプレックス……母親から体罰を受けていたために、わが子にも同じことをしてしまう。世代間で虐待の連鎖が起こりやすい。

メサイア・コンプレックス……自分を愛せないため、他人から感謝されることで自己実現をしようとし、人類愛の実現など過剰な理想主義を持つ。メサイアとは救世主のこと。

CHECK

潜在意識に働きかける催眠療法

催眠療法（他者催眠）には、心の専門機関などで行う対面催眠療法、家庭にいながら催眠療法を受ける遠隔催眠療法、自分の幼いころまで催眠誘導し、心の乱れの原因を明らかにする退行療法など、さまざまな手法がある。

退行療法の流れの例

1	事前カウンセリング	現在の悩みについてのカウンセリングが行われる。どんなことが知りたいか、何に悩んでいるか、どうなりたいかなどを話す。
2	催眠誘導（リラクセーション）	軽い催眠誘導で緊張感をほぐしていく。
3	催眠療法開始	催眠状態に入り、潜在意識のイメージが浮かんでくる。見え方は人それぞれ。
4	インナーチャイルドとの出会い	インナーチャイルド（無意識の中にいる子どもの心）が現れる。幼いころ、心が深く傷ついたことなどを思い出す。
5	無意識の自分との対話	意識と無意識の間でコミュニケーションを取る。幼いころの自分と、大人になった自分の視点を行ったり来たりする。
6	自己の統合	無意識の深いところにいる自分と情報交換し、本来の自分が望むことに気づく。
7	催眠からの覚醒	専門家の覚醒手法によって、気持ちよく目覚める。
8	事後カウンセリング	催眠中に感じたことなどを話し、アドバイスを受ける。

夢分析 01

夢は人の願望を満たすもの——フロイトの夢分析

自分の見た夢が何を象徴しているのか、誰しも興味があるものです。**フロイト**（➡P88）は、**夢は人の願望を満たすものであり、人が見る夢にはすべて意味がある**として、夢を通して心の奥底にある無意識の扉を開こうと考えました。

コンプレックス（➡P136）や性的な**トラウマ**（**心的外傷**➡P202）など、人間の**自我**にとって都合の悪いことは普段は意識に現れることはなく、**無意識**に閉じ込められています。しかし、それらは意識の支配が弱まる睡眠時には意識のすき間を縫って浮かび上がることがあります。フロイトは、それが私たちの見る夢の正体だと考えました。

そこでフロイトは、思い出した夢の順に患者に自由連想をさせ、**深層心理**を読み取ろうとしました。夢は**超自我**（道徳性の根源➡P88）の働きにより、安全な形に加工されて意識下に現れるからです。そして、夢に現れるものには対応する欲望や感情があることがわかってきました。フロイトは、夢は無意識の中に閉じ込められたもう一人の自分であり、それには幼児期の**リビドー**（性的エネルギー➡P92）や経験が関係して

これも知っておこう

夢は願望の充足である

フロイトによる有名な夢の定義。たとえば、恋人には会いたいけれど会える状況ではない場合、その願望を実現させる代わりに恋人に会う夢を見るというもの。

また、意味のわからない夢を見てしまうことがあるのは、無意識下で抑圧された願望が歪曲化《わいきょくか》されるためだとしています。一般的に自我が未発達な子どもの見る夢は、空腹のときは食べ物の夢を見る、というようにわかりやすいのに対し、大人の夢は歪曲化によりわかりにくい夢であることが多いようです。

不安、退行、抑圧、検閲

フロイトが説いた四つの夢の性質。不安は、猛獣に追われて逃げ回っている夢に象徴され、幼児期に親から受けた圧力が潜在的に不安となって現れたと考えます。退

いるとも述べています。そして、皇帝は両親の、水中に落下することは誕生の、銃は男性器の、果実は女性器の、動物は性欲や性行為のシンボルだとフロイトは結論づけました。

フロイトが生きていた時代は性を語ること自体がタブーだったため、当時はそうした考えはセンセーショナルなものととらえられ、周囲からの非難を受けましたが、彼が唱えた数々の理論は今日の心理学に大きな影響を与えています。

行（➡P94）は、幼児期に逃避して過去の出来事がよみがえってくるもの。**抑圧**は、抑圧された無意識の中の願望や感情が現れるもの。**検閲**は、抑圧された願望が夢となって現れる前に、その願望をチェックしてブレーキをかける役目があるとしました。

CHECK

フロイトの夢分析

フロイトはコンプレックスやトラウマなどが無意識のうちに現れたものが夢の正体であるとし、以下のようなものは何らかのシンボルであるとした。

男性器のシンボル

- **長く突き出したもの**…木、棒、ステッキ、傘
- **伸び縮みするもの**…シャープペンシル
- **液体が出るもの**…噴水、蛇口

女性器のシンボル

- **中に物を入れられる空洞があるもの**…箱、靴、ポケット

誕生のシンボル

- 水中へ落下する夢
- 水中からはい上がる夢

死のシンボル

- 旅立つ夢
- 鉄道旅行の夢

二種類の無意識が現れる夢――ユングの夢分析

フロイトの夢分析（➡P274）は、夢は人の願望を表すものであり、特にその人の幼児期の性的な体験が関係しているとしました。それに対して**ユング**（➡P100）は、**夢はあらゆる願望の象徴**であり、もっと**積極的な機能を持つ**ものであるとしました。

ユングは**無意識**には二種類あるとし、**普遍的無意識**（➡P100）と、その上部にある**個人的無意識**（➡P106）とに分類しました。個人的無意識とは、フロイトが考えていた無意識と同様、従来、人が持っている文字どおりの無意識のことです。これに対し普遍的な無意識とは、人類が共通して持つ心の働きと考え、それを**元型**《げんけい》（**アーキタイプ**➡P106）と呼び、文化や環境が違っても神話やおとぎ話が似通っているのはそのためであるとしました。ユングは、これら二種類の無意識が**潜在的な願望**になって現れたものが夢であると結論づけたのです。

そのほかにも、ユングは夢で見たことが現実になる**予知夢**（正夢➡P108）も普遍的無意識が引き起こしていると考え、独創的な夢分析の手法を編み出しました。

これも知っておこう

客体水準、主体水準

ユングが夢分析を行う際、その夢が本当の無意識かどうかを判定するために設けた判断基準をいいます。

たとえば、少年がたくましい大人の男性に出会う夢を見たとします。このとき、もしその少年が以前にその男性に出会ったことがあったなら実際に存在する男性の夢を見ていることになります。ユングはこれを客体水準と呼びました。

一方、その少年が無意識に「強い男」に憧れている場合、この場合の「強い男」とは自分の無意識を例えている存在ということになります。これが主体水準です。

このように、同じ男性が出てくる夢であっても、二つの水準を設けることで、その夢の解釈は微妙に異なってくることをユングは明らかにしました。

CHECK

ユングの夢分析

ユングは、個人的無意識と普遍的無意識が願望として現れたものが夢の正体であるとした。

個人的無意識
A子さんに思いを寄せている場合、A子さんが現れる。
普遍的無意識
漠然と女性と出会いたいと思っている場合、憧れの女性のイメージ（元型）が出てくる。
予知夢（正夢）
頂上を目指して山登りをする夢を見る。
その後、努力の末、受験に合格する。
合格！
Z Z Z

レム睡眠とノンレム睡眠、どちらで夢を見る？

夢は、毎日のように見る人もいれば、ほとんど見ない人もいます。なぜそのような違いがあるのでしょうか。

夢は眠っている間のいつ見ているかを最初に明らかにしたのはアメリカの睡眠研究家ユージン・アゼリンスキーとナサニエル・クライトマンの二人です。彼らは眠りには**レム睡眠**と**ノンレム睡眠**があるとしました。

レム睡眠のレム（REM＝Rapid Eye Movement）とは**急速眼球運動**のことで、レム睡眠時にはまぶたを閉じた上からも眼球がグルグル回っている様子が観察されます。レム睡眠は身体の疲れを取るための浅い眠りで、覚醒時と同じように脳波が動いており、血圧も上昇、呼吸数も増加しています。一方、ノンレム睡眠では血圧が下がり、呼吸数も減少しているので深い眠りになります。レム睡眠とノンレム睡眠は、約90分〜100分周期で繰り返されます（↓左図）。

そして、浅く呼吸をして脳が活発に動いているレム睡眠時に夢を見ているといわれます。起きた直後に覚えている夢は、最後に訪れたレム睡眠時に見た夢というわけです。夢を見ないという人もいますが、見てい

これも知っておこう

むずむず脚《あし》症候群

正式名はレストレス・レッグス症候群で、夕方から夜間にかけて足がむずむずしてじっとしていられないほどの不快感が生じる神経疾患のこと。脳内から出る神経伝達物質の一種であるドーパミン機能がうまく働かなくなることから起きます。不快感から慢性的な睡眠不足に陥り、うつ病を併発する場合もあります。

α波、β波

脳波の種類で、そのときの精神状態（焦りや緊張、安静など）を数値として表したもの。α（アルファ）波、β（ベータ）波、γ（ガンマ）波、θ（シータ）波、δ（デルタ）波の五種類があります。それぞれ以下の特徴があります。

α波……リラックスした状態で集中しているとき、心身共に調和が取れた状態のときに出る。

てもノンレム睡眠時に忘れてしまうという説もあります。

最近ではノンレム睡眠時にも夢を見ることが発見され、**フラッシュバック**性（↓P202）の悪夢はこのときに起きているといわれています。

夢を見る理由はまだはっきりとは解明されていませんが、睡眠時に肉体が感じている感覚が夢に影響することは知られています。特に尿意が夢に反映されやすいのは有名です。そのほか、心の中に引っかかっているものなどが形を変えて夢に出てくることもあります。

β波……ストレスが強く、緊張状態にあるときに出る。
γ波……イライラし、興奮したり怒ったりするときに出る。
θ波……眠る前（浅い眠り）や、瞑想中に出る。
δ波……熟睡中や無意識下に出る。

CHECK

睡眠のサイクルと夢の関係

睡眠はレム睡眠とノンレム睡眠からなり、一晩に約90～100分周期で繰り返す。夢はレム睡眠時に見ているとされる。

レム睡眠

- 覚醒に近い浅い眠り。
- 眼球運動をしている。
- 夢を見る。
- 呼吸・脈拍数が不規則。
- 脱力している。
- 目覚めかけているとき。
  このタイミングで起きるとすっきりする。

ノンレム睡眠

- 眠り始めたときの睡眠。
- 熟睡しており、夢はほとんど見ない。
- 呼吸・脈拍数が減る。
- 体温が下がり、発汗している。
- 筋肉は働いている。

睡眠・覚醒のリズム

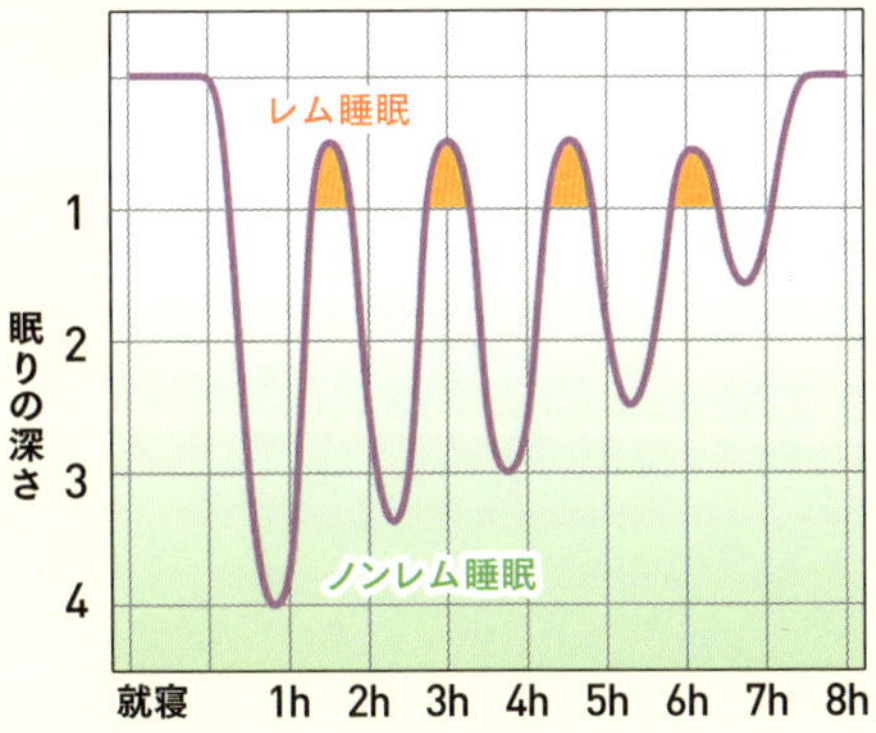

眠りにつくと、まずノンレム睡眠が現れ、次に浅い眠りのレム睡眠が現れる。

カ

ガーフィールド（チャールズ） …………… 38
河合隼雄 ……………………………… 110
クライン（メラニー） …………………… 98
クレッチマー（エルンスト） …………… 256
黒川順夫 ……………………………… 182
ゴクレニウス（ルドルフ） ……………… 12
コフート（ハインツ） …………………… 98
ゴフマン（アーヴィング） ……………… 58

サ

ザイアンス（ロバート） ………………… 68
齋藤環 ………………………………… 196
ジェームズ（ウィリアム） ……………… 262
ジェンセン（アーサー・K） …………… 252
清水將之 ……………………………… 46
シャイン（エドガー） ………………… 32, 46
ジャニス（アーヴィング） ……………… 150
シュナイダー（クルト） ………………… 210
スーパー（ドナルド） …………………… 47
スキナー（バラス） ……………………… 86
ストルツ（ポール・G） ………………… 166
セリエ（ハンス） …………………… 176, 178
セリグマン（マーティン） ……………… 262

タ

ダーウィン（チャールズ） …………… 71, 82
チクセントミハイ（ミハイ） …………… 120
デカルト（ルネ） …………………… 82, 224
テモショック（ディア） ………………… 180
トールマン（エドワード） ……………… 86
ドラッカー（ピーター） ………………… 22

ナ・ハ

ナッシュ（ジョン） ……………………… 170
ノイマン（フォン） ………………… 170, 246
バードウィステル（レイ） ……………… 70
パブロフ（イワン） ……………………… 86
ハル（クラーク） ………………………… 86
ハルトマン（ハインツ） ………………… 98
ハンター（エドワード） ………………… 33
バンデューラ（アルバート） …………… 166
ピアジェ（ジャン） ………………… 34, 120
ヒポクラテス …………………………… 256
ヒルマン（ジェイムズ） ………………… 110
フェヒナー（グスタフ） ………………… 82
フォーダム（マイケル） ………………… 110
福島章 ………………………………… 208
ブラック（クラウディア） ……………… 204
プラトン ………………………………… 12
フランツ（M・L・フォン） …………… 110
フリードマン（マイヤー） ……………… 180
ブリッジス（K・M・B） ……………… 236
ブロイアー（ヨーゼフ） ………………… 90
フロイデンバーガー（ハーバート） …… 198
フロイト（アンナ） ……………………… 98
フロイト（ジークムント）
……………………… 88, 92, 94, 98, 274
ベイトソン（グレゴリー） ……………… 70
ホイト（マイケル） ……………………… 122
ボウルビィ（ジョン） …………… 116, 118
ホール（エドワード） …………………… 56
ホール（スタンレー） …………………… 34
ホックシールド（アーリー） …………… 198
ホランダー（E・P） …………………… 152
ホリングワース（L・S） ……………… 128
ポルトマン（アドルフ） ………………… 114

マ

マートン（ロバート・K） ……………… 74
マグレガー（ダグラス） ………………… 164
マスラック（クリスチーナ） …………… 198
マズロー（アブラハム） …… 110, 165, 268
三隅二不二 …………………………… 158
ミルグラム（スタンレー） …………… 58, 68
ミンデル（アーノルド） ………………… 89
メスメル（アントン） …………………… 90
モスコヴィッシ（セルジュ） …………… 152
森田正馬 ……………………………… 220
モレノ（ヤコブ） …………………… 154, 218

ヤ・ラ・ワ

ユング（カール・グスタフ）
……………… 100, 102, 106, 258, 276
吉本伊信 ……………………………… 212
ラズラン（グレゴリー） ………………… 172
リンゲルマン（マクシミリアン） ……… 162
ルービン（ジック） ……………………… 134
ルッシャー（マックス） ………………… 24
ルフト（ジョセフ） ……………………… 264
レイノルズ（ディヴィッド） …………… 220
レヴィン（クルト） …………… 85, 250, 271
レヴィンソン（ダニエル） ……………… 138
ローゼンマン（レイ） …………………… 180
ローレンツ（コンラート） ………… 116, 118
ロジャーズ（カール） …………… 50, 214
ロス（エリザベス・キューブラー） …… 146
ワトソン（ジョン） ……………………… 86
ワラス（グラハム） ……………………… 66

マインドコントロール …… 32
マッチング仮説 …… 66
マネジリアル・グリッド理論 …… 158
味覚嫌悪学習 …… 238
三つ子の魂百まで …… 118
密接距離 …… 56
無意識 …… 88, 94, 100, 276
無意味綴り …… 23
むずむず脚症候群 …… 278
メノポーズ …… 140
メランコリー親和型うつ病 …… 186
メンタルトレーニング …… 38
妄想性認知 …… 185, 209
燃え尽き症候群 …… 198
モスコヴィッシの方略 …… 152
モッブ …… 156
モラトリアム …… 132
森田療法 …… 212, 220

ヤ

役割演技 …… 201, 218
役割性格 …… 251
役割的遊び …… 120
やる気 …… 124, 160
誘惑理論 …… 94
夢分析 …… 88, 274, 276
ユング研究所 …… 109, 110
ユング心理学 …… 100, 106
ユングの類型論 …… 256, 258
ユング派 …… 89, 110
幼児性欲説 …… 94
予期不安 …… 192
抑圧 …… 274
欲動二元論 …… 92
予知夢 …… 108, 276
欲求五段階説 …… 164, 268
嫁姑問題 …… 144
四大体液説 …… 256

ラ・ワ

ライクとラブ …… 134
来談者中心療法 …… 212, 214
ライフ・キャリア …… 40
ラショナル・ビリーフ …… 216
ラベリング …… 74
ラポール（信頼関係） …… 60, 214
ランチョン・テクニック …… 172
リーダー …… 158, 172
リーダーシップ …… 152, 159, 164
離人神経症 …… 188
離人性障害 …… 188
離巣性 …… 114
理想自己 …… 215
離脱理論 …… 142
リハーリル効果 …… 240
リビドー …… 88, 92
リンゲルマン効果 …… 162
臨床心理学 …… 28, 48
類型論 …… 256, 258
類似性 …… 16, 66
類同の要因 …… 84, 230
レストレス・レッグス症候群 …… 278
劣等コンプレックス …… 136
レディネス …… 22
レム睡眠 …… 203, 278
連合の原理 …… 172
連続性理論 …… 142
老年期 …… 146
ロール・プレイング …… 201, 218
ローレライ …… 104
ロミオとジュリエット効果 …… 66
論理療法 …… 212, 216
Y理論 …… 164
ワトソンの実験 …… 86

人名さくいん

ア

アサジオリ（ロベルト） …… 110
アゼリンスキー（ユージン） …… 278
アダムス（J・ステイシー） …… 162
アッシュ（ソロモン） …… 60, 74
アドラー（アルフレート） …… 98
アリストテレス …… 12, 42, 82, 100
ウィトマー（ライトナー） …… 28
ウィルヘルム（リヒャルト） …… 108
ウォーカー（レノア） …… 206
ウォルピ（ジョセフ） …… 212
ヴォルフ（クリスティアン） …… 82
ヴント（ヴィルヘルム） …… 82, 84, 88
エインズワース（メアリー） …… 116
エビングハウス（ヘルマン） …… 22
エリクソン（エリク） …… 34, 98, 132, 138, 140
エリス（アルバート） …… 216
オオウチ（ウィリアム） …… 165
小此木啓吾 …… 132
オスグッド（チャールズ） …… 52

人間関係嗜癖 …… 204, 206
人間中心療法 …… 214
認知 …… 244
認知記憶 …… 240, 244
認知行動療法 …… 39, 191, 216
認知心理学 …… 36, 85, 228
認知の歪み …… 185, 215
認知療法 …… 195
ネガティビズム傾向 …… 128
ネグレクト …… 205
ネットいじめ …… 62
ネット炎上 …… 64
ネット恐怖症 …… 64
根回し …… 154
脳科学 …… 37, 118, 226
脳機能イメージング …… 26
脳波 …… 278
脳発達 …… 118
ノンバーバル・コミュニケーション …… 24, 56, 70
ノンレム睡眠 …… 278

ハ

パーソナリティ …… 143, 250
パーソナリティ障害 …… 210
パーソナル・スペース …… 56
パーソンセンタードアプローチ …… 214
バーナム効果 …… 260
バーンアウト・シンドローム …… 180, 198
バイスタンダー・エフェクト …… 58
破壊的カルト …… 32
暴露療法 …… 192
箱庭療法 …… 29, 110, 212, 218
パターン認知 …… 228
発達加速現象 …… 130
発達過程 …… 34
発達心理学 …… 34
パニック …… 44, 156
パニック障害 …… 192
場の理論 …… 85, 250
パブリック・コミットメント …… 160
パブロフ型条件づけ …… 240
パブロフの条件反射説 …… 86
ハロー効果 …… 78, 222
反抗期 …… 128, 131
犯罪者プロファイリング …… 30
犯罪心理学 …… 30
反射運動 …… 114
汎適応症候群 …… 176
PM理論 …… 158
PQ …… 234
ピークパフォーマンス …… 38
PTSD …… 44, 192, 202
引きこもり …… 28, 142, 191, 196, 200
ピグマリオン効果 …… 124
非言語コミュニケーション …… 24, 56, 70
非ゼロ和 …… 170
ビッグ・ファイブ説 …… 258
非定型うつ病 …… 186
ヒューリスティック …… 166
平等分配 …… 162
広場恐怖 …… 192
ファミリア・ストレンジャー …… 68
不安 …… 274
不安障害 …… 188
ブーメラン効果 …… 160, 168
フット・イン・ザ・ドア・テクニック …… 168
不登校 …… 28, 196
不敗幻想 …… 150
普遍的無意識 …… 100, 106, 276
プライミング記憶 …… 240
プライミング効果 …… 247
フラストレーション …… 270
フラストレーション耐性 …… 137, 270
フラッシュバルブ記憶 …… 241
フリーター …… 133
プレグナンツの法則 …… 84
フロイト理論 …… 98
フロー体験 …… 120
プロクセミックス …… 56
プロセス思考心理学 …… 89
プロセスワーク …… 89
プロダクティブ・エイジング …… 143
プロファイリング …… 30
文脈処理 …… 228
閉経 …… 140
閉合の要因 …… 84, 230
ペルソナ …… 19, 106
防衛機制 …… 136, 182, 198, 270
防衛反応 …… 182, 198, 270
報酬 …… 162
暴衆 …… 156
暴動 …… 156
母子一体化 …… 144
ポジティブ・サムゲーム …… 170
ポジティブ幻想 …… 140, 264
母性剥奪理論 …… 118
ホランダーの方略 …… 152

マ

マージナル・マン …… 18
マイノリティ・インフルエンス …… 152

精神分析学 …… 88, 91
精神療法 …… 212
性善説 …… 164
成長欲求 …… 268
性的外傷説 …… 94
性的成熟 …… 130
生得説 …… 12
青年期 …… 34, 128, 132, 136, 200
性役割 …… 266
性欲理論 …… 98
生理的情緒的高揚 …… 166
生理的早産 …… 114
生理的欲求 …… 268
責任の分散 …… 58
摂食障害 …… 194
Z理論 …… 164
説得 …… 168
説得的コミュニケーション …… 168
セマンティック・ディファレンシャル法 …… 52
セルフ・サービングバイアス …… 254
セルフ・ハンディーキャッピング理論 …… 122
ゼロサム・ゲーム …… 170
ゼロ和 …… 170
全か無か思考 …… 185
宣言 …… 160
宣言的記憶 …… 238, 241, 242
潜在意識 …… 232
潜在意識脳 …… 272
前頭知性 …… 234
洗脳 …… 32
躁うつ病 …… 184, 188
双極性感情障害 …… 184
創造過程の四段階 …… 66
相補性 …… 16, 66
ソーシャル・スキル …… 72
ソシオグラム …… 154
ソシオメトリック・テスト …… 154

タ

ターミナルケア …… 147
第一次性徴 …… 130
体液理論 …… 256
体型別性格分類法 …… 256
退行 …… 93, 94, 136, 197, 274
対人恐怖症 …… 190, 220
対人知性 …… 234
対人認知力 …… 78
対人魅力 …… 16
第二次性徴 …… 130
タイプA、B、C …… 180
代理経験 …… 166
達成体験 …… 166
達成動機 …… 125
脱中心化 …… 126
短期記憶 …… 240, 242
知覚 …… 84, 228, 230
知覚運動学習 …… 244
知覚心理学 …… 85, 230
チキンレース …… 170
知能指数 …… 234
中期記憶 …… 240, 242
中年期 …… 138
長期記憶 …… 225, 240, 242
超自我 …… 88, 98, 274
地理プロファイリング …… 30
陳述的記憶 …… 238, 241, 242
DBDマーチ …… 210
DV …… 78, 196, 206
DVサイクル …… 206
ディスチミア親和型うつ病 …… 186
適応障害 …… 182
適性 …… 46
手続き記憶 …… 240
転移 …… 92
ドア・イン・ザ・フェイス法 …… 169
同一化 …… 102
同一視 …… 102
同一性拡散 …… 133
動機づけ …… 40
道具的コミュニケーション …… 20
統合失調症 …… 28
統制の位置 …… 254
同調 …… 60
同調の原理 …… 218
動物磁気説 …… 90
ドーパミン機能 …… 278
都市化外傷説 …… 130
閉じこもり …… 142
トポロジー心理学 …… 85, 250
ドメスティック・バイオレンス …… 78, 196, 206
トラウマ …… 202
トランスパーソナル心理学 …… 110
トリックスター …… 106
ど忘れ …… 242

ナ

内観療法 …… 212
内発的動機づけ …… 40, 125
ナッシュ均衡 …… 170
ニート …… 133
二次性就巣性 …… 114
二重拘束説 …… 70

実存的欲求不満 …… 268
失敗回避要求 …… 38
自伝的記憶 …… 238
児童期 …… 34, 128
死の受容のプロセス …… 146
嗜癖 …… 204, 206
社会化 …… 126
社会技能 …… 72
社会恐怖 …… 190, 220
社会距離 …… 56
社会心理学 …… 32, 85
社会的引きこもり …… 196
社会的微笑 …… 115
社会的リアリティ …… 61
社会不安障害 …… 188, 190, 216
社会不安障害評価尺度 …… 190
醜形恐怖 …… 200
集合的逃走 …… 156
集合的無意識 …… 100
囚人のジレンマ …… 170
就巣性 …… 114
集団思考 …… 150
集団同一視 …… 152
集団パニック …… 156
集団ヒステリー …… 156
終末医療 …… 146
自由連想法 …… 89, 90
熟知性の原則 …… 68
主人在宅ストレス症候群 …… 182
主体水準 …… 276
条件反射 …… 86
少数者の影響 …… 152
象徴的遊び …… 120, 126
情緒的コミュニケーション …… 198
情緒の分化 …… 236
情動 …… 224, 236
商品開発 …… 52
情報理論 …… 36
職業心理学 …… 16, 46
初頭効果 …… 60, 74
ジョハリの窓 …… 264
人格 …… 143, 250
人格的知性 …… 234
新型うつ病 …… 186
親近効果 …… 74
シンクロニー …… 61
シンクロニシティ …… 108
神経症 …… 188
神経心理学 …… 226
神経性大食症 …… 194
神経性無食欲症 …… 194
人工知能 …… 37
新行動主義 …… 86
心身二元論 …… 224
心身症 …… 194
新生児 …… 114
人生の午後 …… 106, 138
振戦せん妄 …… 204
深層心理 …… 19, 260, 272, 274
身体醜形障害 …… 200
身体表現性障害 …… 200
心的外傷 …… 202
心的外傷後ストレス障害 …… 44, 192, 202
心的決定論 …… 14, 88
心的知性 …… 234
信頼蓄積理論 …… 152
心理カウンセラー …… 48
心理劇 …… 218
心理社会発達段階 …… 34
心理的葛藤 …… 70
心理的距離 …… 64, 76
心理的デブリーフィング …… 44
心理的リアクタンス …… 128
心理的リアクタンス理論 …… 160
心理的離乳 …… 128
心理療法 …… 212
神話 …… 100, 106
親和欲求 …… 268
スキーマ …… 36
スキナーボックス …… 86
スクールカウンセラー …… 48
スケープゴート …… 62
スティンザー効果 …… 173
ステレオタイプ …… 266
ストーカー …… 208
ストーカー規制法 …… 208
図と地の分化 …… 230
ストップ法 …… 166
ストレス …… 176, 178, 180
ストレス・マネジメント …… 178
スポーツ心理学 …… 38
スモールワールド現象 …… 68
刷り込み …… 116, 118
性悪説 …… 164
斉一性の圧力 …… 61
性格 …… 250, 252, 256, 258
性格テスト …… 260
性格特性論 …… 256, 258
成果主義 …… 46
成功体験 …… 40, 167
成功達成要求 …… 38
性差心理学 …… 266

キューブラー・ロスモデル …………… 146
共依存症 ………………………… 205, 206
共感性 ………………………………… 44
共感的理解 ………………………… 50, 214
教師期待効果 ………………………… 124
共時性 ………………………………… 108
凝集性 ………………………………… 150
強迫神経症 …………………………… 188
強迫性障害 …………………………… 188
拒食症 ………………………………… 194
儀礼的無関心 ………………………… 58
近接度 ………………………………… 76
近接の要因 ………………… 16, 84, 230
空間認知 ……………………………… 230
偶然の一致 …………………………… 108
クライエント中心療法 ……… 50, 212, 214
クライマックス法 …………………… 168
クラウディング ……………………… 52
クローズ人間 ………………………… 65
群化 …………………………………… 230
芸術療法 …………………………… 42, 218
傾聴 …………………………………… 214
系統的脱感作法 ……………………… 212
ゲイン・ロス効果 …………………… 72
ゲーム理論 …………………………… 170
ゲシュタルト心理学 ………………… 84
原因帰属 ……………………………… 254
検閲 …………………………………… 274
元型 ………………… 101, 106, 109, 276
言語的説得 …………………………… 166
言語連想検査 ………………………… 104
建設的な生き方 ……………………… 220
個(individual) ……………………… 251
行為障害 ……………………………… 210
好意の返報性 ……………… 16, 135, 160
公衆距離 ……………………………… 56
構成主義 ……………………………… 83
行動療法 ……………… 72, 195, 203, 212
更年期 ……………………………… 138, 140
更年期障害 …………………………… 140
公平分配 ……………………………… 162
コーピング …………………………… 178
ゴーレム効果 ………………………… 124
個人距離 ……………………………… 56
個人心理学 …………………………… 98
個人的無意識 ……………………… 100, 276
個性 ………………………………… 20, 250
個性化の過程 ……………………… 106, 259
固着 ………………………………… 93, 94
ごっこ遊び …………………………… 120
古典的条件づけ …………………… 87, 240
コミットメント ……………………… 160
コミュニケーション・ネットワーク ……… 154
コンサルテーション ……………… 48, 50
コンテクスト ………………………… 229
コントロール幻想 …………………… 255
コンピタンス ………………………… 152
コンプライアンス …………………… 152
コンフリクト ………………………… 270
コンプレックス …………………… 136, 272

サ

災害心理学 …………………………… 44
サイコセラピー ……………………… 218
裁判心理学 …………………………… 31
催眠 …………………………………… 90
催眠療法 ……………… 90, 203, 212, 272
サイレントベビー …………………… 116
錯誤行為 ……………………………… 14
サクセスフル・エイジング ………… 142
挫折感 ………………………………… 136
左脳 ………………………………… 226, 272
サブリミナル効果 …………………… 232
サラリーマン・アパシー …………… 40
産業・組織心理学 ………………… 16, 40
3歳児神話 …………………………… 118
サンドイッチ症候群 ………………… 199
ジェネラティビティ ………………… 139
ジェンダー …………………………… 266
ジェンダーストレス ………………… 138
自我 ……………………… 76, 88, 98, 234, 274
視覚 ………………………………… 230, 240
自我心理学 …………………………… 98
色彩調節 ……………………………… 24
自己愛性パーソナリティ障害 ……… 186
自己一致(純粋性) ……………… 50, 214
思考中断法 …………………………… 166
自己開示 ……………………………… 64
自己完結的コミュニケーション …… 20
自己効力感 …………………………… 166
自己実現 …………………………… 106, 110
自己実現理論 ………………………… 268
自己主張訓練 ………………………… 72
自己成就予言 ……………………… 74, 260
自己同一性 …………………………… 132
自己防衛反応 ………………………… 40
思春期 ……………………………… 130, 200
姿勢反響 ……………………………… 60
自尊感情 ……………… 76, 124, 167, 262
自尊心 ………………… 76, 124, 167, 262
自尊欲求 ……………………………… 268
失錯 …………………………………… 14

INDEX

用語さくいん

ア

アーキタイプ …… 101, 106, 276
IQ …… 234
愛着 …… 116, 118, 120
アイデンティティ …… 32, 132
アイデンティティ拡散 …… 132
青い鳥症候群 …… 46
アサーション訓練 …… 72
アタッチメント …… 116
アタッチメント理論 …… 118
アダルトチルドレン …… 205
アディクション …… 204, 206
アハ体験 …… 134
アメとムチ …… 124
あるがまま …… 220
アルコール・ブラックアウト …… 242
アルゴリズム …… 166
α派、β派 …… 278
アレキシサイミア …… 187
EQ …… 234
家意識 …… 144
育児放棄 …… 205
いじめ …… 62
依存症 …… 28, 204, 206
意味記憶 …… 241, 242
意味ネットワーク …… 246
意味のある偶然 …… 108
イラショナル・ビリーフ …… 216
インプリンティング …… 116, 118
ヴァルネラビリティ …… 62
嘘 …… 122
うつ病 …… 184, 186
右脳 …… 226, 272
運動記憶 …… 240, 244
易 …… 108
エス …… 88, 98
SD法 …… 52
X理論 …… 164
エディプス・コンプレックス …… 96
エディプス期 …… 96
エディプスとエレクトラ …… 96
エピソード記憶 …… 238, 241, 242
エロスとタナトス …… 92
男らしさ、女らしさ …… 266
お話療法 …… 90
オペラント条件づけ …… 87
音楽心理学 …… 42
音楽療法 …… 42, 212, 218
音響心理学 …… 42

カ

会議 …… 172
外発的動機づけ …… 40, 124
回避性パーソナリティ障害 …… 196
解離性障害 …… 188, 202
学習 …… 22, 224
学習準備性 …… 22
学習性無力感 …… 262
カクテルパーティー効果 …… 228
仮現運動 …… 84, 230
過剰負荷環境 …… 58, 64
過食症 …… 194
家族療法 …… 194
カタトニー …… 102
カタルシス …… 42, 218
活動理論 …… 142
家庭内暴力 …… 196, 201
ガラティア効果 …… 124
空の巣症候群 …… 139
ガルシア効果 …… 238
感覚記憶 …… 229, 240
環境閾値説 …… 252
感情 …… 224, 236, 238
感情労働 …… 198
寛大効果 …… 78
記憶 …… 22, 224, 238, 240, 242
記憶障害 …… 242
記憶法 …… 246
記憶力 …… 238, 244, 246
気質（temperament） …… 251, 260
帰属 …… 254
喜怒哀楽 …… 236, 238
機能的遊び …… 120
機能不全家族 …… 204
気分障害 …… 184, 186, 188
規模の法則 …… 225
客体水準 …… 276
逆転移 …… 92
キャリア …… 40, 47
キャリア・アンカー …… 46
ギャング・エイジ …… 126

参考文献

- 詫摩武俊『性格はいかにつくられるか』岩波書店
- 外林大作、他編『誠信 心理学辞典』誠信書房
- 國分康孝編『カウンセリング辞典』誠信書房
- アンドリュー・サミュエルズ『ユングとポストユンギアン』創元社
- 小川捷之、他編著『臨床心理学大系3 ライフサイクル』金子書房
- 小川一夫監修『社会心理学用語辞典（改訂新版）』北大路書房
- 齋藤 環『社会的ひきこもり』PHP研究所
- 渋谷昌三『心理おもしろ実験ノート』三笠書房
- 中島義明、他編『心理学辞典』有斐閣
- 永田和哉監修『そこが知りたい！ 脳と心の仕組み』かんき出版
- 山岸俊男編『社会心理学キーワード』有斐閣双書
- 福島 章『新版 ストーカーの心理学』PHP研究所
- 松原達哉編著『図解雑学 臨床心理学』ナツメ社
- AERA MOOK『新版 心理学がわかる。』朝日新聞社
- 高橋三郎、他訳『DSM-Ⅳ-TR 精神疾患の分類と診断の手引（新訂版）』医学書院
- G. アンダーウッド編『オックスフォード心の科学ガイドブック』岩波書店
- 小此木啓吾、他編『心の臨床家のための精神医学ハンドブック（改訂新版）』創元社
- 岡田尊司『子どもの「心の病」を知る』PHP研究所
- 乾 吉佑、他編『心理療法ハンドブック』創元社
- 森 敏昭、中條和光『認知心理学キーワード』有斐閣双書
- 斎藤 環『「負けた」教の信者たち』中央公論新社
- 古川久敬編『朝倉心理学講座13 産業・組織心理学』朝倉書店
- 小杉正太郎編『朝倉心理学講座19 ストレスと健康の心埋学』朝倉書店
- 藤永 保監修『こころの問題辞典』平凡社
- 渋谷昌三『手にとるように心理学がわかる本』かんき出版
- 岡田尊司『パーソナリティ障害がわかる本』法研
- 内田伸子編『発達心理学キーワード』有斐閣双書
- 松本桂樹『メンタルヘルス不全の〈企業リスク〉』日労研
- 神田信彦、金子尚弘編著『心を科学する心理学』河出書房新社
- 榊原洋一『脳科学と発達障害』中央法規出版
- 斎藤 環『ひきこもりはなぜ「治る」のか?』中央法規出版
- 山口裕幸、金井篤子編『よくわかる産業・組織心理学』ミネルヴァ書房
- 青木紀久代、神宮英夫『カラー版 徹底図解 心理学』新星出版社
- 菅 佐和子他『京大人気講義シリーズ 健康心理学（第2版）』丸善㈱出版事業部
- 榎本 稔、安田美弥子編著『現代のエスプリ487 現代のこころの病』至文堂
- 浦上昌則、他編著『心理学（第2版）』ナカニシヤ出版
- 鹿取廣人、他編『心理学（第3版）』東京大学出版会　2008
- 齋藤 勇『心理学の世界 教養編4 人間関係の心理学』培風館　2008
- 日本スポーツ心理学会編『スポーツ心理学事典』大修館書店　2008
- 町沢静夫『大切な人の心を守るための 図解 こころの健康事典』朝日出版社　2008
- 内閣府『平成27年度版 高齢社会白書』　2016
- 久保田浩也『間違いだらけのメンタルヘルス』法研　2008
- 今井久登、他『心理学をつかむ』有斐閣　2009

著者 **渋谷昌三**（しぶや しょうぞう）

1946年、神奈川県生まれ。学習院大学文学部を経て東京都立大学大学院博士課程修了。心理学専攻。文学博士。現在は目白大学教授。心理学における「非言語コミュニケーション学」をもとに、多くの著書でビジネスから恋愛までさまざまな人間関係についてわかりやすく分析・解析している。著書として、『心理操作ができる本』『心理おもしろ実験ノート』（以上、三笠書房）、『おもしろくてためになる心理学雑学事典』（日本実業出版社）、『人はなぜウソをつくのか』（KAWADE夢新書）、『面白いほどよくわかる！心理学の本』『面白いほどよくわかる！他人の心理学』『面白いほどよくわかる！恋愛の心理学』『面白いほどよくわかる！自分の心理学』（以上、西東社）など多数。

イラスト	稲葉貴洋、門川洋子、坂木浩子
デザイン	八木孝枝　佐藤明日香（スタジオダンク）
DTP	北川陽子（スタジオダンク）
編集協力	有限会社ピークワン

※本書は、当社ロングセラー『面白いほどよくわかる!心理学の本』（2009年12月発行）をオールカラーに再編集し、書名・判型・価格等を変更したものです。

決定版《けっていばん》 面白《おもしろ》いほどよくわかる！ 心理学《しんりがく》 オールカラー

2017年1月10日発行　第1版

著　者	渋谷昌三
発行者	若松和紀
発行所	株式会社 西東社

〒113-0034　東京都文京区湯島2-3-13
http://www.seitosha.co.jp/
営業部　03-5800-3120
編集部　03-5800-3121〔お問い合わせ用〕
※本書に記載のない内容のご質問や著者等の連絡先につきましては、お答えできかねます。

ISBN 978-4-7916-2562-8